Johann Loretz

**Der Grund der Verfassung der Evangelischen Brüder-Unität**

Johann Loretz

**Der Grund der Verfassung der Evangelischen Brüder-Unität**

ISBN/EAN: 9783742895004

Hergestellt in Europa, USA, Kanada, Australien, Japan

Cover: Foto ©Lupo / pixelio.de

Manufactured and distributed by brebook publishing software
(www.brebook.com)

Johann Loretz

# Der Grund der Verfassung der Evangelischen Brüder-Unität

# RATIO DISCIPLINAE

## UNITATIS FRATRUM A. C.

Oder:

# Grund der Verfaſſung

der

## Evangeliſchen Brüder=Unität

Augsburgiſcher Confeſſion.

———————

Barby, 1789.

———————

Zu finden in den Brüdergemeinen, und in Leipzig in
Commiſſion bey Paul Gotthelf Kummer.

# Vorrede.

Der Wunsch mehrerer angesehenen Männer nach einer etwas ausführlichern Nachricht von der Verfassung der Evangelischen Brüder-Unität, als die durch den D. Walch herausgegebene kurze Nachricht davon enthält, ist die Veranlassung zu dieser mir von der Unitäts-Direction aufgetragenen Arbeit.

Ohne Zweifel haben die in das Publikum ausgestreueten noch immer sehr verschiedenen Meynungen von der Evangelischen Brüdergemeine diesen so billigen und alle Aufmerksamkeit verdienenden Wunsch, dieser nach Wahrheit begierigen, verehrungswürdigen Männer veranlasset. Um so mehr liegt dem Verfasser daher auch ob, ihrer Erwartung nach Vermögen Genüge zu leisten.

* 2                                    Ge-

Genaue und strenge Wahrheit ist sein Hauptaugenmerk dabey. Aber die Absicht hat er nicht, die mancherley Vorwürfe, die den Brüdern mit unter auch in neuern Broschüren noch gemacht werden, hier zu widerlegen.

Von dem wahrheitliebenden Leser erwartet er aber billig, daß, da hier eigentlich nur die Grundsätze, worüber die Evangelischen Brüder sich unter einander vereiniget haben, ins Licht gestellt, und folglich die Sitten und Verfassung einer ganzen Gesellschaft, nicht aber die Beschaffenheit ihrer einzelnen Mitglieder geschildert werden, derselbe die an der Brüdergemeine schon oft begangene Ungerechtigkeit nicht wiederholen, und alles das, was etwa einzelne Mitglieder derselben gethan haben, dem Ganzen zuschreiben werde. Jede Gesellschaft von Menschen hat Kranke, im physischen und moralischen Sinne, unter sich. So war es selbst in den ersten Apostolischen Gemeinen, und so erfahren es auch die Evangelischen Brüdergemeinen leider täglich, daß sich Leute unter ihnen

ihnen finden, deren Wandel und Betragen ihren Sitten und Grundsätzen nicht gemäß ist. In dieser Rücksicht irret man nicht, wenn man die Brüdergemeinen als moralische Krankenhäuser betrachtet, und ihre Einrichtungen und Ordnungen als gutgemeynte diätetische und präservative Hülfsmittel derselben ansiehet; denn jeder, auch der beste Bruder, ist ein mangel= und fehlerhafter Mensch, und kann seinem Herzen und Gewissen untreu werden.

Nicht weniger verbittet er sich auch die Unbilligkeit mancher Schriftsteller, die einzelne Sätze einer Schrift, aus ihrem erläuternden Zusammenhange gesetzt, und von dem besondern Unterrichte, den Sitten und dem Geiste der Gesellschaft getrennt, beurtheilen, und so denselben einen ganz fremden Sinn andichten. Eine solche falsche Vorstellung muß allemal erfolgen, wenn eine Sitte oder Anstalt außer ihrem Verhältnisse mit den nothwendig dazu gehörigen Umständen und Sitten besehen und beurtheilt wird.

Auf

Auf den Beyfall desjenigen Theils der Gelehrten unsrer Zeit, welche die biblische Lehre von dem Verderben des Menschen, und von seiner Versöhnung durch Jesum nicht annehmen, können die Brüder wenig oder keinen Anspruch machen. Denn das ganze Gebäude ihrer Lehre und Verfassung ist auf diese biblischen Lehren gegründet, und ihre Einsichten und Erfahrungen stimmen damit überein. Glaubten indessen diese Männer auch Grund zu haben, die Brüder der Kurzsichtigkeit, oder (um nach der Mode zu reden) des Mangels an Aufklärung zu beschuldigen, so verdienten dieselben doch die billige Schonung derer, die sich einsehender und aufgeklärter zu seyn dünken. Der größte und redlichste Philosoph kann sich doch keines bessern, heilsamern und gemeinnützigern Zweckes und Zieles rühmen, als der Brüder Zweck und Ziel ist. Ist er unbefangen, so muß er die Früchte und Wirkungen der beyderseitigen Erkenntnisse und Grundsätze gegen einander abwiegen, und von den Wirkungen auf die

die Ursache schließen; so wird das Resultat den richtigen Ausschlag der Sache geben.

Jede besondere Gesellschaft zeichnet sich öfters durch Nebenzüge ihres Charakters, durch Erziehung, durch Situation oder Zufälligkeiten mehr aus. Von dieser Seite fällt sie dem oberflächigen Beobachter vorzüglich in die Augen; er beurtheilt sie blos darnach, und stellt sie folglich sich und andern unrichtig vor. Der gründliche Beobachter siehet aber nicht nur auf solche Nebenzüge des Charakters, auf Zufälligkeiten und Situation, sondern vorzüglich auf alle zusammenwirkende Eigenschaften derselben, als da sind: Güte des vorgesetzten Endzweckes, Muth, Stätigkeit, Sittlichkeit der Mittel, Fortgang, u. s. w. und sammelt sodann das Resultat davon; die Folgen und Früchte, und beurtheilt seinen Gegenstand richtiger.

Es ist eine schlechte Gewohnheit, alle Dinge mit einerley Maasstab auszumessen, und sie darnach zu beurtheilen. Bey diesem Verfahren wird die Originalität, die

in

in einer Sache liegt, und die durch ihre ganze Währungszeit sich veroffenbaret, vergessen, oder dieselbe gar nach willkührlichen Gesetzen eines Herkommens beurtheilt, so wenig es sich auch zur Sache paßt. Wollen wir aber gründlich und billig zu Werke gehen: so müssen wir die Gesellschaft, die wir beurtheilen, nach ihrem Plane so kaltblütig beobachten, und ohne Vor= und Abneigung beurtheilen, wie etwa eine Gesellschaft, oder Völkerschaft aus den entfernten Zeiten, oder aus einem entlegenen Welttheile. System und Sitte nach väterlicher Weise müssen unserm Urtheile die Richtung nicht geben.

Zur richtigern Kenntniß der Evangelischen Brüder=Unität, als einer besondern religiösen Gesellschaft, hielt ich für nothwendig, dem Publikum wenigstens so viel von ihrer Geschichte älterer und neuerer Zeiten mitzutheilen, als zur Einsicht in ihre Erkenntnisse, ihre Gesinnungen und ihren unterscheidenden Charakter erforderlich seyn möchte. Um nicht weitläuftig zu werden,

ben, durfte ich bey den einzelnen Merkwür=
digkeiten ihrer Geschichte mich nicht aufhal=
ten, sondern war nur darauf bedacht, die
Resultate derselben aus den vorhandenen
Quellen zu sammeln, und nach einer zweck=
mäßigen Auswahl des gemeinnützigern und
wichtigern, in einer, wie ich wünsche, pla=
nen und deutlichen Schreibart dem geehr=
ten Publikum mitzutheilen. Der gelehrte
Geschichtforscher wird die von mir ge=
brauchten hauptsächlichsten Hülfsmittel und
Gewährsmänner von selbst ausfinden. In
der alten Brüdergeschichte ist das mehreste
aus Paul Stranskys Republik der Böh=
men, aus Comenii Schriften, aus dem
Cancelar, Regenvolz, Dubrav, Fre=
her, Krüger, Zitte und von Friese ge=
schöpft worden; wobey ich doch auch Gele=
genheit gehabt habe, manche ältere Nach=
weisungen auf den Balbin, Hagec, Chri=
stannus, Aeneas Sylvius, David Chy=
träus, und mehrere nachzuschlagen.

Die Geschichte des Anfangs der Evan=
gelischen Brüder=Unität aber ist aus David
Cran=

Cranzens neuerer Brüderhistorie, und andern Urkunden genommen worden. Die Beschreibung der gegenwärtigen Verfassung der Evangelischen Brüder-Unität beruhet auf ihren Synodal-Einverständnissen und Beschlüssen. Sie hat folglich tausende von lebendigen Zeugen für sich, und ich selbst habe sie schon seit vielen Jahren als ein unwürdiger Diener derselben mit zu verleben das Glück gehabt.

Gnadenfrey, den 6ten April
1789.


Johannes Loretz.

_____


In:

# Inhalt.

1. Ab-

# 1. Abschnitt.

## Einleitung.

Die Lehre Jesu und seiner Apostel hat der Kirche Christi ihr Daseyn gegeben. Sie ist also auch der einige Prüfstein der Rechtgläubigkeit jeder Christlichen Religionsabtheilung. Nicht Form, nicht Tradition, noch Alter, nicht Macht, noch Größe, oder Ansehen, beweisen ihre Rechtgläubigkeit; sondern wir erkennen die Kirche Christi allein an der Wahrheit ihrer Lehre und an den Beweisen ihrer Kraft, das ist, an den Früchten des Glaubens ihrer Glieder. Wird der Leser dieses unverrücklich im Auge behalten: so wird auch sein Urtheil über das kleine Volk der Brüder, dessen Beschaffenheit und Verfassung hier beschrieben wird, um so richtiger ausfallen. Und wird er auch noch den Begriff dazu nehmen: daß die erste Christliche Gemeine eine Familie vorstellte, die Jesum zu ihrem Haupte hatte, alle Glieder derselben aber sich als Brüder und Schwestern ansahen, die in der genauesten Theilnehmung und Verbindung unter einander standen,

A                                   und

und bey denen es zutraff, was Paulus 1 Cor.
12, 26. sagt: So ein Glied leidet, so leiden alle
Glieder mit, und so ein Glied herrlich gehalten
wird, so freuen sich alle Glieder mit: so wird er
finden, daß dieser Familienbegriff auch bey der
Evangelischen Brüdergemeine zum Grunde liegt.

Ich habe wol nicht nöthig zu erinnern, daß
man hier nicht die Geschichte einer weit ausgebrei=
teten Religionsabtheilung unter den Christen zu
erwarten habe; das war die Brüder=Unität nie.
Sie schränkte sich zu jeder Zeit auf eine gar kleine,
in sich genau verbundene kirchliche Gesellschaft ein,
die oft vergessen war, und nur zuweilen durch ihren
Eifer für die Wahrheit des Evangeliums, wovon
sie sehr viele standhafte Bekenner und Blutzeugen
in ältern und neuern Zeiten aufzuweisen hat, aus
ihrer Verborgenheit hervor trat. Das thätige
Christenthum, oder der wahre Glaube an Chri=
stum, den Heiland der Welt, der sich in Wort
und Wandel beweiset, war von je her der Zweck
und das Ziel, wornach die Brüder strebten. Ihre
Geschichte wird es beweisen, daß sie seit vielen
hundert Jahren als eifrige Bekenner der reinen
Evangelischen Lehre sich ununterbrochen bewähret
haben; aber auch darum, weil sie gegen die ein=
gerissenen Irrthümer und Laster in der Christenheit
zeugten, auf das schrecklichste verfolgt worden sind.
Aus

Aus ihrer Geschichte und Verfassung wird der aufmerksame Leser sich auch leicht überzeugen können, daß sie zu einer allgemeinen oder National-Kirche oder Religion, um ihrer engen Schranken willen, nicht paßt. Das Band ihrer Ordnungen und Einrichtungen, das sie zusammen hält, würde, aller Wahrscheinlichkeit nach, erschlaffen, wenn eine einzelne Brüdergemeine zu mehrern Tausenden anwüchse. Schon in den frühern Zeiten des Christenthums verdrängte die schnelle und gemischte Vermehrung der Gemeinen bald manche liebliche und gesegnete Einrichtung. Ihr Gottesdienst mußte dem großen und vermischten Haufen angepaßt werden, und verlor dadurch viel von seiner ursprünglichen Einfalt, und ihre Disciplin verfiel.

Auch die alten Böhmischen Brüder haben die Erfahrung gemacht, daß ihr allzu schneller und starker Anwachs sie bald um alle gute Zucht und Ordnung gebracht, und in gänzlichen Verfall gestürzt hätte. Durch die Menge wurden die Glieder unter einander sich fremder, die Familien-einrichtung wurde verdrängt, der Gemeingeist lauer, und die genaue Verbindung aller zu Einem Sinne zertrennt. Man betrachte die Evangelische Brüdergemeine nie anders, als ein sehr kleines Theilchen der allgemeinen Kirche Christi, und als eine Anstalt in derselben zur Aufrechthal-

A 2                              tung

tung und Förderung des thätigen Christenthums, so wird es nicht befremden, daß die Brüder nicht auf Sammlung großer vermischter Haufen bedacht sind. Solange der lebendige Glaube an Jesum und seine Versöhnung, und die daraus fließende dankbare Liebe zu ihm und unter einander, der Grund ihres ganzen Gebäudes ist, muß ihnen ihre schriftmäßige und zum Wesen einer lebendigen Gemeine gehörige Disciplin und Ordnung unschätzbar seyn. Der feste Grund Gottes bestehet, und hat dieses Siegel: Der Herr kennet die Seinen; und: Es trete ab von der Ungerechtigkeit, wer den Namen Christi nennet.

Die Christliche Gesellschaft, deren Verfassung und Sitten hier geschildert werden, bestehet aus Menschen, welche das Ziel aller Wünsche, Glückseligkeit und Beruhigung über Gegenwärtiges und Zukünftiges, zum höchsten Gegenstande ihres Bestrebens machen. Findet man diese Glückseligkeit und Beruhigung in ihrem Glauben und in ihrer Hoffnung, so ist sie ohne Zweifel auf dem rechten Wege zum Ziele; und je richtiger ihre Glaubenserkenntniß ist, und je treuer sie dieselbe befolgt, so viel größer muß auch ihre Glückseligkeit seyn.

Die Evangelische Brüdergemeine sucht, wie schon gesagt worden, diese Glückseligkeit in der

Reli-

Religion, die die Bibel uns vorgezeichnet hat, und die sich auf das Evangelium von Jesu Christo und seiner durch Leiden und Sterben vollendeten Versöhnung gründet, da sie dieselbe für die einige Ursache unsrer Seligkeit erklärt; damit aber auch die ganze Sittenlehre, als Frucht des Glaubens an dieses Evangelium, unzertrennlich verbindet.

Ob nun diese Gesellschaft den rechten Weg getroffen habe, wie nahe sie ihrem Ziele gekommen sey, ob sie zu einem lebendigen Beweise auch in unsern Tagen diene, daß das Evangelium von Christo eine Kraft Gottes ist, die da selig macht, alle, die daran glauben; mag der Leser prüfen.

Die genaue Verbindung der Brüdergemeine zu einer kirchlichen Gesellschaft hat also ihren Grund in ihrem Endzwecke. Die Erhaltung reiner Lehre und guter Sitten, macht in ihr dieselbe unentbehrlich. Ohne diesen genauen Zusammenhang würde sie in Absicht auf Sittlichkeit, ihre ganze Brauchbarkeit verlieren. Und wie kann diese ihre Verbindung irgend einem gegründeten Bedenken noch unterworfen seyn, da sie Erkenntniß der Wahrheit und Förderung der Sittlichkeit zum Grunde hat? Einer Sittlichkeit, die uns die Lehre Jesu und seiner Aposteln selbst vorschreibt, die das Innerste des Herzens durchsucht und bessert, die

nicht

nicht nur bey großer Gefahr, oder in großen und
in die Augen fallenden Vorkommenheiten, unsre
Entschlüsse leitet, sondern mit uns in die Kammer schleicht, und unsern gemeinsten und ge-
heimsten Handlungen diejenige Richtung mittheile, die dem einzelnen Menschen, so wie dem
Bürger des Staates, und dem Staate selbst,
nützlich und heilbringend ist.

Die von dem und jenem darüber geäußerten
Bedenken liegen also nicht in der Sache selbst,
sondern blos in der falschen Vorstellung und ungegründeten Furcht, die man aus der Verglei-
chung ihrer Einrichtungen und Anstalten, mit den
Anstalten gewisser geheimnißvollen religiösen Gesellschaften, geschöpft hat; die aber augenblicklich
verschwindet, wenn man betrachtet, wie die Absichten dieser, den Absichten der Brüder ganz
entgegen gesetzt sind, und ihre innere Einrichtungen in keinem wesentlichen Bestandtheile mitein-
ander übereinstimmen. Aehnlichkeiten in der äus-
serlichen Form und Gestalt bestimmen den Charakter der Dinge nicht. Das Beste und Hei-
ligste, das die Menschen kennen und wissen, wird
in der Hand des Gottlosen und Lasterhaften oft
zum Deckmantel und Mittel der Bosheit. Hört
es darum auf gut und heilig zu seyn? Soll man
es darum nicht lieben und brauchen?

Es

Es wurde den ersten Chriſtlichen Gemeinen eben dieſer Vorwurf eines allzu genauen Zu-
ſammenhangs gemacht, aber von Leuten, die
die Natur des Reiches Chriſti nicht kannten.
Im achtzehnten Jahrhunderte aber ſollte man in
der Chriſtenheit doch wiſſen, daß die brüderliche
Liebe und das Theilnehmen der Glieder an einander nichts gefährliches, ſondern vielmehr ein un-
terſcheidender Zug in dem Charakter der Kirche
Chriſti ſey. Man ſollte es ſich nicht befremden
laſſen, daß die Evangeliſchen Brüder, nach dem
Gebote Chriſti, daß alle ſeine Glieder einig
ſeyn ſollen, in einem ſo genauen Bande unter
einander ſtehen. Verdenkt man es doch keiner
Geſellſchaft, daß ſie ſich zu demjenigen Endzwecke vereinigt, den ſie ſich vorgeſetzt hat, wenn
dieſer Zweck nur gut und gemeinnützig iſt.
Warum wollte man den Brüdern dieſen innig-
gen Zuſammenhang verdenken, deſſen Zweck ſo
rein, als allgemein iſt, und von jedem Menſchen
gefaßt und erreicht werden kann, dem es um
wahre Ruhe und Glückſeligkeit zu thun iſt. Je
mehr nun alle Glieder der Brüdergemeine auf dieſen guten und gemeinnützigen Zweck geſtellt ſind
und wirken, deſto beſſer iſt es für den Staat;
denn jedes Glied derſelben befördert die Wohlfahrt
des Ganzen.

A 4                              Ich

**8**

Ich gedenke hier noch eines ähnlichen Vorwurfs, den die Brüder mit den ersten Christen gemein haben. Man sucht nämlich Geheimnisse bey ihnen, geheime Triebfedern ihrer Handlungen, die man nicht offenbaren könne, noch wolle. Und das geschiehet noch heutiges Tages; ob die Brüder gleich vor den Augen des ganzen Publikums aus- und eingehen und handeln; obgleich ihre Gemeinörte mit allen ihren Ordnungen und Einrichtungen jedem Forschenden zu aller Zeit offen stehen; ob sie gleich sowol durch erbetene Untersuchungs-Commissionen, als durch öffentliche Darlegung ihres Sinnes, ihrer Lehre und Verfassung, aufs genaueste geprüft und erkannt zu werden sich bemühet haben. Sollte dann wirklich das Christenthum in der Christenheit selbst zu einem so undurchdringlichen Geheimnisse geworden seyn, daß man nicht begreiffen kann, daß das lautere Evangelium von Jesu Christo solche Entschlüsse und Wirkungen hervor bringen könne, als sich auch bey den Brüdern, ihrer großen Mangelhaftigkeit und erkannten vielen Fehler ungeachtet, zeigen? Der eigentliche Grund zu dieser Beschuldigung muß also wol darin liegen: daß man der Lehre des Evangeliums ihre göttliche Kraft, entweder nicht zutrauet, oder dieselbe nicht annimmt. Da geht es denn freilich nach dem Ausspruche

spruche des Apostels: Der natürliche Mensch vernimmt nichts vom Geiste Gottes, es ist ihm eine Thorheit, und kann es nicht erkennen; denn es muß geistlich gerichtet seyn.

So klein und unbedeutend der Anfang der in diesem Jahrhunderte erneuerten Evangelischen Brüdergemeine auch war, so, war der Kern, der gesteckt wurde, durch Gottes Gnade doch gesund, und fiel in gutes Land. Er gediehe daher gar bald, und wuchs gleich dem Senfkorne zu einem Baume. Ihr Wachsthum im innern ging schnell, und das Licht ihrer Erkenntniß verbreitete bald seinen Schein, daß auch entferntere Personen, die schon lange nach so einem Lichte ausgesehen hatten, dadurch herbey gebracht wurden. Eine brennende Kohle zündete die andere an, woburch Licht und Wärme unter ihnen zunahmen. Nun wurde aber auch die Sorge für die moralischen Bedürfnisse so vieler um so größer und vielfacher. Aber die göttliche Vorsehung hatte diesem kleinen Haufen schon alles vorbereitet. Männer von ausgezeichneter Rechtschaffenheit und tiefer Einsicht in die Wahrheit des Evangeliums, in die Haushaltung Gottes mit den Menschen, und in die Beschaffenheit des Menschen selbst, wurden von der Meisterhand Gottes zur Gründung und Ausführung seines Gnadenwerkes in der Evangelischen

A 5　　　　Brü-

Brüdergemeine zubereitet. :Diese stellten sich, aus innerm Drange und Ueberzeugung, an die Spitze des Werkes, das sie als Gottes Werk erkannten, und dem sie sich mit Hintansetzung alles andern allein widmeten. Sie kannten ihre Pflichten und Verantwortung gegen Gott, gegen die Obrigkeit, und gegen die Gemeine, die sich ihnen anvertraute, und nahmen, in kindlichem Vertrauen auf die Gnade und Unterstützung des Herrn, die Wache und Sorge für die innere und äußere Wohlfahrt dieser Gemeine in ihre Hände.

So wie bey jedem ordentlich denkenden Menschen gewöhnlich ein Punkt sich findet, von dem alle seine Begriffe ausgehen, und ein oder anderer mächtiger Eindruck seinen Handlungen einen gewissen Charakter ertheilt; so war bey diesen Männern dieser starke Eindruck der, den das Evangelium von Jesu Christo, sein persönlicher Charakter, und seine und seiner Apostel Lehre auf sie gemacht hatte. Dieser Eindruck hatte den größten Einfluß auf ihre ganze Arbeit in der Gemeine, ja er wurde bald Richtschnur auch für die Gemeine selbst. Daher dann das Einfache ihrer Ordnungen und Einrichtungen, nebst der Reinigkeit der Sitten, welche nothwendig aus der Betrachtung der Lehre und des Charakters Jesu fließen mußten, der in seinem ganzen Gange uns ein Beyspiel

fpiel der vollkommenſten Tugend gelaſſen, und die
Kraft zur Nachfolge durch das Verdienſt ſeines
Leidens und Sterbens erworben hat.

Die Brüder durften ſich mit allgemein blendendem Scheine nicht begnügen, noch blos auf die
Sammlung eines vermiſchten großen Haufens antragen. Ihre Arbeit mußte unveränderlich auf
die innere Güte oder Gehalt der einzelnen Glieder,
auf eigne Erfahrung, eignen Genuß gerichtet
ſeyn, und der Werth des Ganzen, in dem Werthe
ſeiner Theile geſucht werden. Ihre Sache war
aber nicht auf etwas geſtellt, das nur wenigen
beſondern Köpfen erreichlich iſt; ſondern auf das,
was auch der Einfältigſte faſſen und genießen
kann. Was Chriſtus für uns gethan hat, und
was ſeine Lehre von uns fordert, iſt der immerwährende Inhalt ihrer Predigt; dabey ſie alles
auf die Kraft des Evangeliums ſetzen, das uns
wandelt und neugebieret, und zu ganz andern
Menſchen macht.

Sehr oft ſchon hat man verſucht, die Men
ſchen durch Methodismen zu beſſern, und in Formen zu zwingen, ſie mochten ſich für dieſelben
paſſen oder nicht. Das war der gewöhnliche
Abweg aller religiöſen Geſellſchaften, wobey ſie
ihre Kraft verloren, und nach und nach wieder
eingingen. In einzelnen Fällen iſt anfänglich
auch

auch bey den Evangelischen Brüdern etwas davon vorgekommen. Ihr Grund war gut; es kam aber darauf an, was auf demselben gebauet wurde; und da blieben Versehen nicht aus. Die Beyspiele anderer und ihre eignen Erfahrungen warnten sie aber immermehr vor den Abwegen, und lehrten sie einsehen, daß die Stärke ihrer Gemeineinrichtungen hauptsächlich darin bestehe, die Hindernisse in Erreichung ihres alleinigen Zweckes, das ist, alle Gelegenheiten zum Bösen, so viel möglich aus dem Wege zu räumen. Kraft zum Guten konnte kein Bruder dem andern geben; wo die aber zu suchen und zu finden sey, dazu gab die Lehre Jesu unfehlbare Anweisung, und darüber war man verstanden, daß sie die einzige Quelle des Lebens und der Kraft für Zeit und Ewigkeit; ja daß sie auch allein das Salz sey, welches den Gemeinkörper sowol, als jedes einzelne Glied desselben, vor der Zerstörung bewahre.

Die besondern Ordnungen und Einrichtungen der Brüder sind also nicht Anmaßungen einer besondern Heiligkeit; sondern Beweise ihrer Mangelhaftigkeit und Unvollkommenheit, die sie erkannten, und deren Folgen dadurch so viel möglich vorzubeugen bedacht waren. Das Ziel, das sie sich vorgesteckt hatten, machte sie ihnen nothwendig.

Die

Die Brüder hängen ihren besondern Einrichtungen gleichwol nicht sektirisch an; es ist ein fester
Grundsatz bey ihnen, daß wenn ihnen etwas Besseres gezeigt wird, sie solches mit Danke anzunehmen
bereit sind. Man sucht daher immer zu bessern,
man ändert, so oft man es nöthig und heilsam findet. Der Dinge Werth und Brauchbarkeit ist
beständiger Gegenstand der Untersuchung. Und
doch würden sie die geringste ihnen wesentliche Einrichtung um alles nicht aufgeben: so wenig und so
viel kommt den Brüdern auf Gebräuche und Verfassung an. Daher kommt es, daß gewisse, schon
in den ersten Jahren gemachte Gemeineinrichtungen, unverändert mit gleichem Nutzen und
gleicher Einstimmung der Gemeinglieder beybehalten; andere aber nach Zeit und Umständen
mehrmals abgeändert worden sind. Alle Ordnungen und Einrichtungen werden von den Brüdern als Mittel angesehen, ihren einigen und festen
Endzweck zu verfolgen. Stimmen diese nun mit
der Natur desselben überein, und ist ihr Nutzen durch vieljährige Erfahrung bewiesen: so sind
sie ihnen billig so unschätzbar und heilig, als sie
zu ihrem Bestehen wesentlich nothwendig sind.
Auf Ausbreitung ward bey dem ersten Entstehen dieser Anstalten weder gedacht, noch zugelegt.
Es war das Werk der göttlichen Vorsehung, daß
die

die Brüder in kurzer Zeit so ausgebreitet würden.
Dem Grafen von Zinzendorf, der mehr nicht,
als höchstens die Herstellung der vom D. Spener
gewünschten, auf thätiges Christenthum gestellten kleinen Gesellschaften in der Kirche zur Absicht
hatte, fiel nicht bey, ein Werk von solchem Umfange zu stiften, und mit demselben zugleich die
alte Brüderkirche wieder herzustellen. Die von
ihm und dem Baron Friedrich von Watteville
schon in ihren akademischen Jahren entworfenen
Plane zu Heiden-Missionen erforderten, nach ihren damaligen Begriffen von dem Geschäfte, keine solche Anstalten, als der Erfolg erst hintennach
nöthig machte. Diese Anstalten waren also weder
vorhergesehen, noch zu der Zeit willkührlich, sondern entstanden theils aus den Anträgen derer,
welche die Nutzbarkeit der Sache erkannten, theils
auch selbst aus den in den Weg gelegten Hinder-
nissen. Kurz, ihre Entstehung und Ausbreitung
war in aller Absicht ein Werk der besondern Vorsehung Gottes, die aus diesem geringen Anfange
etwas hervorbringen wollte, das in seinen Wirkungen vielen tausend Menschen zum Segen gereichen sollte.

Wer inzwischen aber mit der Geschichte dieser
in unsern Tagen wieder aufgelebten Brüdergemeine genau bekannt ist, wird derselben, wenn er anders

bers unbefangen denkt, das Zeugniß schwerlich
versagen, an ihr ein auf Einem Grunde und zu
Einem Zwecke vereinigtes, geschäftiges und ge-
meinnütziges Volk zu erkennen, das nicht durch
Zwang der Gesetze, sondern durch den Geist, der
es belebt, angetrieben, und durch die Kraft des
Evangeliums gestärkt, sich beeifert, nach der Vorschrift Christi zu leben und zu handeln, das ist,
Christlich tugendhaft zu seyn. Ein Volk, das
weder nach Macht, noch Reichthum, noch Ehre
strebt, und das dem Staate als arbeitsame gute
Bürger nützlich zu seyn, und Sittlichkeit und
Tugend unter den Menschen, so viel an ihm ist,
zu vermehren beflissen ist. Ein Volk, das andere
nicht verachtet, sich nicht in fremde Dinge mengt;
dagegen aber an seiner und anderer moralischen
Besserung arbeitet; und das sich folglich unter
seinen Mitmenschen wohl einer geneigtern Aufnahme sollte getrösten dürfen, wenn es auch in
einigen Gebräuchen seine eigne Weise hätte. An
den Orten, wo es gepflanzet ist, genießet es dieselbe, unter dem Schutze seiner höchsten Obrigkeiten, und begnügt sich gern damit. Denn allgemeiner Beyfall ist, nach dem Ausspruche Jesu,
seinen Gläubigen nichts nütze, und der Natur seines Reiches auf Erden, welches ein Kreuzreich ist,
nicht gemäß.

Wenn

Wenn die Brüder auch gleich von dem heutigen besser unterrichteten Publikum den ihnen ehemals gemachten Vorwurf, einer eigenmächtigen
Trennung von der Protestantischen Kirche, nicht
zu befürchten haben: so wird es doch nicht über-
flüssig seyn, mich darüber noch mit wenigem zu
erklären. Ich setze dabey billig voraus, daß in
Absicht auf besagten Vorwurf nur die Rede von
solchen Brüdern seyn kann, die zur Evangelisch-
Lutherischen oder Reformirten Kirche gehören;
denn die Mährischen Brüder, die zu ihrer eignen, mit den Protestantischen Kirchen verschwe-
sterten, aber ältern Kirche gehören, trifft dieser
Vorwurf so wenig, als diejenigen, welche aus andern Kirchen und Verfassungen zu den Brüdern
gekommen sind. Bedenkt man nun den Grundsatz
der Protestantischen Kirche, daß man nur in der
Lehre sich von derselben trennen könne, oder, daß
nur die Uebereinstimmung in ihren Lehrartikeln die kirchliche Gemeinschaft ausmache: so ergibt sich von selbst, daß in besagtem Vorwurfe
mehr nicht als Täuschung liege; da die Glaubensgemeinschaft durch die Verschiedenheit der besondern Verfassungen, Ceremonien und Gebräuche
nicht aufgehoben wird. Menschen also, welche
einerley Lehrbegriff haben, allgemeine Grundsätze,
in denen man überein gekommen ist, und durch
die

die man sich von andern unterscheidet, machen selbst
unbeschadet der Fassungsart, die jedem denkenden
Menschen eigen ist, die Kirchengemeinschaft aus.
Die Evangelische Brüder-Unität, die sich, wie
genugsam bekannt ist, zur Augsburgischen Confession, als zu dem Lehrsystem, das ihren Verstand am
Evangelium am getreuesten darlegt, unveränderlich bekennt, kann sich also von der Protestantischen
Kirche nicht getrennt haben; sondern muß als ein
rechtmäßiger Theil derselben billig angesehen und
erkannt werden. Daß aber ihre Lehre, die Lehre
der Augsburgischen Confession ist, kann kein Ver-
ständiger, der mit ihren Lehrschriften bekannt ist,
in Zweifel ziehen.

Die Brüder haben in den ältern und neuern
Zeiten ihre Gemeinschaft mit der Protestantischen
Kirche unveränderlich aufrecht erhalten. Ihre
Glaubens - und Lehrbekenntnisse beweisen solches
genugsam. Sie haben aber unter sich eine Union
gestiftet, wodurch sie sich, der Verschiedenheit
der in den Protestantischen Kirchenabtheilungen
noch obwaltenden Arten von Begriffen und Ausdrücken ungeachtet, auf das genaueste mit einander
verbunden haben, die Lehre Jesu und seiner Apostel auf das treulichste zu treiben, und die Ausbreitung und Förderung seines Reiches durch Wort
und Werke sich aus allen Kräften angelegen seyn

zu

zu lassen. Mährische und Böhmische Brüder,
Reformirte und Lutheraner verbinden sich hier zu
einem Zwecke und einer Regel, ohne sich von der
Kirche, in der sie geboren und unterrichtet wor
den, zu trennen. Sie suchen dabey, so viel an
ihnen ist, mit allen Kindern Gottes, auch die
nicht zu ihrer Verfassung gehören, in Liebe und
Friede, und in Herzens- und Geistesgemein
schaft, nach dem Testamente Jesu, Joh. 17. zu
stehen, und glauben aufrichtig, daß die unchrist
liche Sektirerey, wo sich bald die, bald jene Ab
theilung der Christlichen Religion für die einige
rechtgläubige Kirche ausgibt, in der man selig
werden könne, der Lehre Jesu eben so zuwider,
als seinem Reiche nachtheilig sey, und daß auf
der andern Seite die Gleichgültigkeit in Reli
gionssachen bey jedem, der sich dieselbe zu Schul
den kommen läßt, offenbar beweise, daß die Wahr
heit selbst wenig oder kein Interesse für ihn habe.

Die Brüder streiten daher nicht unter einan
der; sondern haben sich sorgfältig bemühet, ihren
Lehrbegriff in Worte der heiligen Schrift zu fassen,
um ihn so viel möglich von der Schulsprache zu
reinigen, und allem Schulgezänke zu entgehen.
Ueber die Punkte, die unentschieden, und selbst
von der heiligen Schrift unbestimmt gelassen sind,
erklären sie sich nicht weiter, als sie in den Wor

ten

ten der Schrift dazu Grund zu finden glauben.
Man findet davon schon Beweise bey der alten
Brüderkirche, und gleich beym Anfang der erneuerten Evangelischen Brüdergemeine haben sich
die Brüder zu dem Grundsaße vereinigt: — daß
sie in allen Christlichen Gemeinen mit Niemand
getrennt seyn wollen, der wahrhaftig an Jesum
Christum glaubt, und vom heiligen Geiste durchs
Evangelium berufen, mit seinen Gaben erleuchtet,
und im rechten Glauben geheiligt und erhalten ist,
ob er auch die Schrift hie und da anders auslege —
Die Brüder haben sich also mit einander verbunden, die Geheimnisse des Glaubens nicht zum Gegenstande des vernünftigen Forschens zu machen,
sondern zum Genuße der Gottseligkeit anzuwenden.
In ihr Wesen und die Art ihres Daseyns und
ihre Wirkungen eindringen zu wollen, in ihre
Tiefen zu grübeln, die Gott nicht offenbaret hat
in der heiligen Schrift, halten sie nicht nur für
unnöthig, sondern auch für gefährlich. Wir
kennen die innere Natur und das Wesen der in
die Sinnen fallenden Gegenstände nicht; wir kennen nur ihre Wirkungen und ihre Verhältnisse zu
uns. So erkennen wir das Wesen der Gottheit
auch nicht; und begnügen uns mit der Erkenntniß ihrer Verhältnisse zu uns und zu andern
Dingen.

B 2

Durch

Durch die Bekanntschaft mit den verschiedenen Religionsabtheilungen der Christenheit, haben die Brüder mehrere Allgemeinheit in ihren Religionsbegriffen sich erworben, und gefunden, daß die Weisheit Gottes auch in der Mannigfaltigkeit der menschlichen Vorstellungsart walte. Man hat sich von der Natur der seligmachenden Erkenntniß tiefer überzeugt, und gefunden, daß bey der größten Verschiedenheit der Gedankenfolge und des Ausdrucks, man doch in dem Hauptpunkte Eins seyn könne. Man hat gefunden, daß jeder Christlichen Religion ein kostbarer Schatz von Wahrheit beygelegt sey, der von vielen ihrer Glieder zu ihrem Heil genutzt wird; daß jeder Christlichen Religionsparthey ein oder anderer Hauptpunkt gleichsam zur Bewahrung, auf daß nichts umkomme! und zur gemeinen Ausspendung anvertrauet sey. Man ist überzeugt worden, daß die Mannigfaltigkeit der Vorstellungsarten in Nebensachen, die den Grund der Evangelischen Lehre nicht berühren, nicht von ungefähr ist; daß die Verschiedenheit der Begriffe in solchen Dingen, die sich schon zu der Apostel Zeiten zwischen den Gemeinen aus den Juden und den Heiden gezeigt hat, keine Trennung in der Hauptsache ernöthiget habe, und daß die Allgemeinheit der Kirche Christi weder in Vorstellungsarten und Formen, noch in Verfassungen sich einschränken lasse.

Hier-

Hieraus ist klar, daß die Brüder das Gute,
was jede Christliche Religionsparthey empfangen hat, von Herzen ehren, und folglich keinen
Beruf haben, die Religionsverfassungen zu stö-
ren, noch weniger jemanden an der seinigen irre zu
machen; sondern vielmehr schuldig sind, alle Seelen nicht nur mit Worten, sondern auch mit ihrem
Wandel und Betragen, nur allein zu Christo zu
weisen. Das hindert aber nicht, daß sie allerdings mit einer Religionsparthey mehr überein
kommen, als mit der andern. Denn unleugbar
kommt Eine der Wahrheit der Schrift näher, und
ist mit Absichten auf das Irdische unvermengter,
als die andere. Und jeder Theil der Wahrheit,
auch der scheinbar unbedeutendste, ist von so hohem
Werth, daß der, welcher ihn gefaßt hat, ihn nicht
für das Gut aller Welt vertauscht.

Man erlaube mir nur obigen Betrachtungen
noch die Anmerkung beyzufügen, daß das, was von
den Religionsabtheilungen überhaupt gesagt worden ist, sich auch in der Erfahrung, in Bezug auf
die in einer und derselben Religion von Zeit zu Zeit
einander folgenden Oekonomien, gegründet finde.
Ganz faßt der Mensch die Wahrheit wol nie.
Wir erkennen stückweise. Die Geschichte zeigt
uns, daß die treusten Forscher nach Wahrheit,
die rechtschaffensten Bekenner Jesu, die Evange-

B 3                      lischen

lischen Wahrheiten nicht mit durchgängig gleicher
Klarheit und Kraft zu gleicher Zeit eingesehen und
getrieben haben. Zu einer Zeit wurden sie vom
Geiste Gottes besonders auf die, und zu einer andern auf jene wichtige Wahrheit geführt, je nachdem das Bedürfniß der Zeiten war; und dennoch
hatten die Menschen, die sie hörten, zu derselben
Stunde großen Nutzen davon. Unter den Händen der Schüler dieser Männer aber wird die von
ihren Lehrern geglaubte und genossene Wahrheit oft
verunstaltet, wo nicht gar verdunkelt. Hätten
wir die Bibel nicht, so wüßte man vielleicht kaum
mehr, was Wahrheit ist. Nur in Gottes geoffenbartem Worte bleibt ihr Same gut und rein.

Der schriftmäßige Evangelische Unterricht eines Volkes in der Religion ist daher ein sehr großes Gut. Davon überzeugt, haben auch die Brüder die Christliche Lehre, die aus der Bibel genommen ist, und sich auf dieselbe gründet, als
den einzigen Weg zur wahren Glückseligkeit, bey
ihrem Religionsunterrichte zum Grunde gelegt.
Die liebe Gottes, der seinen Sohn zu unsrer Erlösung dahin gab; Jesum Christum, den Sohn
Gottes, der da herkommt von den Vätern nach
dem Fleisch, Gott, hochgelobet in Ewigkeit, als
den Heiland der Welt; sich selbst aber als einen
verlornen, und nur um Jesu willen begnadigten
Sün-

Sünder erkennen, und alle aus dieser Erkenntniß fließende Forderungen mit Freuden und Dankbarkeit annehmen und ausüben, ist Religion der Brüder. Niemand wird wol in Zweifel ziehen, daß dieses der wahre Lehrbegriff der ersten Apostolischen Kirche war, und der Protestantischen Kirche noch heute ist.

Von dieser Christlichen Glaubenslehre denken die Brüder, daß sie allen Menschen nöthig sey, weil alle Menschen zu allen Zeiten Sünder und sterblich waren, und weder Natur, noch Philosophie, uns einige sichere und bewährte Hülfe gegen dieses Elend gewähren; dahingegen die Evangelische Glaubenslehre eine unversiegbare Quelle aller wahren Beruhigung ist, und den Menschen den innern Seelenfrieden, den die Welt weder geben, noch nehmen kann, verschafft, und den unüberwindlichen Trost im Tode, und Freudigkeit selbst auf den Tag des Gerichts mittheilt. Ist es nicht Thorheit zu sagen: Gott könne von den Menschen keinen Glauben an Geheimnisse, an unbegreifliche Dinge, fordern? Sind der unbegreiflichen Dinge in der Natur selbst nicht unzählige, die der menschliche Verstand eben so wenig fassen kann, als die Religionsgeheimnisse? Sind sie darum aber weniger wahr? —

Aus der Natur der Sache folgt, daß eine reine, lautere Lehre, auch ein reines, lauteres Christen-

thum

thum nothwendig wirken müsse. Als daher der
selige D. Walch die Brüder einst über ihre Lehrart
in der Theologie fragte: Ob sie Dogmatik und
Moral jede besonders abhandelten, oder dieselben
mit einander verbänden? antworteten sie: Daß
solche nach ihrer Meynung nie von einander getrennt werden sollten. Glaubenslehre sey der
Baum, und Sittenlehre die Frucht. Sittenlehre
ohne Glaubenslehre sey nicht Christi Lehrart;
denn weder Er, noch die Apostel hätten sie getrennt. O daß uns doch der Beweis nicht so
nahe läge, wie verderblich diese Trennung an sich
ist! Wüßten wir nicht, daß man in den verdor-
bensten Zeiten immer blos mit der Moral groß-
gethan hat, so sähe man es in unsern Tagen.
Das Evangelium führt eine bestrafende Sittenlehre mit sich für jeden, der es nicht befolgt. So
wird die Moral von den wichtigsten Glaubenslehren unterstützt, ohne welche sie ewig eine kraftlose
todte Sache bleibt. Der Lasterhafte wirft die
Glaubenslehre weg, damit ihm die Sittenlehre
nicht beschwerlich werde; so wie hingegen der todte
Namenchrist sich mit der Glaubenslehre begnügt,
weil ihm die Sittenlehre lästig fällt.

— Wenn zu allen Zeiten Religion war, so liegt
gewiß auch darin ein Grund davon, daß die Menschen, bald seit ihrem Entstehen, ein sie drücken-
des

des Gefühl von Verschuldung hatten. Daher die
Sühn= und Sündopfer, die Wanderungen der
Menschen nach fernen Orten, Entsündigungen da=
selbst zu finden. Und eben das Gefühl ist es,
das noch jetzt den Menschen zum Nachdenken
bringt, und von der Nothwendigkeit und Kraft
der Religion überzeugt. Darum fängt der Lehr=
begriff der Brüder unter Christen und Heiden
von diesem Punkte der Selbsterkenntniß an.
Ihre eigne Ueberzeugung gehet davon aus oder
kehrt darauf zurück; entweder, daß sie aus der
Erkenntniß Christi zurück geführt werden auf ih=
ren eignen Zustand, oder aus der Erkenntniß ih=
rer selbst auf Christum. Die Erkenntniß unsrer
Sündigkeit ist also der Punkt, von dem die Ver=
änderung des Menschen ausgeht. Sie führt auf
die Verbindung mit Gott, und erweckt das Ge=
fühl von der Nothwendigkeit eines Heilandes.

Das Hochdenken von sich, die Selbstgefällig=
keit und Selbstgenügsamkeit sind das gerade Gegen=
theil dieses Zustandes, und bringen Unachtsamkeit,
Gleichgültigkeit, Leichtsinn, Verachtung anderer,
Lieblosigkeit und dergleichen mehr hervor. Die Er=
kenntniß unsrer Sündigkeit hingegen macht demü=
thig, liebreich, menschenfreundlich, theilnehmend,
geduldig, sanftmüthig, hülfleistend u. s. w. Hoch=
muth ist Eigenschaft des Satans, den sie ins Ver=

B 5                                    derben

derben Ärzte. Dennoch aber bringt den Men=
schen zur Aehnlichkeit mit Christo, dem Heilande
der Welt, der es nicht für einen Raub hielt,
Gott gleich zu seyn, und sich so tief erniedrigte,
daß er die Gestalt des sündlichen Fleisches annahm,
und nicht erwählte eine vornehme, und nach welt=
lichen Grundsätzen große Person auf dieser Welt
zu seyn. Und warum denn? Damit er ein Hel=
fer und Erlöser aller Menschen seyn könnte.

Man wundere sich daher nicht, daß die Brü=
der bey diesen beyden Grundwahrheiten Christ=
licher Lehre, der Erkenntniß des menschlichen Ver=
derbens, und der Erkenntniß Jesu Christi, un=
sers Heilandes, unverrückt fast stehen. Die Bi=
bel lehret sie aufs deutlichste, und die Erfahrung
bewähret sie bey allen Menschen.

Selbst der Umgang mit so vielen Arten gesitte=
ter und ungesitteter heidnischer Völker, durch den
die Brüder so viel in der Allgemeinheit der Be=
griffe gewonnen, da sie Gelegenheit fanden, die
Natur des Menschen in ihrer großen Mannigfal=
tigkeit zu besehen, hat die Wahrheit davon bestä=
tigt. So sehr auch bürgerliche Einrichtung, Er=
ziehung, Clima, Nahrung rc. dieselbe Verschie=
denheit im Großen von Volk zu Volk sichtbar
machen, welche im Einzelnen den einen von dem
andern so vielfältig unterscheidet: so ergibt sich
doch,

doch, daß der ganzen Art Ein Charakter eigen
sey, daß der Mensch sich allenthalben ähnlich, zu
einer und eben derselben Bestimmung geschaffen,
und, wenn gleich in verschiedenen Graden, doch
eben derselben Erkenntniß und Empfindung fähig
sey; und daß folglich die Aussprüche der heiligen
Schrift über den natürlichen Menschen durchaus
Wahrheit seyn. Um nur einiges davon anzuführen: Daß ein Gott ist, ist dem Menschen offenbar. Man hat Grönländer in dem vollkommensten
Stande der Natur gefunden, die nicht einmal ein
Wort in ihrer Sprache hatten, das eine Gottheit
bezeichnete. Als aber einige sich bekehrt hatten,
haben sie bezeugt: Daß in stillen Stunden bey der
Betrachtung des Meeres, der Berge, des Him-
mels und anderer Geschöpfe ein mächtiger Gedanke
sie eingenommen habe von einem Wesen, welches
dieses alles gemacht haben müßte. Ferner: Daß
in jedem Menschen ein Gefühl des sittlichen oder
unsittlichen seiner Handlungen und Werke liege.
Es sey nun angeborner Begriff oder Folge eines
vorhergegangenen Denkens, das ist einerley. Es
ist Anklage des Gewissens; es sind verklagende und
sich entschuldigende Gedanken; es sind bey sehr verschiedener Erkenntniß, Werke, die dem Menschen
unter der Eigenschaft, daß sie recht oder unrecht
sind, sich darstellen. Es ist Gefühl der Sittlichkeit,

keit, daß sie überzeugt sind, ihr Zustand nach dem
Tode werde nach dem Verdienste der Werke glücklich oder unglücklich seyn. Und dieses Gefühl bezieht sich auch bey den wildesten Nationen auf das
Wohlgefallen des göttlichen Wesens, von dem alle
Dinge sind, wenn gleich ihre Erkenntniß davon noch
so eingeschränkt und übel zusammenhängend ist.
Die Sünde liegt als eine Last auf jedem Menschen;
auf dem Barbaren, wie auf dem Gesitteten und
Verfeinerten. Meist alle heidnische Nationen
haben unter sich Zauberer, Gauckler, die Reini-
gungen allerley Art mit ihnen vornehmen, um
sie von dem sittlichen Uebel zu befreyen, und
dem höchsten Wesen angenehm zu machen. Andere haben sogar Opfer, um ihre Götzen zu ver-
söhnen und zu befriedigen. — So bestätigt alles
die Aussprüche der heiligen Schrift über die ver-
derbte Natur des Menschen, und über die Nothwendigkeit seiner Versöhnung mit Gott.

Je genauer man mit den heidnischen Nationen bekannt wurde, je mehr hat man also gefunden, daß der Grönländer, wie der Neger, der
Hottentotte, wie der Nord- und Süd-Indianer,
der gesittete, wie der lasterhafte Mensch, der
starke, wie der schwache Geist, in dem Werke
der Bekehrung Einerley Erfahrung gemacht haben. Und eben diese Erfahrungen haben sich
durch

durch Beyspiele, vieler Tausende aus den mancherley Christlichen Religionen und Sekten erprobt;
sie mochten unter sich nach Nation und Stande,
nach Erziehung und Geistesfähigkeiten noch so verschieden seyn; sie mochten theils in großer Entfernung von einander, und manche beynahe ohne
Gemeinschaft mit andern gelebt haben; so sahe
man, wie gleichförmig ihre innere Geschichte sich,
bey erfolgter näherer Bekanntschaft, doch befunden
habe; wie bey der größten Verschiedenheit der Gemüthsart, Einerley Gefühl von Bedürfniß sie be-
unruhiget, und Einerley Beruhigungen von ihnen
gefunden worden. Und so bewährte sich die Wahrheit der Lehre Jesu und seiner Apostel durch unzählige Erfahrungen, und wurde den Brüdern zu einer
nie versiegenden Quelle des Trostes und der Kraft.

Auch die Brüdergemeine wünscht ein Beweis
zu seyn, daß der einfältige Glaube an Jesum und
seine Versöhnung noch heut zu Tage rechtschaffene,
frohe und selige Menschen mache, bey denen man
Gnade und Wahrheit, Fleiß und Treue, Ruhe
und Zufriedenheit, ungefärbte Gottes- und Men-
schenliebe, kurz, alle die tugendlichen Eigenschaften finden könne, die uns das Wort Gottes als
Früchte des Glaubens bezeichnet. Glückte es
ihr, diesen herrlichen Endzweck wenigstens in der
Hauptsache, wenn gleich unter manchen Unvoll-

kommen-

kommenheiten, zu erreichen, so würde daraus folgen, daß die Lehre Jesu und seiner Apostel, alles
Widerspruchs ungeachtet, den Menschen Licht,
Segen, Kraft und Leben gewähre, und daß folglich der Staat in Wahrheit glücklich zu nennen
sey, der viele solche an das Evangelium gläubige Glieder in sich schließet, und bey dessen Gesetzen die sittlichen Grundsätze dieser Lehre zum
Grunde gelegt werden. Es würde nicht weniger
zum Beweise dienen, daß die Christliche Religion
nicht etwa nur Zeit-Religion sey, und Gott jetzt
nichts mehr thue, um sie zu bestätigen, sondern
daß sie auf dem ewigen Felsen der Wahrheit gegründet sey, und auch die Pforten der Hölle sie
nicht überwältigen können. Eine gegründete Beruhigung für die Evangelischen Brüdergemeinen
liegt in dem Zeugnisse, das der fortwährende Schutz
der hohen Obrigkeiten ihnen giebt, unter welchen
sie leben. Dieser ist als Folge der auf lange Erfahrung gegründeten Kenntniß von den Brüdern
und ihrer Rechtschaffenheit anzusehen. Denn
nachdem man ihrem Gange zwanzig, vierzig, fünf-
zig und mehrere Jahre zugesehen, ihre Handlungen
im Ganzen und den besonderen Theilen beobachtet,
sie mit den Anklagen ihrer Gegner, und mit ihren
eignen Grundsätzen, die in ihren Schriften liegen,
verglichen, und vornemlich auf die Anwendung
auf-

aufmerksam gewesen, die sie von ihren erlangten
Rechten und Freyheiten machten, so war es leicht,
zur gründlichen Kenntniß ihrer Absichten, und
der Mittel zu gelangen, die sie zur Erreichung
derselben gebrauchten. Die schärffste Prüfung
mag es also entscheiden: Ob und in wie fern auch
unter den Brüdern, ihrer erkannten Mängel und
Gebrechen ungeachtet, die Kraft des Evangeliums
zur wahren Besserung der Menschen einzeln, und
als Gesellschaft betrachtet, durch Gottes Gnade
sich veroffenbare, und in wie fern sie selbst in dem
Genusse der wahren Glückseligkeit stehen.

## 2. Abschnitt.

### Alte Brüdergeschichte.

Ehe ich zur Beschreibung der Verfassung der erneuerten Evangelischen Brüder-Unität übergehe, möchte man von mir erwarten, daß ich meinen Lesern einige Nachricht von dem alten Brüder-
volke mittheile, von welchem die Evangelische
Brüder-Unität abstammt, und dem sie so viel
zu danken hat. Ich achte mich daher verbunden,
denselben einen kurzen Abriß der alten Brüdergeschichte hier mitzutheilen, um sie dadurch mit
dem Ursprunge und Fortgange, dem Glauben

und

und Leben, den Leiden und Thaten, und dem
Charakter dieses alten Bekennervolkes bekannt
zu machen. Wir halten ihr Gedächtniß in Ehren, und ihr Beyspiel werth, befolgt zu werden.
Der Leser prüfe aber selbst, und urtheile dann!

Nach den unleugbarsten Zeugnissen vieler alten Geschichtschreiber stammen die Mährischen
und Böhmischen Brüder in ihren Voreltern von
der Griechischen Kirche ab. *) Zwey Griechische
Mönche, Cyrillus und Methodius, brachten bekanntlich nur erst im neunten Jahrhunderte das
Evangelium nach Mähren und Böhmen. Die
Lateinische Kirche aber, oder vielmehr der Römische Hof, war über ihre Ausbreitung bald eifer-
süchtig, und suchte daher die Mähren und Böhmen der Griechischen Kirche wieder zu entziehen,
und an sich zu reißen. Weil sich diese aber dazu
nicht bequemen, sondern bey der einmal erkannten Wahrheit beharren wollten: so wurde dieser
Widerstand für sie zu einer Quelle vieler Drangsale

*) Eine Wahrheit, die von einigen Römisch-Katholi-
schen Schriftstellern zwar schon mehrmals, und
noch ganz neuerlich vom Herrn P. Gelas Dobner,
in den Abhandlungen der gelehrten Gesellschaft in
Böhmen, bestritten worden ist; die aber doch
auf unumstößlichen Beweisgründen beruhet, wie
solches anderswo bewiesen werden wird.

fale und Verfolgungen, die über sie Jahrhunderte
hindurch gekommen sind. Schon Pabst Johannes VIII. verbot ihnen ausdrücklich, den Gottesdienst in der Slavischen Sprache zu halten; und
wollte die lateinische Messe eingeführt wissen, beschuldigte auch Methodium einiger Irrthümer in
der Lehre. Die Mähren und Böhmen beharreten
aber fest beym Slavischen Gottesdienste, und nahmen die Römischen Kirchensatzungen nicht an.

In dem folgenden zehnten Jahrhunderte bemächtigte sich Kaiser Otto I. des Herzogthums
Böhmen. Dieses Umstandes bediente sich der
Römische Hof, unter dem Pabste Johannes XIII,
die Böhmische Kirche ebenfalls unter seine Botmäßigkeit zu bringen. Die Hauptstadt Prag
wurde zu einem Römischen Bischofthume erhoben,
und Dithmar von Magdeburg zum ersten Bischöfe
von Prag eingesetzt, mit dem Befehle, die Römische Liturgie einzuführen. Der Böhmischen Nation mißfiel aber sehr, daß der Gottesdienst in
einer fremden Sprache und Sitte unter ihnen eingeführt werden sollte. Sie schickte daher im
Jahre 977 zwey Gesandten, Bolchorst und Myslibor nach Rom, und verlangte den freyen Gebrauch ihrer Sprache beym Gottesdienste: worin
ihnen auch, auf anhaltendes Gesuch, wieder in
etwas nachgegeben ward. Es dauerte solches aber

C                        nicht

nicht lang; denn man wußte Römischer Seits durch
allerhand Kunstgriffe einen großen, und sonderlich
den vornehmern Theil des Volkes, an sich zu ziehen.
Das verursachte endlich eine innerliche Trennung.
Der Theil des Volkes, dem die erkannte Evangelische Wahrheit unschätzbar war, und der sich über die,
bey der Römischen Parthey sich häufenden Irrthümer und Laster ärgerte, trennte sich nun von derselben, und blieb bey seiner alten Erkenntniß und
Agende. Sie wurden aber bald genöthiget, ganz bey
Seite zu treten, und mit dem Privatgottesdienste sich
zu begnügen. Pabst Alexander verbot zwar auch diesen; allein ihr Herzog Wratislaus schützte sie dabey.

Gegen das Ende des elften Jahrhunderts
ließ Pabst Gregor VII. genannt Hildebrand, ein
neues scharfes Verbot dagegen ausgehen, welches
mit gewaltsamer Hand durchgesetzt wurde. Hier
fingen sich also die harten Verfolgungen der Römischen Kirche gegen die Vorfahren der Brüder in
Mähren und Böhmen an, welche endlich in die
schrecklichsten Grausamkeiten ausbrachen. Je
mehr aber die Irrlehren bey der Römischen Kirche
und die Laster bey ihrer Geistlichkeit zunahmen,
desto weniger konnten diese, weder durch List, noch
Gewalt, vermocht werden, sich unter das Joch des
Pabstthums zu beugen. Der Bilderdienst, die
Lehre von der Verwandlung des Brodes im Abendmahle,

mahle, die Einführung desselben unter Einer Gestalt, das Fegfeuer, und so mehreres, das man
ihnen aufdringen wollte, war ihnen unerträglich.
Sie blieben daher bey ihren Sitten, und hielten
sich so viel möglich im Verborgenen.

In dieser drückenden Lage befand sich dieser
Same der rechtschaffenen Bekenner der Wahrheit
über hundert Jahre lang. Sie hielten sich zwar
zu der Griechischen als ihrer Mutterkirche, so gut
sie konnten, und blieben bey ihrer Agende; woraus aber bald eine andere, nicht geringere Gefahr
für ihre Rechtgläubigkeit erwachsen wäre, weil
der bey dieser ihrer Mutterkirche inzwischen einge-
brochene Verfall in Lehre und Gottesdienst, auch
sie zu treffen drohete.

Gottes wunderbare Vorsehung wußte sie aber
aus dieser Gefahr zu erretten. Die Waldenser
waren zu ihrer Hülfe ausersehen. Im Jahr
1176 kamen dieselben nach Böhmen, ließen sich
zu Saaz und Laun an der Eger nieder, und vereinigten sich bald mit denjenigen Böhmen und
Mähren, die von der Römischen Kirche abgeson-
dert waren, und noch über den alten Griechischen
Kirchengebräuchen hielten. Diese geübten Zeugen
der Wahrheit zeigten ihnen nicht nur, wo es bey
ihren Religionsübungen und ihrem Gottesdienste
noch fehlte, sondern brachten ihnen auch eine reinere

Er-

Erkenntniß der Evangelischen Glaubenslehren aus
Gottes Worte bey, wodurch die Rechtschaffenen
im Glauben befestigt wurden, und was einge-
schlafen war, wieder erwachte. Zugleich brachten sie ihnen auch aus ihren Schulen die nöthigen Lehrer und Prediger mit, wohin diese hingegen
ihre jungen Leute aus Böhmen und Mähren
schickten, und daselbst zum Kirchendienste zube-
reiten ließen.

Diese solchergestalt mit einander vereinigten
Waldenser, Böhmen und Mähren richteten nun
ihren Gottesdienst ordentlich ein, hielten unter
sich über gute Zucht und Ordnung, und hatten an
vielen Orten heimliche, und an andern auch öffentliche Versammlungen. Ihrer überall zerstreueten
Brüder nahmen sie sich nach Vermögen an, und
sendeten zu dem Ende Gehülfen aus ihrem Mittel
nach England, Ungarn, Polen, Brandenburg,
Pommern u. s. w. In dieser Verborgenheit blieben sie ruhig, bis sie im Jahre 1731 durch Unvor-
sichtigkeit zweyer Prediger entdeckt, darauf hart
verfolgt, und mehrentheils in die benachbarten
Länder zerstreuet wurden. Selbst unter den Böhmen und Mähren, die sich äußerlich zur Römischen Kirche hielten, fanden sich noch viele, die
über die in derselben herrschenden Greuel seufzeten,
und auf eine allgemeine Kirchenverbesserung hoff-
ten.

ten. Mehrere Zeugen der Wahrheit standen unter ihnen auf, worunter insonderheit Johann Mieliecz, Kanonikus zu Prag und Prediger der Schloßkirche, und Conrad Stiekna, sich hervorthaten, und mit großem Ernste dagegen eiferten. Mieliecz wurde im Jahre 1366 vom Pabste Gregor XI. in Bann gethan, und ins Gefängniß geworfen, nachher aber aus dem Lande verwiesen. Ihm folgte Matthias Janowsky aus Prag, sonst auch Matthias Parisiensis genannt, Kaiser Karl IV. Beichtvater, mit nicht geringerem Bekenner-Ernste. Derselbe fuhr fort, die Communion unter beyderley Gestalt zu behaupten, und gegen die in der Kirche eingerissenen Mißbräuche mit vielem Ernste zu zeugen. Es ging ihm aber, wie seinem Vorgänger; denn er wurde des Landes verwiesen. Noch vor seinem Ende tröstete er seine Brüder mit den Worten: "Es hat uns zwar jetzt die Wuth der Feinde der Wahrheit überwältiget. Es wird aber nicht immer so seyn; denn es wird aufstehen ein unansehnliches, geringes Volk, ohne Schwert und ohne Gewalt, welches sie nicht werden überwältigen können."

Die Evangelische Wahrheit breitete sich nicht nur in Böhmen und Mähren und Polen, wohin Janowsky nach seiner Verbannung geflüchtet war, sondern auch in mehrern andern Ländern aus. Es

C 3

standen in England und Frankreich Zeugen der
Wahrheit auf, welche gegen die in der Kirche im
Schwange gehenden Irrthümer und Laster eiferten, und theils mit den Brüdern in Böhmen und
Mähren, und theils mit den Walbensern in Gemeinschaft waren. Der berühmte Wiklef schrieb
im Jahre 1387, als seinem letzten Lebensjahre, an
die Brüder in Böhmen und Mähren, und er-
mahnte sie, "nach dem Beyspiele ihrer Vorfahren, bey der Wahrheit des Evangeliums unbeweg-
lich zu stehen, in der Gnade stark zu werden, als
gute Streiter Jesu Christi mit Wort und That
sich zu beweisen; jedermann auf den Weg der
Wahrheit zu bringen, weil man die Wahrheit,
wegen der irrigen und lügenhaften Aufsätze und
Irrthümer, nicht verschweigen müsse." — Und
bezeugte ihnen zuletzt noch seine große Freude, daß
Gott in Böhmen die Herzen einiger so befestigt
habe, daß sie Gefängniß, Verjagung und Tod
um des Wortes Gottes willen mit Freuden er-
duldeten.

Magister Johann Huß, Professor der Akademie, und im Jahre 1400 Prediger der Akademischen Kirche Bethlehem in Prag, zeigte sich bald
als ein neuer Bekenner der Wahrheit, er bestritt
mit großer Kraft und ausnehmendem Erfolge die
in der Kirche eingerissenen Irrthümer, und eiferte
mit

mit unerschrockenem Muthe gegen die Verwüstung, welche durch das lasterhafte Leben der Geistlichkeit in dieselbe eingedrungen war. Die von ihm behauptete Wahrheit des Evangeliums siegte fast allgemein, erbitterte aber auch äußerst ihre Feinde. Der Hof zu Rom suchte auf alle mögliche Weise ihn zu stürzen; Bannflüche und Kreuz-Bullen wurden gegen ihn ausgebracht, er wurde nach Rom citirt, und doch konnte die Wahrheit nicht unterdrückt, und Huß nicht gehindert werden, dieselbe frey und öffentlich in der Stadt und auf dem Lande zu bekennen und zu vertheidigen; bis er endlich, durch das ihm ertheilte Kaiserliche Geleit überlistet, nach Costniß ging, und dort von der ganzen Römischen Geistlichkeit verdammt, und den 6ten July 1415 als ein standhafter Zeuge der Wahrheit verbrannt wurde.

Ihm folgte bald darauf sein treuer Gefährte, Hieronymus von Prag, ein Mann von aufgeklärtem Geiste, großer Gelehrsamkeit, und ein unerschrockener Vertheidiger der Evangelischen Wahrheit, um deren willen er aber ebenfalls von dem Concilium zum Scheiterhaufen verdammt und verbrannt wurde.

Diese Ungerechtigkeit und Grausamkeit des allgemeinen Kirchenraths zu Costniß, der diese

C 4        Lehrer

lehrer der Böhmen gegen versicherte Treue und
Glauben zum Scheiterhaufen verdammt hatte,
entrüstete das Volk in Böhmen und Mähren.
Die ganze Nation beschwerte sich in einem Schreiben über die Ungerechtigkeit dieses Verfahrens,
und behauptete, daß ihr gewesener Seelsorger und
Hirte ein unschuldiger, frommer, heiliger Mann,
und ein treuer Lehrer der Wahrheit gewesen sey.

Das Concilium achtete nicht darauf, sondern
fuhr in seinen Verfolgungen fort, und die An-
hänger Hussens wurden von den Dienern der Römischen Kirche in den Bann gethan. Man nahm
ihnen die Kirchen mit Gewalt. Dieses Verfahren
erbitterte das Volk in Prag so, daß den 30ten
July 1419 zwölf Herren des Raths, samt dem
Bürgermeister, zu den Fenstern des Rathhauses
hinabgestürzt wurden, die man unten mit Spie-
ßen auffing.

Im Jahre 1420 publicirte Pabst Martin V. abermals einen allgemeinen Bann gegen
die Hussiten. Kaiser, Könige, Fürsten, Herzoge, kurz, die ganze weltliche Macht Europens
wurde aufgefordert, ja um der Wunden Jesu
und ihrer Seligkeit willen gebeten, die An-
hänger Hussens auszurotten. Nun verband sich
auch die Böhmische Nation, Gewalt mit Gewalt
zu vertreiben, und Ziska ward ihr Anführer.

, Durch

Durch diese, dem Worte und Geiste Christi
so entgegengesetzte päbstliche Aufwiegelung, wurde Kaiser Sigismund bewogen, sich mit ganz
Deutschland und den benachbarten Reichen zum
Werkzeuge dieser Antichristischen Tyranney gebrauchen zu lassen. Er fiel mit einem mächtigen
Kriegsheere in Böhmen ein, und führte daselbst
dreyzehn Jahre lang einen der heftigsten und grausamsten Kriege, welcher bekanntlich der Hussiten-
krieg genannt wird.

Die Parthey der Hussiten bestand theils aus
Calixtinern, theils aus Taboriten, unter welchen
auch die Brüder sich befanden. Diese hatten ihren
größten Anhang zu Prag. Aeneas Sylvius fand
auch Waldenser unter ihnen. Diese Taboriten
unterschieden sich von den andern durch einen im
Ganzen mehr Evangelischen Sinn, der auf die
Abschaffung aller päbstlichen Irrthümer in Lehre
und Kirchengebräuchen drang, unterdessen der
größere Haufe nur den freyen Gebrauch des Kelchs
im Abendmahle verlangte, und um deswillen Calixtiner genannt wurde. Unter den Taboriten thaten
sich insonderheit Wenceslaus Coranda und Nikolaus Episcopius hervor, drangen mit mehrern der
Rechtschaffenen auf Einfalt und Reinigkeit in allen Glaubensartikeln und Ceremonien, und behaupteten, daß man keinen Aberglauben dulden

C 5                              müsse;

müsse; die Calixtiner hingegen ließen die mehresten abergläubischen Römischen Ceremonien unangefochten. Ziska selbst, der Anführer der Taboriten, schlug sich endlich zu dem größern Haufen der Calixtiner, und da diese durch heimliche Römische Emissarien gegen jene, welche bey der Reinigkeit der Christlichen Lehre bleiben, und als Kinder Gottes darnach leben wollten, aufgebracht wurden, und man sie mit dem verhaßten Namen der Pikarden, wie die Waldenser damals hießen, belegte; so kam es endlich dazu, daß diese sogenannten Pikarden von den Calixtinern selbst, so wie von den Papisten, mit Feuer und Schwert verfolgt wurden.

Nun wurde es der Römischen Parthey leichter, auf Vergleichsmittel mit den Calixtinern zu denken, und die Hussiten zu überlisten; denn man fand, daß mit den Waffen nichts auszurichten war. Im Jahre 1432 ward wieder ein allgemeines Concilium nach Basel berufen, und die Böhmen freundlich dazu eingeladen, um die Streitigkeiten gütlich beyzulegen. Dieselben beschickten dieses Concilium durch eine Gesandtschaft, unter welcher von Seiten der Taboriten auch Nikolaus Episcopius, nebst noch einigen ihrer Vornehmsten sich befanden.

Nachdem die Abgesandten der Böhmen von dem Concilium höflich empfangen, und um ihr Begeh-

Begehren gefragt worden, übergaben sie folgende vier Artikel:

1. Daß der Gebrauch des Kelchs dem Volke wieder gegeben, und aller Gottesdienst in der Volkssprache verrichtet werde.

2. Daß die Geistlichen keine weltliche Herrschaft sich anmaßen sollten.

3. Daß das Wort Gottes frey gelehret werden möchte.

4. Daß öffentliche Laster auch öffentlich gestraft werden sollten.

Nach vielem und langem Disputiren darüber wurden den Böhmen diese Artikel von dem Concilium bewilliget; sie aber versprachen: zum Gehorsam des Römischen Stuhls wieder zu kehren, und dessen Gebräuche zu halten.

Diesen Vergleich nannten sie Compactata. Von dem Concilium und dem Kaiser wurden Gesandte nach Böhmen geschickt; welche erklären mußten: Die Böhmen seyn wieder in den Schooß der Kirche aufgenommen worden, und würden von derselbigen als liebe Kinder gehalten.

Gar vielen der eifrigen Taboriten war es leid, daß man also von den Fußstapfen Johann Hussens und ihrer Vorfahren abwiche und wieder zum Pabste überginge. Sie widersprachen, so viel sie konn-

konnten, und es kam wieder zu den Waffen, wobey die Taboriten im Jahre 1434 gänzlich un-
terlagen.

In Polen fand ihre Lehre inzwischen unter
dem Könige Jagello Eingang. Procopius Ra-
sus, Petrus Anglus, Bederikus und Wilhelmus
Kostka vertheidigten Hussens Lehrsätze gegen die
Römischen Irrthümer mit Eifer und Nachdruck.
Man veranstaltete die Uebersetzung der Bibel in
die Polnische Sprache, und es kam dahin, daß
der Gottesdienst durch Böhmische Priester in Pol-
nischer Sprache, zu Crakau in der Kirche zum
heiligen Kreuze verrichtet wurde.

Aber auch hier erhob sich bald eine heftige
Verfolgung über diese Bekenner; so daß 1439
fünf Böhmische Lehrer von dem Bischofe zu Posen öffentlich verbrannt wurden.

In Böhmen zeigte sich ebenfalls bald, daß
der Römische Stuhl die Compactaten blos darum den Böhmen zugestanden hatte, um sie unter seine Botmäßigkeit zu bringen, daß er aber
gar nicht willens war, dieselben zu halten; denn
als 1435 Rokyzan von dem Reichstage zum
Erzbischofe erwählt wurde, die Compactaten aber
nicht abschwören wollte, konnte er auch vom Pabste
keine Confirmation erhalten, und der Römische
Stuhl fing wieder an, mit Bannflüchen gegen
die

die Caliptiner und Taboriten zu wüthen. Rofy-
zan, durch die Täuschung des Römischen Stuhles
aufgebracht, schien nun im Ernste auf eine gründliche Verbesserung der Böhmischen Kirche anzutragen, und sich von dem päbstlichen Joche befreyen
zu wollen. Denn als der Schluß des Florentini-
schen Conciliums, in welchem die Böhmen aufs
neue als Ketzer von der Kirche ausgeschlossen wa-
ten, bekannt gemacht wurde; so hielten die Stände im Jahre 1450 zu Prag einen Reichstag, und
die Geistlichkeit eine Synode. Von beyden Seiten wurde nun auf Angeben des Rofyzans auf die
Griechische Kirche provocirt, und Gesandte nach
Constantinopel geschickt; wo man sie wohl aufnahm,
mit ihren Lehrsätzen übereinstimmend sich erklärte,
und versprach, ihnen ihre Kirchendiener zu ordiniren.
Ehe solches aber zu Stande kam, wurde im Jahre
1453 Constantinopel von den Türken erobert.

Damit war nun auch Rofyzans Hoffnung, die
er auf die Griechische Kirche und ihre Ordination
gesetzt hatten, verschwunden. Die Rechtschaffenen
im Volke drangen nun um so mehr in ihn, auf die
gänzliche Absonderung von den Papisten anzutragen, und baten ihn, um der Ehre Gottes willen,
daß er sich ihrer Seelen und des verführten Volkes erbarmen, und sie in dieser Gefahr ihres
Heils nicht verlassen wolle.

Noch

Noch immer war der gute Mann zu schwach,
seine, obwol vergebliche Hoffnung zur Erzbi-
schöflichen Würde zu verleugnen, und mit dem
Volke Gottes Schmach und Kreuz zu erwählen.
Er fing daher nun an, über ihr ungestümes Wesen
zu schelten, und zu bitten, daß sie ihn zufrieden
laffen, und sich selbst von ihm absondern möchten.

Er verschaffte ihnen aber doch von dem Könige Georg Podiebrad einen Diftrikt Landes an
den Schlesischen Gränzen, Litiz genannt, wohin
im Jahre 1453 viele Bürger, Studenten und
Geistliche aus Prag, so wie auch von andern
Orten Edle und Unedle, Gelehrte und Ungelehrte,
in nicht geringer Anzahl sich begaben, und in
Lesung der Schrift, Gebet und Werken der Liebe
sich übten. Im Jahre 1456 waren schon mehrere Dörfer mit ihnen besetzt. Sie hatten Lehrer aus dem Mittel der Calixtiner, welche den
Aberglauben verließen, und nach der Apostolischen Einfalt sich richteten, unter denen Michael
Brabazius, Pastor zu Zamberg, vorzüglich sich
hervorthat. Nun schloffen sie sich immer näher
zusammen, und nannten sich unter einander
Brüder und Schwestern, und zwar anfänglich Fratres Legis Christi, Brüder vom Gesetze Christi. Weil aber Unwissende davon Gelegenheit nahmen, sie als einen neuen Mönchs-
orden

orden anzusehen, so nannten sie sich schlechtweg
Brüder, und ihre ganze Verbindung — denn
sie hatten an verschiedenen Orten in Böhmen und
Mähren viele gleichgesinnte Brüder — Unitas
Fratrum, das ist, die Vereinigung der Brüder,
oder die vereinigten Brüder, welcher Name
bis auf den heutigen Tag beybehalten worden ist.

Kaum aber war dieses bekannt worden, so
folgten den Brüdern neue Drangsale. Man schrie
sie nicht nur als Ketzer, sondern auch als heimliche
Aufrührer aus, welche die Taboritischen Unruhen
erneuern, und sich wol gar der Regierung bemäch-
tigen wollten. Sie wurden darüber vor das
Consistorium in Prag zur Verantwortung gezogen, wo sie den Ungrund dieser Beschuldigungen
genugsam erwiesen; allein es fand sich niemand,
der sie in Schutz nehmen wollte und durfte. Selbst
der sonst gütige König Georg Podiebrad vermochte
sie vor der Wuth ihrer Feinde nicht zu schützen.
Die Calixtinischen, so wie die Römischen Priester, hatten ihren Untergang beschlossen, und so
erfolgte eine neue schwere Verfolgung über die
vereinigten Brüder, welche in Mähren anfing,
und in Böhmen fortgesetzt wurde. Sie wurden
der gemeinen bürgerlichen Rechte unfähig erklärt,
aus dem ihrigen vertrieben, und ihrer Güter beraubt. Die Kranken wurden aufs Feld hinaus

gewor-

geworfen, wo viele aus Mangel und Kälte um-
kamen. – Andere wurden in die Gefängnisse gelegt,
gefoltert und gemartert; ja geviertheilt und verbrannt. Was noch übrig blieb, wurde endlich,
da man nichts auf sie bringen konnte, in dem elen-
desten Zustande sich selbst überlassen.

Das Consistorium in Prag hatte inzwischen
einen königlichen Befehl ausgewirkt, worin allen
Lehrern verboten wurde, den Gottesdienst ohne
Ceremonien zu verrichten, und dabey denen,
die sich unterstehen würden, den Brüdern
— die man Pikarden nannte — denselbigen
ohne Ceremonien zu halten, mit Todesstrafe
gedrohet ward. Die Brüder kamen dadurch
in neue Noth. Als Schafe ohne Hirten nahmen
sie ihre Zuflucht nochmals zu Rokyzan, und baten
ihn: Er möchte doch als erster Theologus des
Reichs, dem die Sorge für das Heil der Böhmen
von den Ständen aufgetragen worden, zu einer
wahren Reformation schreiten, und das Seinige
dazu beytragen, oder wenigstens doch, zu Abwen-
dung eines Scheins von Trennung, die Führung
ihrer Sache über sich nehmen. Rokyzan antwortete den Brüdern zwar freundlich, und erkannte
ihre Sache für gut und löblich; glaubte aber, daß
er mit seinem Ansehen und Rathe ihnen bey so bösen Zeiten, da man alles Gute verlästerte, nicht
viel

viel helfen, sich selbst aber bey der Welt Verdruß
zuziehen würde. Da die Brüder nun, nach mehrern vergeblichen Versuchen, sahen, daß er die
Ehre bey Menschen mehr suchte, als die Ehre bey
Gott; ließen sie ihn endlich in ihrem Abschieds-
schreiben mit den bedenklichen Worten fahren:
Du bist Welt, und wirst mit der Welt umkom-
men. Er wurde dadurch aber so entrüstet, daß er
bey dem Könige und dem Consistorium einen neuen
Befehl auswirkte: daß diese schädlichen Leute
in Böhmen und Mähren nicht ferner geduldet werden sollten.

Indem man Anstalt machte, die Brüder aufzusuchen, zu fangen, und umzubringen, trat der
Bischof von Breslau, Jodocus Rosenberg, ins
Mittel, und widerrieth die blutige Verfolgung,
weil, wie er sagte, die Ketzer sich durch die Marter nur vermehrten. Er ließ sie also nur auf-
suchen und verjagen. Dadurch wurden die mehresten von ihnen in die Berge und Wälder zerstreuet, wo sie sich, so gut wie möglich, in Höhlen verbargen. Sie durften das Feuer nur bey
Nacht anzünden, um durch den aufsteigenden
Rauch nicht verrathen zu werden. Oft saßen sie
in der größten Kälte ums Feuer herum, und ver-
brachten ihre Zeit mit Lesung der heiligen Schrift
und gottseligen Gesprächen. Von dieser ihrer

D                    Woh-

Wohnung in Höhlen, nannte man sie damals Jamnici, d. i. Leute, die sich in Klüften aufhalten. In diesen Wüsten und Einöden überdachten die Brüder mit großer Angelegenheit, wie sie das Kleinod der Evangelischen Lehre, und einer derselben gemäßen Christlichen Zucht und Ordnung, unter sich aufrecht erhalten, und auf ihre Nachkommen fortpflanzen könnten. Sie machten unter sich eine gewisse Ordnung, und erwählten durch Mehrheit der Stimmen Aeltesten, welchen sie Gehorsam versprachen, und die Führung ihrer Sache auftrugen. Auf dieser Anrathen beriefen sie die Angesehensten aus ihrer Zerstreuung zusammen, hielten in den Bergen sogar Synoden, und machten gewisse Gesetze, wie sie sich unter sich und gegen andere, gegen Freunde und Feinde, auch gegen den König und alle Obrigkeiten zu betragen hätten. Noch hatten sie zwar ordinirte Prediger aus den Calixtinern unter sich, die ihnen Taufe und Abendmahl hielten. Sie konnten sich aber keine Hoffnung machen, daß auch künftig Römische Geistliche aus Liebe zur Evangelischen Wahrheit zu ihnen übergehen würden, und waren daher nicht ohne Grund besorgt, wie das Lehramt unter ihnen nach kirchlicher Ordnung durch rechtmäßig ordinirte Prediger besetzt werden möchte.

Im

Im Jahre 1467 wurden die Angesehensten unter den Brüdern aus Böhmen und Mähren zu einer Synode nach Lhota zusammen berufen, um sich über die Erwählung und Bestellung ihrer künftigen Seelsorger zu vereinbaren. Die Versammlung bestand aus ungefähr siebenzig Männern. Mit großer Inbrunst trugen sie ihr Anliegen Gott im Gebete vor, und wurden sodann einig, aus der Versammlung neun Männer von geprüfter Rechtschaffenheit, unbescholtenem Wandel und erkannter Einsicht und Erfahrung in den göttlichen Wahrheiten, auszusondern, um sie dem Herrn darzustellen, und durch das Loos entscheiden zu lassen: Ob und welche aus diesen neun Männern Er ihnen zu Priestern und Seelsorgern anzeigen wolle. Als nun dieses geschahe, so wurden Mathias von Künewalde, Thomas Przelaucius und Elias Krenovius durch das Loos zu Priestern und Seelsorgern der Brüder ausersehen. Die ganze Versammlung nahm diese drey Männer mit großen Freuden als die ihnen von Gott geschenkten Lehrer an, und war nun bemühet, denselben auch die kirchliche Bestätigung oder Ordination zu verschaffen. Auf einer bald darauf wieder versammelten Synode erörterte man die Frage: Ob die von einem Presbyter verrichtete Ordination mit der von einem Bischofe ertheilten gleich gültig sey?

Die

Die Synode entschied: "Daß nach der Einrichtung der Apostel und nach der Geschichte der ersten
Kirche die Aeltesten, welche man auch Presbyte-
ros nannte, von den Bischöfen nicht unterschieden
worden wären, und die Aeltesten, so wie die Bischöfe, die Bestätigung und Ordination der Kirchendiener ohne Unterschied verrichtet hätten. Dieses werde von mehrern Kirchenvätern, und insonderheit von Hieronymus bezeugt, und sey auch daraus zu ersehen, daß man, nachdem sich die Pres-
byteri an denjenigen, der sie ordinirt habe, so sehr
angehangen haben; daß daraus Partheyen und
Spaltungen zu befürchten gewesen, nöthig gefunden, über den Entschluß sich zu vereinigen: Daß
Ein Presbyter allen andern vorgesetzt würde,
welcher für gewöhnlich auch die Ordinationen zu
verrichten habe. Nach diesem apostolischen Beyspiele könnten die Brüder also auch ihre Prediger
von ihren Presbyteris oder Priestern ordiniren lassen; und man würde der Rechtmäßigkeit dieser Ordination nichts mit Bestand entgegen setzen können. Damit ihnen aber ihre Widersacher die
Gültigkeit ihres Amtes auf keine Weise streitig
machen könnten; so wollten sie sich um eine bischöfliche Ordination umthun."

Die Brüder richteten hiebey ihr Augenmerk
hauptsächlich auf die Waldenser, welche Gott schon
einmal

einmal ihren Vorfahren in dem zwölften Jahrhunderte zu Hülfe geschickt hatte, und von denen
sie von der Zeit an immer einige ordinirte Priester
unter sich hatten. In Oesterreich waren damals
noch Waldensische Bischöfe und Kirchen; daher
die Brüder beschlossen, sich ohne Anstand um die
Bischofsweihe der Waldensischen Kirche, welche
sie von der Apostel Zeiten her zu besitzen behauptete, zu bewerben, und sendeten zu dem Ende drey
ihrer Priester, worunter insonderheit obbenanter
Michael Bradazius von Zamberg genannt wird,
an den Waldenser - Bischof Stephanus. Dieser
empfing die Brüder mit vieler Liebe, freuete sich
über die Nachricht von ihrer Christlichen Einrichtung, legte ihnen in Gegenwart seiner Mitältesten
den Ursprung, Fortgang und die Schicksale seiner
Kirche, so wie die Folge ihrer Bischöfe, dar, und
ertheilte darauf, unter Assistenz seines Mitbischofes und der übrigen Geistlichkeit, diesen drey Priestern der Brüder die bischöfliche Weihe.

Kaum waren diese drey nun rechtmäßig ordinirte Bischöfe zu ihren Brüdern zurück gekommen;
so wurde unverzüglich wieder eine Synode zusammen berufen, welcher sich diese Männer in ihrer
neuen Würde darstellten, und darauf beschlossen
wurde, die drey durchs Loos erwählten *) Männer
D 3 erstlich

*) Siehe oben S. 51.

erstlich zu Presbyteris, und darauf einen aus denselben, nemlich den Matthias von Kunewalde,
zum vierten Bischofe ordiniren zu lassen, welches
mit aller der Sache angemessenen Feyerlichkeit geschahe. Man war hiernächst auf dieser Synode
auch bedacht, die kirchliche Einrichtung immer
mehr zu vervollkommnen, und bestellte zu dem
Ende noch zehn andere Coëpiscopos oder Conseniores, welche aus den übrigen Presbyteris
genommen wurden. Durch diesen Vorgang
knüpfte sich zwischen den Brüdern und Waldensern eine neue Verbindung, die beyde Theile
geneigt machte, sich zu einer völligen Kirchengemeinschaft mit einander zu vereinigen. Ehe
es aber noch dazu kommen konnte, wurde das
Vorhaben von einigen übelgesinnten Waldensern, die zu einer solchen Vereinigung keine
Neigung hatten, weil sie die auf den Brüdern
liegende Schmach und Verfolgung scheueten, verrathen. Es entstand dadurch eine heftige Verfolgung über das gesammte Volk der Waldenser in
Oesterreich, darin, nebst vielen, auch ihr letzter
Bischof Stephanus verbrannt, und die übrigen
zerstreuet wurden.

Also hatte die Wunderhand Gottes zur Stunde für die Brüder gesorgt, und den letzten Bischof
der Waldenser in Oesterreich solange aufgespart,

bis

bis er ihnen ihre alten Kirchenrechte mittheilen
konnte. Diese beyden Kirchenpartheyen hatten
von ihrem Entstehen an viel ähnliches in ihren Begebenheiten. Sie zeigen sich als Märtyrersaaten,
die eine große Menge von Zeugen der Evangelischen Wahrheit aufzuweisen haben, welche ihr Bekenntniß durch die schmerzlichsten Leiden und den
schimpflichsten Tod versiegelt haben. Was der
Heiland seinen Nachfolgern so oft vorher verkün-
digt hat: daß sie um seines Namens willen gehaßt,
verspottet, verfolgt, gemartert und getödtet werden würden, ist bey ihnen häufig eingetroffen, und
sie sind mit der Schmach Christi reichlich beehret
worden. Gottes Allmacht wußte sie aber zu erhalten, daß es mit ihnen nie ganz aus wurde, und
sie der Mittel und Gerechtsamen zum Bau der
Kirche Christi auf Erden, der Wuth und Macht
ihrer Feinde ungeachtet, nicht beraubt werden konnten. Die noch übrigen zerstreueten Waldenser ent-
wichen nun größtentheils aus Oesterreich, und
fanden Zuflucht bey den Brüdern in Böhmen und
Mähren.

Die Brüder blieben aber nicht lange im ruhi-
gen Genusse ihrer kirchlichen Einrichtungen; denn
schon im nächstfolgenden Jahre ließ König Georg
auf dem versammelten Reichstage zu Prag ein
Dekret wider sie dahin ergehen, "daß jeder Lan-

D 4                                    des-

desſtand in ſeinem Bezirke ſich bemühen
ſolle, von den Pikarden, ſo viel er könne,
zu fangen, und nach Gutbefinden mit ihnen
zu verfahren, um durch ſothanen Ernſt der
Abſonderung Einhalt zu thun." Die hierauf erfolgte Noth der Brüder war ſehr groß. Die
Gefängniſſe in Böhmen, und ſonderlich in Prag,
waren großentheils gar bald mit Brüdern ange-
füllt, wovon manche vor Hunger ſtarben, und andere ſonſt ſchrecklich gemißhandelt wurden. Dieſe
Verfolgung hörte erſt mit dem 1471 erfolgten
Tode König Georgens auf, welcher, um die Krone
von Böhmen zu erlangen, dem Römiſchen Stuhle
die Vertilgung der Brüder eidlich verſprochen
hatte. Auch Rokyzan ſtarb noch funfzehn Tage
vor dem Könige. Die Böhmiſche Krone wurde
nun Wladislaw aus Polen, einem guten und
ſanftmüthigen Fürſten, zu Theil, welcher zwar
ſchon im zweyten Jahre ſeiner Regierung geſchehen
ließ, daß neue Befehle zur Vertilgung der Brüder
ausgefertiget wurden, dieſelben aber, ſo bald er
der Brüder Vertheidigung angehört, wieder auf-
hob. Unter ihm baueten die Brüder ſich wieder
ein wenig an. Ihr gottſeliger Wandel erweckte
viele Menſchen von hohem und niederm Stande,
ſo daß ums Jahr 1500 beynahe 200 Kirchen der
Brüder in Böhmen und Mähren zu finden waren.

Im

Im Jahre 1508 vermochte die Römische
Geistlichkeit, und insonderheit der Bischof von
Groß-Waradein, Johann Boseck, durch sein ungestümes Anhalten den König, daß er, ob zwar mit
großem Unwillen, einen neuen Befehl zur Vertilgung der Brüder ausstellte. (Denn als die Bischöfe das Edikt in des Königs Gegenwart schrieben, fiel er auf seine Knie, und bat Gott mit Thränen die Schuld solcher blutdürstigen Anschläge ab,
und wünschte, daß Gott selbst die Vollstreckung
hindern möchte.) Die Verfolgung fing an manchen Orten an, wo man die Brüder theils ver-
jagte, theils gefangen nahm, theils auch marterte
und verbrannte. Inzwischen schrieben die Brüder
eine Apologie an den König, (s. Freher in Scri-
ptor. Bohem. fol. 238. seqq.) gaben darin Rechenschaft von ihrem Glauben, und lehnten die Ver-
leumdungen ihrer Feinde ab; der König froh über
die Veranlassung, den ungerechten Grausamkeiten
zu wehren, milderte alsbald das Edikt. Allein
dasselbe wurde auf dem bald darauf gehaltenen
Reichstage zu Cuttenberg, auf welchem der Bischof von Groß-Waradein königlicher legat war,
wieder erneuert und geschärft. Die Brüder faste-
ten und beteten, hielten ihre Geistlichen verborgen,
und überlegten, was sie zu thun hätten, wenn sie
vollends alle aus dem Lande sollten vertrieben wer-

D 5                          den.

den. In dieser Hinsicht wurden sie eins, vier Männer aus ihrem Mittel, nemlich Lucas von Prag, Maurus Kokowez, Martin Kabatnik und Kaspar aus der Mark, in fremde Länder zu schiffen, ein Volk aufzusuchen, welches Christo lauterlich dienete, und welchem sie sich hernach beyfügen könnten. Der erste ging nach Griechenland, der zweyte nach Rußland, der dritte nach Thracien und der Bulgarey, und der vierte nach Palästina und Egypten. Nach dem Berichte, den sie nach ihrer Zurückkunft abstatteten, fanden sie aber nirgends ein solches Volk, wie sie suchten, sondern erzählten, wie allenthalben alles auf das äußerste verdorben, und die sogenannten Christen im Aberglauben und in Lastern ersoffen wären. Man versammelte darauf nochmals eine Synode, und berathschlagete aufs neue: was ihnen bey ihren so schweren Umständen noch zu thun übrig bliebe? Aus ihrem Schlusse siehet man, daß nichts als die Hoffnung: Gott werde bald fromme Lehrer und Reformatoren der Christlichen Kirche erwekken, und an diese wollten sie sich anschließen, dieselben noch belebet und ermuntert hat. Sie schickten daher von neuem den Lucas von Prag, und Thomas, den Deutschen, nach Welschland und Frankreich, um die Waldenser zu besuchen, und um ihre Umstände sich zu erkundigen, von welchen

sie

sie aber nur noch wenige übrig gebliebene fanden. So erkannten nun die armen Brüder, daß ihnen für die Zeit nichts übrig bliebe, als in Gottes Hände zu fallen, und seine Prüfungen mit Geduld und Standhaftigkeit zu ertragen, in ihrem Gebete für das Heil und die Errettung der Christenheit aber desto eifriger zu seyn.

Unter allen diesen harten Drangsalen gaben die Brüder ihre Hoffnung einer baldigen Reformation der Kirche doch nicht auf, sondern ließen sich die Ausbreitung der Evangelischen Wahrheit nur desto mehr am Herzen liegen. Unter andern bedienten sie sich hiezu auch der in dieser Zeit emporkommenden Buchdruckerkunst, und gaben vor allen Dingen die Bibel in ihrer Muttersprache zu Venedig heraus, die sie bald hernach noch zweymal zu Nürnberg wieder auflegen ließen. Zugleich schickten die Brüder an den Erasmus von Rotterdam, der sich durch seine Sprachkenntniß und reinere Theologie berühmt machte, und ließen demselben durch zwey Abgeordnete ihre im Jahre 1508 dem Könige Wladislaw übergebene Apologie überreichen, mit der Bitte, daß er dieselbe prüfen, und falls er einige Fehler darin entdecken würde, sie darüber belehren möchte; indem sie solche zu verbessern geneigt wären. Falls er aber derselben keine fände, so bäten sie ihn um ein Zeugniß

niß ihrer Unschuld, und um Vertheidigung gegen
das Unrecht. Nach etlichen Tagen antwortete ihnen Erasmus: "Er habe keine Irrthümer
wahrgenommen; ein Zeugniß aber davon
zu geben, scheine weder rathsam für ihn,
noch den Brüdern nöthig zu seyn, sie möchten nur ihre Sache wie bisher in der Stille
fortsetzen." Dieser seiner Erklärung ungeachtet
gab Erasmus den Brüdern doch nachher mehrmals ein Zeugniß ihrer Rechtgläubigkeit und
Rechtschaffenheit. Man sehe unter andern, was
er in seiner Vorrede zum neuen Testamente, und
in seiner Antwort an Schlechta, der gegen die
Brüder lästerte, von ihnen schreibt. Kürze halben will ich nur letzteres mit seinen eignen Worten anführen: "Daß die Brüder sich selbst Lehrer
erwählen, ist der Gewohnheit der Alten nicht entgegen. Daß sie Unstudirte und Ungelehrte wählen, ist wohl zu entschuldigen, weil die Frömmig-
keit ihres Wandels den Mangel der Gelehrsamkeit
ersetzet. Daß sie sich unter einander Brüder und
Schwestern nennen, sehe ich nicht, warum es unrecht sey; und wollte Gott! daß diese gemein-
schaftliche Liebesbenennung unter den Christen ver-
bleiben möchte. Daß sie den Predigern nicht so
viel glauben, als der heiligen Schrift, das ist,
Gott mehr trauen, als den Menschen, darin haben

ben sie recht. Die Feyertage betreffend, so ist
ihre Meynung nicht viel von dem Sáculo des Hie-
ronymi verschieden; nun aber sind die Feyertage
zu einer ungeheuren Anzahl erwachsen." —

Hundert Jahre waren nun seit Hussens Mär-
tyrertode verflossen. Man erinnerte sich der merkwürdigen Worte dieses Blutzeugen, die er in seinen letzten Tagen zu seinen Richtern und Peinigern
ausgesprochen hatte: "Ueber hundert Jahre
werdet ihr Gott und mir Rechenschaft geben müssen;" und wartete mit Verlangen auf
eine allgemeine Reformation der Christlichen Kirche
in Lehre und Leben; als der vortreffliche Knecht Gottes Luther aufstand, und im Jahre 1517, so wie
Huß, anfing gegen die Irrthümer der Kirche und
den abscheulichen päbstlichen Ablaßkram öffentlich
und mit großem Eifer zu zeugen.

Als die Brüder von diesem seinem Zeugnisse
der Wahrheit, und dem großen Segen, den dasselbe
stiftete, hörten; freueten sie sich über die maßen,
und lobeten und danketen Gott mit inbrünstigen
Herzen. Im Jahre 1522 ordneten sie zwey Brüder, Johann Horn und Michael Weiß, als Deputirte an Luthern ab, um ihm zu dem großen
Werke Gottes, das ihm vom Herrn anvertrauet
worden, Glück zu wünschen, ihn ihres brüderlichen Theilnehmens, und brünstigen Gebetes zum

Herrn

Herrn zu versichern, in gläubiger Erwartung, daß
es ihm durch Gnade und Kraft von oben gelingen
möge, das Licht des Evangeliums aus der Finsterniß herzustellen, und durch die ganze Kirche zu
verbreiten. Wobey sie ihm zugleich von ihrer Lehre
und Verfassung Nachricht ertheilten. Luther nahm
sie freundlich auf, erkannte ihre Liebe zur Wahrheit, und bezeugte auch in seinen Briefen an Spa-
latin und andere, daß er durch die Brüder sehr auf-
gemuntert worden sey. Im Jahre 1523, als die
Brüder wieder an ihn geschrieben, und insonderheit
die Nothwendigkeit der Einführung Christlicher
Zucht und Ordnung erinnert hatten, antwortete
er ihnen: "Wir können noch nicht dahin kommen,
daß bey uns eine solche Uebung der Lehre und des
heiligen Lebens eingeführt werde, als wir von euch
hören, die Sachen sind bey uns noch roh und gehen langsam her, aber betet für uns." Gleich im
folgenden Jahre schickten die Brüder abermals
eine Deputation an Luthern, um sich besonders genau zu erkundigen, wie es mit der Kirchenzucht
beschaffen sey, welche er einzuführen gedächte. Als
sie aber fanden, daß darauf noch kein Bedacht von
ihm genommen worden, gaben sie ihm zu erkennen,
daß sie dem Mangel derselben es zuschreiben müßten, daß manche unlautere Seelen sich von ihrer
Gemeinschaft trenneten, weil sie nun das Evangelium

gelium genießen könnten, ohne an ihre genaue Ordnung sich zu binden. Luthern, der mit der Ausbreitung und Vertheidigung der Evangelischen Lehre noch genug zu thun hatte, war dieser Vorwurf
empfindlich, und die Freundschaft zwischen ihm
und den Brüdern wurde in etwas unterbrochen, so
daß ersterer einige von den Ordnungen der Brüder
öffentlich tadelte. Als sie ihm aber ihre an Marg-
graf Georg von Brandenburg im Jahre 1532
überreichte Apologie ihrer Lehre und Gebräuche zu-
sandten, ließ er dieselbe in Wittenberg mit einer
Vorrede drucken, darin er den Brüdern ein schö-
nes Zeugniß ihrer Rechtgläubigkeit ertheilet. Er
sagt darin unter andern: "So lange er ein Papist
gewesen, habe er die Brüder aus großem Eifer der
Religion von Herzen gehasset, und daher auch Hussens Schriften (ob er gleich gefunden, daß er die
heilige Schrift so gewaltig und rein abgehandelt
habe, daß er darüber bestürzt gewesen wäre, daß
der Pabst und das Concilium zu Costnitz solch einen
großen und theuren Mann verbrannt hätte,) doch
aus blindem Eifer für den Pabst und das Concilium, sogleich aus der Hand gelegt, und sich für
sich selbst gefürchtet. Nun da Gott ihm das
Kind des Verderbens offenbaret, sey er anderes
Sinnes geworden, und müßte die, welche der Pabst
für Ketzer verdammt, und umgebracht habe, nach
ihren

ihren Bekenntnüſſen für lauter Heilige und Märtyrer der Wahrheit halten und rühmen. Und unter dieſen wären auch die Brüder, die man Pikarden nennte, unter welchen er diß einzige große
Wunder, das im ganzen Pabſtthume ſchier nicht
erhört wäre, gefunden habe, nemlich, daß ſie mit
Hintanſetzung der Menſchenlehre, ſich in dem Geſetze des Herrn Tag und Nacht übten; daß ſie
auch in der heiligen Schrift erfahren, geſchickt und
gefaſſet wären; und ob ſie gleich in der Griechiſchen
und Hebräiſchen Sprache wenig geübt ſeyn, ſo
wären ſie darin doch klar und richtig; ſo daß er
verhoffe, daß ſie allen rechtſchaffenen Chriſten lieb,
werth und angenehm ſeyn werden. Ja, ſagt er
ferner, daß wir auch Gott und dem Vater unſers
Herrn Jeſu Chriſti aufs höchſte dankſagen müſſen,
welcher, nach dem Reichthume ſeiner Herrlichkeit,
das Licht ſeines Wortes hat heißen aus der Fin-
ſterniß erſcheinen, damit er abermal den Tod in
uns zerſtöret und das Gnadenleben erleuchtet; und
erfreuen uns billig mit ihnen, beyde ihrer und unſer ſelbſt halben, daß wir, ſo bisher aus Verdacht
einander für Ketzer gehalten und fern von einander
geweſen, nun aber, nachdem ſolcher Argwohn aufgehoben, ſämmtlich in einen Schafſtall gebracht,
unter den einigen Hirten und Biſchof unſrer Seelen, welcher gelobet ſey in Ewigkeit, Amen."

                                      Luther

Luther gedenkt in dieser Vorrede ferner auch dessen, worin die Brüder in ihrer Disciplin und Ordnungen sich unterscheideten, und erklärt sich darüber folgendermaßen:

"Ob nun in dieser ihrer Confession etliche Unterschied fürkommen werden in Kirchenübungen und Ceremonien — so laßt uns bedenken, daß niemals in allen Kirchen gleiche oder einerley Gebräuche, Ordnung und Satzung gewesen sind, noch seyn mögen; denn solches leiden auch nicht die Gelegenheit, Weise, Mannigfaltigkeit und Veränderung der Menschen, Länder und Zeit. Es sey und bleibe nur die Lehre des Glaubens und Wandels ganz und heilsam; denn dieselbe soll gleich und einstimmig seyn, wie Paulus oft vermahnet: Führet allzumal einerley Rede — und abermal: daß ihr einmüthiglich, mit einem Munde, Gott und den Vater unsers Herrn Jesu Christi lobet." Weil die Brüder sich über den freyen oder ehelosen Stand ungefähr so wie Paulus 1 Cor. 7, 7. u. f. erkläret hatten, so fand Luther nöthig, sich in besagter Vorrede dahin zu erklären: "Denn daß der Ehestand bey ihnen inmaßen als bey uns frey seyn sollte, das leidet ihr Stand und Wesen nicht. Indeß ist es genug, daß man lehret und glaubet, daß die Ehe, ohne Verletzung des Glaubens und Gewissens, jedermann frey und keinem nicht Sünde sey. Dem-

E                                        nach

nach, befehl ich im Herrn allen gottseligen Christen
dieser, derselben Brüder Bekenntniß, darin sie klär-
lich sehen werden, mit was großem Unrecht sie bisher von den Papisten verdammt und beschwert
sind worden."

Von Luthers Mitarbeitern ließen sich mehrere
solche Zeugnisse der Evangelischen Rechtgläubigkeit der Brüder anführen. Es sey mir aber erlaubt, nur noch die Erklärung Philipp Melanch-
thons, welche er im Jahre 1535 den Brüdern in
einem Schreiben ertheilte, hier beyzufügen:

"Deßhalb, weil wir in den fürnehmsten Ar-
tikeln Christlicher Lehre Eins sind, so laßt uns
einander aufnehmen in der Liebe. Es soll keine
Ungleichheit und Veränderung der Gebräuche und
Ceremonien unser Gemüth zweyen oder trennen.
Der heilige Paulus thut oft Meldung von den Ceremonien; und derselben Ungleichheit halben ver-
beut er den Christen sich zu sondern, obwol die
Welt darüber heftig streitet. Die ernste Uebung
oder Zucht, so in euren Kirchen gehalten wird, ge-
fällt mir wahrlich nicht übel. Wollte Gott! sie
würde auch in unsern Kirchen etwas ernstlicher getrieben. Von meiner Wohlmeynung gegen euch
haltet also, daß ich von Herzen wünsche, daß diejenigen, welche das Evangelium lieb haben und begehren, daß Christus Nähme gerühmet und weit aus-

gebrei-

gebreitet werde, gegen einander Christliche hold-
selige Liebe fassen und tragen, und sich sämmtlich befleißigen, ihre Lehre auf Christi Herrlichkeit zu
richten, damit sie durch einheimischen Haß oder
bißige Zwietracht sich selbst nicht verderben, sonderlich um derer Dinge willen, um welcher nicht
nothwendig ist, Uneinigkeit zu machen."

Von der Zeit an blieb Luther und Melanchthon
bis an ihr Ende in ununterbrochenem guten Ver-
nehmen mit den Brüdern; nur wünschten diese,
daß Luther auch noch eine dem Evangelium gemäße-
re Disciplin in die Kirche einführen möchte. Sie
schickten daher im Jahre 1536 die dritte, 1540 die
vierte, und zwey Jahre darauf die fünfte und letzte
Deputation an ihn ab, um wegen Einführung
einer mehrern Kirchenzucht mit ihm zu handeln.
Luther sahe zwar die Nothwendigkeit davon wohl
ein, glaubte aber anfänglich, daß es sich noch nicht
habe thun lassen, da nach seinem Ausdrucke die
Sachen noch zu roh waren, und er ohnehin schon
mit zu vieler Arbeit, besonders gegen die Widersacher, beladen gewesen wäre. In einer ihrer letzten Unterredungen mit ihm über diese Angelegenheit erklärte er sich in Gegenwart aller versammelten Theologen: daß das Pabstthum nicht anders
habe zerstört werden können, als damit, daß man
das ganze Joch des Aberglaubens und allen Schein

E 2 eines

eines Zwanges umgestürzet. Da man aber jetzt
die Welt in dem Gegentheile sündigen sehe; so erkenne er, daß diesem Uebel nothwendiger Weise
vorgebeuget, und die Kirchenzucht wieder hergestel-
let werden müsse. Man würde die Sache mit
allem Ernste überlegen, sobald man nur dazu würde kommen können; denn der Pabst mache wieder
aufs neue alles unruhig durch die Hoffnung eines
neuen Concilums.

Mit dieser Erklärung entließ Luther die Brüder in herzlicher Liebe, reichte ihnen in Gegenwart
der übrigen Professoren die Hand der Brüderschaft
mit den Worten: Treibet ihr das Werk Christi
bey euch, wie sich euch dazu die Gelegenheiten ereignen werden; wir wollen es auch thun, wie sichs
bey uns wird thun lassen. Und bald darauf schrieb
er an den Obersenior der Brüder Johann Augusta:
"Ferner ermahne ich euch in dem Herrn, daß ihr
mit uns in der Gemeinschaft des Geistes und der
Lehre, wie ihr angefangen habt, beharren, und
mit uns zugleich durchs Wort und Gebet wider die
Pforten der Höllen kämpfen möget."

Der vortreffliche Luther vollendete aber bald
darauf seinen Heldenlauf, und so unterblieb das
wichtige Stück der Reformation, die Einführung
der von ihm so nöthig befundenen Kirchendisciplin
für immer. Einige seiner Nachfolger, als Bucer,

Melanch-

Melanchthon, Hemming, Saubert, Arnd, Andreä und mehrere, gaben sich zwar viele, aber vergebliche Mühe darum, und wären darüber bald zu Ketzern gemacht worden, denn es begann in Schulen und Kirche mehr das Wissen, als Liebe und Erbauung, überhand zu nehmen, woraus eitel Zänkereyen entstanden, die am Ende Spaltungen und Trennungen der Evangelischen Kirche, ja gar bürgerliche Kriege in derselben veranlaßten. Mit noch einem Zeugnisse von Luthers Liebe und Hochachtung gegen die Brüder, will ich das Andenken an diesen großen Mann beschließen, ein Andenken, das, so lange die Wahrheit des Evangeliums in Achtung bleibt, auch im Segen bleiben wird. Lasitius hat es uns in folgenden Worten hinterlassen: "Es seyn von der Apostel Zeiten her keine Leute aufgestanden, deren Gemeine den apostolischen Lehren und Gebräuchen näher gekommen, als die Böhmischen Brüder." Und ferner: "Wenn gleich diese Brüder uns in der Reinigkeit der Lehre nicht übertreffen; indem alle Glaubensartikel von uns lauter und rein aus dem Worte Gottes gelehret werden: so übertreffen sie uns doch weit mit ihrer ordentlichen Kirchenzucht, womit sie ihre Gemeinen im Segen regieren, und in diesem Stücke lobwürdiger als wir sind, welches wir ihnen um der Ehre Gottes und um der Wahrheit

E 3                                        willen

willen eingeſtehen müſſen, indem unſer Deutſches
Volk unter das Joch der Kirchenzucht ſich noch
nicht beugen will." Daß die anſehnlichſten Mit-
arbeiter Luthers gleiche Geſinnungen über die Buß-
der hatten, iſt bekaunt. Martin Bucer ſchrieb im
Jahre 1540 unter andern an die Brüder: "Das
iſt mein inniger Wunſch, daß ihr dasjenige, womit euch Gott ſo vorzüglich begabt hat, nicht ver-
lieret, ſondern vielmehr uns auch mit eurem Exempel dazu reizet; denn ihr ſeyd jetzt allein in der
Chriſtenheit, welchen, neben der reinen Lehre,
auch eine reine, wahrhaftige, bequeme und heil-
ſame, nicht peinliche, ſondern nützliche Kirchenzucht gegeben iſt. Wir bitten den Herrn, daß
Er dieſe ausbündige Form ſeines Reichs unter uns
beſtätigen und von Tag zu Tage erweitern wolle."
Und Fabricius Capito bezeugt in einem Schreiben
von demſelben Jahre an die Brüder: "Das
Büchlein, ſo euer Glaubensbekenntniß ſammt der
Kirchenordnung in ſich begreifft, iſt uns ſehr angenehm geweſen, darüber ich zu unſrer Zeit nichts
vollkommeners geſehen; denn es über dem völligen
Bekenntniſſe des Glaubens und rechtem Brauch
der Sacramente, auf Chriſti Wort und derſelbi-
gen rechten Verſtand gegründet, auch eine heilige
Kirchenzucht, und faſt lebendige, wackere Seel-
ſorge ans Licht bringt." Von ganz gleichem In-
halte

hatte, waren auch selbst Calvins und mehrerer
anderer Reformationsgehülfen Zeugnisse von den
Brüdern.

So genossen demnach die Brüder die Liebe und
Gemeinschaft der Reformatoren. Ihre Feinde
nahmen aber auch daher Gelegenheit, eine neue
Verfolgung über sie zu verhängen; denn als im
Jahre 1544 Frankreich und Spanien sich dahin
vereinigten, gemeinschaftlich die Evangelischen zu
unterdrücken, und den Anfang davon mit Ausrottung der Waldenser in Frankreich gemacht hatten, die Böhmen sich aber weigerten, gegen den
Churfürsten von Sachsen mit zu Felde zu ziehen;
so wurde dieses den Brüdern vorzüglich zur Last gelegt. Man beschuldigte sie, daß sie durch ihre Un-
terhandlungen mit Luthern, den Churfürsten von
Sachsen auf den Böhmischen Thron zu bringen
gesucht hätten. Daher König Ferdinand sie zur
Strafe zog, und einige ihrer Vornehmsten, theils
ins Gefängniß werfen, theils des Landes verweisen und theils ihrer Güter berauben ließ. Unter
den ersten war auch ihr Oberältester, Johann Augusta, den man sogar mit dreymaliger Folter und
andern Peinigungen zum Bekenntnisse der ihm
fälschlich angeschuldigten Verbrechen zu zwingen
suchte, und ihn, ob er gleich keines einzigen über-
führt werden konnte, doch erst nach sechzehn Jah-

ren,

ren, nach König Ferdinands Tode, aus dem Gefängnisse entließ. Eben so erging es auch dem
nachmaligen Senior, Georg Israel. Er sollte
tausend Gulden für seine Freyheit erlegen, weil er
sie aber nicht hatte, erboten sich seine Freunde und
Kirchkinder, das Geld für ihn auszulegen, dessen
er sich aber weigerte, und zu ihnen sagte: "Es ist
mir genug, daß ich einmal und vollkömmlich durch
das Blut meines Heilandes, Jesu Christi, frey
erkaufet bin, und ich bedarf nicht, daß ich zum
zweytenmale durch Silber oder Gold erlöset werde.
Behaltet demnach euer Geld, welches euch in be=
vorstehender Landesverweisung wird zum nothwen=
digen Zehrpfennig dienen müssen."

Die Kirchen der Brüder wurden nun verschlos=
sen und versiegelt, die Lehrer gefangen genommen
und zerstreuet, und dem Volke befohlen, zur Rö=
mischen Kirche zu treten oder in sechs Wochen das=
Land zu räumen. Viele unter ihnen wurden muth=
los, und schlugen sich zu den Calixtinern, die meh=
resten aber zogen im Jahre 1548 unter Anführung
ihres Bischofes, Matthias Syon, nach Polen,
wenige aber blieben im Verborgenen, oder zer=
streueten sich hie und da. Die mehresten der Aus=
gegangenen waren aus Brandeis, Turnow, Bid=
sow, Chlumz, Litomissel und der Gegend. Sie
wurden zwar von dem Castellan zu Posen und
Kron=

Kronfeldherrn in Großpolen, Grafen von Gorka, und Andern, wohl aufgenommen, jedoch währte ihr Aufenthalt daselbst nur zehn Wochen. Der Bischof zu Posen, Benedict Isbinsky, ruhete nicht, bis er vom Könige Sigismund August einen Befehl erhielt, nach welchem sie Polen alsobald räumen mußten. Die Brüder begaben sich nun nach Preußen, wo Herzog Albert sie willig aufnahm. Und da man sie auch hier verdächtig machen wollte, als stimmte ihre Lehre mit der Lutherischen nicht genug überein, ernannte der Herzog folgende Theologen von Königsberg, D. Melchior Isinder, M. Friedrich Staphylus, Johann Funccius und Johann Tazelius, welche mit den Lehrern der Brüder zusammen traten, um sich über die Gleichförmigkeit ihrer Lehre mit der Augsburgischen Confession zu besprechen. Als nun die Confession der Brüder mit der Augsburgischen genau zusammen gehalten wurde, und zwischen denselben kein wesentlicher Unterschied sich fand, so entstand auch eine brüderliche Verbindung unter ihnen, und man räumte ihnen in Marienwerder, Neidenburg, Gardensee, Hohenstein, Gilgenburg, Soldau und Königsberg ihre Niederlassungen ein. Der berühmte Bischof, Paul Speratus, so wie der Prediger zu Marienwerder, Joh. Bodenstein, waren ihnen darin sehr beförderlich, und letzterer

bezeugt

bezeugt in einem Schreiben an D. Bungius von
ihnen: "Daß, wenn irgend Gemeinden wären,
worin eine recht apostolische Zucht und Ernsthaftig-
keit zu finden, und in welchen alles nach dem Exempel der heiligsten Märtyrer eingerichtet sey, so wären es gewiß diese Gemeinden der Brüder." ——

Auch der oberwähnte, wenn gleich nur kurze Aufenthalt der Brüder in Polen, blieb nicht ganz ohne
Nutzen, denn der von ihnen ausgestreuete Same
des Evangeliums fing an aufzugehen. Verschiedene aus dem Adel des Landes, so wie auch aus
der Bürgerschaft von Posen, hatten dasselbe schon
angenommen. Der Senior, Matthias Snou,
besuchte die Neubekehrten, und stärkte sie in der
Evangelischen Wahrheit in aller Stille. Georg
Israel und Johann Cocytanus thaten nach ihm ein
gleiches mit solchem Erfolge, daß selbst, nach des
päbstlichen Abgesandten Vergerii Visitationsbe-
richte, innerhalb sechs Jahren schon gegen vierzig
Gemeinen in Großpolen durch den Dienst der Brüder errichtet waren. Aus den Magnaten befanden sich einige der Angesehensten dabey, als z. B.
die Grafen von Gorka, Ostrorog, Lincano und
mehrere. Um eben diese Zeit wurde auch in Kleinpolen die Evangelische Lehre durch einige Schwei-
zer-Theologen bekannt, und fand daselbst nicht geringen Eingang, so daß schon mehrere Gemeinen

nach

nach der Schweizer-Confession eingerichtet waren.
Diese letztern suchten mit den Brüdern nicht nur in
gutem Einverständnisse zu stehen, sondern sich mit
denselben immer näher zu verbinden, wozu auch
die Brüder sich willig fanden. Beyde Kirchen-
gesellschaften traten daher im Jahre 1555 in Cos-
minec zu einer Synode zusammen, auf welcher in
Gegenwart verschiedener Woywoden, wie auch einer Gesandtschaft des Herzogs von Preußen, die
Confession und Kirchenordnung der Brüder untersucht, gut geheißen, und die Vereinigung beyder
Confessionen durch Handschlag gestiftet wurde. Ein
Gutachten der Theologen von Zürch und Genf von
1556 billigte diese Vereinigung, sonderlich der
Kirchenzucht halber. Calvin schrieb an sie unter
andern: "Von eurer Uebereinstimmung mit den
Waldensern (so nannte er die Brüder) hoffe ich
alles Gute; nicht nur, weil Gott die heilige Gemeinschaft der Glieder Christi allezeit zu segnen
pflegt, sondern auch, weil ich glaube, daß eurem
gemachten Anfange die Erfahrung der Waldensischen Brüder, welche der Herr schon lange geübet
hat, nicht wenig zu statten kommen wird. Dero-
wegen habt ihr euch alle dahin fleißig zu bemühen,
daß diese gottselige Vereinigung der Gemüther
mehr und mehr zu Stande komme." Eben so
erklärte sich Wolfgang Musculus, ein Theolog zu
Bern,

Bern, und schrieb an die Evangelisch-reformirten Gemeinen in Kleinpolen: "Insonderheit verehren wir den wunderbaren Rath Gottes, daß Er vor etlichen Jahren die aus Böhmen vertriebenen Brüder, die man Waldenser nennt, zu euch hat kommen lassen, auf daß sie euren Gemeinen zur Erkenntniß und Fortpflanzung der Wahrheit behülflich wären," u. s. w.

In eben diesem Jahre ließ Paul Vergerius, ehemaliger päbstlicher Legat und Bischof zu Capo d' Istria, nun aber ein Zeuge der Evangelischen Wahrheit, das Glaubensbekenntniß der Brüder zu Tübingen wieder auflegen, und erklärte sich darüber in der Vorrede also: "Aus was Ursachen ich dieses Glaubensbekenntniß der Waldenser, oder Pikarden, wie man sie nennet, welches bisher noch nicht vielen bekannt worden, heraus gebe, muß ich vor allen andern anzeigen. Als mich Gott neulich aus Deutschland nach Preußen, Lithauen und Polen berufen, und ich vor Verlangen brannte, viele und vielerley Völker und Gemeinen zu sehen und zu besuchen: so habe endlich, nachdem ich lange in Polen herumgereiset, ungefähr vierzig Gemeinen angetroffen, welche nach der Waldenser Art eingerichtet waren. Diese haben mich in Wahrheit sehr vergnüget und erfreuet; denn sie haben das wahre und übereinstimmende Wort des

Evan-

Evangeliums; und das in solcher Vollkommenheit, daß ich weder an ihrer Lehre, noch an ihren
Lehrern den geringsten Irrthum oder eine Contro-
vers wahrnehmen, ja auch nicht den geringsten
Verdacht dessen habe schöpfen können. Ihre Sitten und Ceremonien sind alle so rein, und von allem päbstlichen Aberglauben und Gauckeleyen so
entfernt, daß ihnen kein Geruch oder Spur mehr
davon übrig geblieben. Ihre Kirchenzucht ist so
ernstlich, daß die Erneuerung und Besserung des
Lebens solche Früchte hervorbringt, daran man
leicht erkennen kann, ihre Wurzel sey eine ungeheuchelte, wahrhaftige, und einem Christen höchst
anständige Sinnesänderung. Als ich dieses zum
Theil den Brüdern in Italien und anderer Orten
schrieb, theils auch verschiedenen großen Fürsten
in Deutschland und andern großen Männern mit
Freuden mündlich erzählte: so haben einige von
diesen Waldensern gar nichts gewußt, andere aber
haben sich sehr zu verwundern geschienen, was die
Polen mußten gedacht haben, daß sie die Lehre
der Waldenser angenommen, und sind besorgt gewesen, es möchte durch dieselbe die reine und heilige Lehre Christi, die sie erst kürzlich angenommen,
befleckt werden. Um dieser wichtigen Ursache willen habe ich mich verbunden geachtet, dahin zu sehen, daß das Glaubensbekenntniß der Waldenser,

welches

welches schon ganz rar worden war, wieder aufs
neue durch den Druck gemein würde; nicht zwei-
felnd, es werden alle, welche die reine Lehre lieben,
oder nur davon einen kleinen Geschmack haben;
nicht dieses Bekenntniß allein, sondern auch die
Polen und alle Gemeinen, so dasselbe angenommen, loben und rühmen, auch den Vater im Himmel bitten, daß Er die so glücklich angefangene Verbesserung ihrer Gemeinen erhalten, durch seine un-
ermessene Güte vermehren, und von Tag zu Tage
mehr segnen wolle." Weiter sagt er: "Ob ich
im übrigen wol weiß, wer ich bin, so erinnere ich
doch alle Gemeinen, die in diesen vierzig Jahren
reformirt, und in Christo wiedergeboren sind, daß
sie sich nicht begnügen sollen, den Aberglauben und
Greuel des Pabstthums ausgerottet zu haben; sondern, daß sie mit Fleiß und Sorgfalt dahin trach-
ten, wie die einstimmige, reine und wahrhaftige
Lehre des Sohnes Gottes, unsers Herrn Jesu
Christi, erhalten, und die einer so heiligen Lehre
würdige Zucht und Ertödtung des Fleisches endlich
einmal wiederum möge eingeführet werden."

Um die Gesinnungen dieses Mannes, welchen
der Herzog von Würtemberg zum Kanzler der Uni-
versität in Tübingen erwählt hatte, noch näher kennen zu lernen, sey es erlaubt, noch etwas aus einem
spätern Schreiben an die Brüder vom 19ten März
1561

1561 hier mitzutheilen, darin er sich folgendermaßen erklärte: "Gleichwie mich der Geist des
Herrn getrieben hat, daß ich von der ehebrecheri-
schen antichristischen Kirche ausgegangen, (solches
ist aber durch Gottes Gnade vor zehn Jahren geschehen) so treibet er mich jetzt an, eine Kirche zu
suchen, welche mir die beste scheinet, worin ich
auch sterben und dem himmlischen Vater meine
Seele überantworten will. Und das muß ich
thun, nicht nur um meinetwegen, sondern auch
andern zum Exempel, so gering ich bin. Ich
habe, da ich aus dem Pabstthume entflohe, ein
Beyspiel gegeben, daß mir von ganzem Herzen
vor seiner Lehre greuelt. Nun wünsche ich ein
Zeugniß abzulegen, daß, ob mir zwar die Lehre
der Kirche nicht mißfalle, in welcher ich nun bin,
ich doch diejenigen Gemeinen liebe, welche eine
bessere Kirchenzucht haben. Ich lobe zwar unsre
Kirchen, aber ich desiderire daran noch den andern
Theil des Evangeliums, nemlich die Zucht. Ich
bekenne daher öffentlich, daß ich eure Gemeinen
allen andern vorziehe. Und auf daß niemand
meyne, es sey mir solches erst jetzt auf einmal so
eingefallen, so bezeuge ich vor Gott, daß mir die-
selbige allezeit wohlgefallen, nachdem ich das Evangelium erkannt und geschmeckt habe; ja, daß ich
sie nach meinen Kräften defendirt, als mir das
viele

viele zeugen können. Ich habe davon insonderheit zwey Proben gegeben, davon eine ist, daß ich
den König in Böhmen, Maximilian II. besänf-
tiget, als er wider die Brüder sehr übel gesinnt
war. In Summa, wenn eure Gemeinen mich
aufnehmen wollen, so will ich mich ihnen einver-
leiben und darin sterben. Und weil ich den Wol-
lüsten der Welt freywillig entsage, so werde ich
auch dieselbigen bey euch nicht suchen; die Hand
des Herrn hat mich ergriffen, ich suche und denke
nun etwas ganz anderes."

Die Brüder genossen inzwischen in Böhmen
und Mähren unter dem sanftmüthigen und milden
Regimente Maximilians einige Ruhe, und hielten im Jahre 1557 zu Slezane eine Synode, bey
welcher sich über zweyhundert ihrer Geistlichen gegenwärtig befanden, und welche auch mehrere Polnische Magnaten besuchten, und um eine noch nähere Vereinigung der Brüder mit den Schweizeri-
schen Confessionsverwandten anhielten. Man überlegte die Sache nach allen Umständen. Weil aber
in der Evangelischen Kirche damals unter den sogenannten Interimisten, Majoristen, Flacianern,
Adiaphoristen, Synergisten, Osiandristen u. s. w.
so viel theologischer Zank und Streit ausgebrochen
war, in welchen man auch die Brüder zu verwik-
keln suchte: so fanden sie nöthig, auf ihrer Hut zu
seyn;

ſeyn; denn jede Parthey hatte an den Brüdern etwas auszuſetzen, wenn ſie nicht ihrer Meynung
waren, ob ſie ſchon durchaus keinen Theil an den
unſeligen und die Evangeliſche Kirche nur zerreiſ-
ſenden Streitigkeiten nahmen. Sie ſchickten daher im Jahre 1560, den Johann Rokita und Peter Herbert an einige Fürſten und an die vornehm-
ſten Theologen in Deutſchland und der Schweitz,
um theils die mit den Reformatoren angefangene
Freundſchaft zu erneuern, theils üble Nachreden
abzulehnen, und den auswärtigen Theologen von
ihrer Lehre und Einrichtungen, und von dem Vereinigungswerke in Polen beſſere Nachricht zu geben. Die Deputirten wurden allenthalben, beſonders von dem Herzoge Chriſtoph zu Würtemberg, und von dem Pfalzgrafen von Zweybrücken,
die ſich in Göppingen mit ihnen in Gegenwart vieler Theologen, ſonderlich des bekannten Jacob Andreä und Johann Brenzius, unterredeten, ſehr
wohl aufgenommen. Der Herzog von Würtemberg bot ihnen ſein Land an, wenn ſie anderswo
nicht geduldet werden ſollten, und gab ihnen Em-
pfehlungsſchreiben an einige Polniſche Magnaten
mit. Herbert ſetzte von hier ſeine Reiſe nach Heidelberg, Strasburg und in die Schweitz fort, unterredete ſich mit daſigen Theologen, ſonderlich mit
Bullinger, Peter Martyr, Muſculus, Calvin,

F

Viret

Viret und Theodor Beza. Er beschwerte sich im
Namen der Brüder über ihre harte unbillige Cen-
suren, und erklärte ihnen, daß die Brüder an den
Streitigkeiten wegen des Abendmahls nicht Theil
nehmen, noch sich über die Art und Weise des Genusses deutlicher erklären könnten und wollten, als
sie es bisher mit einfältiger Anführung der Worte
der heiligen Schrift gethan. Die Theologen lies-
sen sich dieses gefallen, und Calvin suchte, besonders in dem Antwortschreiben an die Brüder, seine
vorigen Briefe an die Polen zu entschuldigen, schien
es aber doch den Brüdern übel zu nehmen, daß sie
sich der Augsburgischen Confession zu sehr confor-
mirten. Rokita, der nach Polen gegangen war,
fand daselbst unter den Schweitzerischen Confes-
sionsgemeinen ziemliche Unruhen. Einige ihrer
Lehrer schienen dem Arianismus geneigt zu seyn,
andern aber wollte die Kirchenordnung und Zucht
der Brüder nicht recht gefallen. Man arbeitete
inzwischen doch an dem Vereinigungswerke der
Helvetischen Confessionsverwandten mit den Brüdern fort, und berief zu dem Ende im Jahre 1566
eine Synode zu Xians. Nachdem man über
die Lehre verstanden war, verhandelte man die
Materie von der Kirchenzucht, indem einige eine
bessere zusammensetzen wollten, als die Brüder bisher gehabt hatten, die nach ihren Gedanken noch

etwas

etwas nach dem Pabſtthume ſchmecke, indem ſie den Geiſtlichen zu viel Gewalt einräume. Die Brüder hielten aber feſt über ihre Kirchenzucht, und behaupteten ihre Nothwendigkeit und Heilſam̄= keit, die ſich durch langwierige Erfahrung bewährt habe, und die von ſo vielen der vortrefflichſten Evangeliſchen Lehrer darum ſo hoch geprieſen wor= den, weil ſie auf eine wahre Herzens= und Sin= nesänderung dringe, und niemand ohne genugſame Prüfung in die Gemeinſchaft der Heiligen und zum Abendmahle zulaſſe. Was den Vorwurf betraf, daß ihre Kirchenordnung den Geiſtlichen zu viel Gewalt einräumte; erklärten ſich die Brüder: daß derſelbe ſie nicht treffe; denn ihre Kirchenordnung wäre ganz Evangeliſch, und führe keinen Zwang mit ſich. Ihre Geiſtlichen hätten keine weltliche Macht, noch Anſehen, ſondern wären den Geſetzen des Landes eben ſo unterworfen, als jeder andere Landeseinwohner. Die Brüder hätten zu allen Zeiten alle päbſtliche Macht verabſcheuet, und hin= gegen die Rechtmäßigkeit der obrigkeitlichen Ge= walt erkannt und verehret, ſo wie auch ihren un= umſchränkten Gehorſam gegen dieſelbe in allen nicht wider das ausdrückliche Wort Gottes und das Ge= wiſſen angehenden Dingen genugſam erprobt.

Auf dieſe Erklärung der Brüder wurde durch die mehreſten Stimmen der Synode beſchloſſen,

die

die Kirchenordnung der Brüder mit dem einigen Zusatze anzunehmen: Daß zur Aufsicht der verschiedenen Districte, deren in Kleinpolen sieben, und in Lithauen sechs waren, nebst dem geistlichen Senior, zugleich auch ein weltlicher Senior ernennt werden solle, welcher erstern auf seinen Kirchenvisitationen begleiten, die äußerlichen Angelegenheiten der Kirchen besorgen, und in den Gemeinen und auf den Synoden die Klagen anhören, und die Streitigkeiten entscheiden sollte.

Den Gemeinen in Großpolen aber, welche sich zur Augsburgischen Confession hielten, wollte diese Vereinigung anfänglich nicht gefallen. Erasmus Gliczner, ihr Superintendent, lud den Senior der Brüder, Georg Israel, im Jahre 1567 zu einer Synode nach Posen, legte ihm daselbst einige Fragen zur Beantwortung vor, und drang darauf, daß die Brüder ihre Confession verlassen, und die Augsburgische, die sie ja auch für richtig erkennten, allein annehmen sollten. Weil man sich aber darüber nicht vereinigen konnte, so legte man die Sache im folgenden Jahre der theologischen Facultät zu Wittenberg vor, welche in ihrem Responsum die Thornischen Streitschriften mißbilligte, und nach Luthern behauptete: daß man, ungeachtet der Ungleichheit einiger Redensarten und Gebräuche, die Böhmische nicht für unterschieden

von

von der lutherischen Kirche halten müßte. Gliczner berief hierauf die Brüder abermals zu einer
Synode in Posen im Febr. 1570, unterredete sich
mit ihnen über die Harmonie der Böhmischen und
Augsburgischen Confession, und nachdem auf der
Vorbereitungssynode zu Willna in Lithauen auch
der Streit über das Abendmahl zwischen den
Lutheranern und Reformirten beygelegt worden, so
kam es endlich im Monate April 1570 zu der
berühmten Unionssynode aller Evangelischen zu
Sendomir.

Diese Synodalversammlung war sehr ansehn-
lich und zahlreich. Sämmtliche Gemeinen der drey
Evangelischen Confessionen schickten ihre Abgeordneten zu derselben, und außer diesen wohnten ihr
auch viele Deputirte des Adels bey; unter welchen
der Woywod von Sendomir, Sborowski, das
Präsidium führte. Die Hauptpersonen unter den
Theologen, die bey ihren Confessionsverwandten
den Vorsitz hatten, waren, von Seiten der Brüder, Bischof Johannes Laurentius, von Seiten
der Lutheraner, der Superintendent Erasmus
Gliczner, und von Seiten der Reformirten, der
Senior Paul Gilovius.

Nachdem man die Frage: ob es nöthig und
rathsam sey, noch eine besondere allgemeine Confession zu entwerfen, genau erwogen hatte, über-

zeugte

zeugte man ſich allgemein, daß die Vereinigung der drey Partheyen ſehr wohl ſtatt haben könne, wenn auch jede derſelben ihre eigne Confeſſion beybehalte, weil dieſelben in allen Hauptſtücken der Chriſtlichen Lehre keinen weſentlichen Unterſchied enthielten; die Verſchiedenheit in den Gebräuchen und Ceremonien aber dieſer Vereinigung keinesweges in den Weg treten dürfe. Sie vereinigten ſich alſo nur dahin, daß ſie ſich unter einander alleſammt für rechtgläubig erkennen, alle Zwietracht und Controverſen gänzlich abthun und vermeiden, und hingegen als Brüder einander lieben und hülfliche Dienſte in ihren Kirchen leiſten wollten. Die hierauf ſich beziehenden Puncte wurden ſchriftlich aufgeſetzt, in der Verſammlung vorgeleſen und allgemein gut geheißen. Sämmtliche Glieder dieſer allgemeinen Verſammlung verſprachen ſich ſodann, unter Darreichung der rechten Hand, daß ſie über dieſen Vereinigungspuncten treulich und heiliglich halten, die brüderliche Liebe und den Frieden unter einander zu immer mehrerer Erbauung des Reiches Chriſti fördern und feſt halten, und alle Gelegenheit zu Zwietracht ſorgfältig vermeiden wollten. Der Schluß ward hierauf mit Dankſagung und Gebet zu Gott gemacht. Die anweſenden Glieder der Synode unterzeichneten die Verhandlungen in ihrem und ihrer Conſtituenten Namen

men durch eigenhändige Unterschrift, und man be=
schloß noch, diese Vergleichspuncte durch Depu=
tirte nach Heidelberg zu senden, und daselbst anzu=
fragen: ob außer denselben noch eine allgemeine
Polnische Confession oder ein besonderes Corpus
Doctrinä zu verfassen nöthig sey? Die Antwort
war, daß man es bey dem Vergleiche bewenden
lassen könne. Ein gleiches geschahe auch bey den
Churfürsten von der Pfalz, Sachsen und Bran=
denburg, welche ebenfalls ihr Wohlgefallen darü=
ber bezeugten, und wünschten, daß alle Evangeli=
sche ihrem Beyspiele nachfolgen möchten.

In den nächstfolgenden Jahren wurden meh=
rere Generalsynoden von den sämmtlichen dreyen
Confessionsverwandten gehalten, auf welchen der
zu Sendomir geschlossene Consensus bestätiget, und
die zu Beylegung unvorgesehener Streitigkeiten,
zu Erhaltung guter Zucht und Ordnung und zu
Anlegung gemeinschaftlicher Schulen von Zeit zu
Zeit erforderlichen Maaßregeln verabredet, und
unter dem Namen Constitutionen festgesetzt worden
sind. Die letzte dieser allgemeinen Synoden war
zu Thorn im Jahre 1595, welche außerordentlich
zahlreich war. Von da an wurde die Vereini=
gung der drey Evangelischen Confessionen durch
einige unruhige Köpfe gestört und unterbrochen,
worunter besonders Paul Gerike, Lutherischer Pre=

diger

diger zu Posen, und Johann Enoch, ein, nach
Saligs Ausdruck, der Zucht entlaufener Bruder,
sich hervorthaten.

Inzwischen, da dieses in Polen vorging, wurden den Brüdern in Böhmen und Mähren im
Jahre 1564, unter Kaiser Maximilian die Kirchen wieder geöffnet, und zu ihrem Gebrauche ein-
geräumt. Dieser Zeit der Ruhe bedienten sie sich
zum Bau ihrer Gemeinen, zur Befestigung der
Wahrheit in denselben, und zur Ausbreitung des
Reiches Jesu Christi auf Erden. Unter dem Vor-
sitze ihrer gottseligen Bischöfe, Johannes Augusta
und Matthias Erythräus, hielten sie von Zeit zu
Zeit zahlreiche Synodalversammlungen; bey einer
derselben zählte man, außer den Geistlichen, sie-
benzehn der angesehensten Böhmischen Freyherren
und hundert und sechs und vierzig aus der Ritter-
schaft. Auf denselben war man vorzüglich bedacht,
allen etwa in die Kirche eingeschlichenen Unordnungen weislich abzuhelfen und vorzubeugen, und einige allgemein nützliche Verordnungen zu machen,
und die Lauterkeit der Lehre und Reinigkeit des Lebens aufrecht zu erhalten und zu befördern. Zugleich dachten die Brüder an eine neue Uebersetzung
der Bibel ins Böhmische nach dem Grundtexte,
da bey ihren bisherigen Versionen die Lateinische
hauptsächlich zum Grunde lag. Sie schickten daher

her einige Candidaten der Theologie zu besserer Erlernung der Grundsprachen, auf die Universitäten Wittenberg und Basel, unter der Begleitung und Anführung eines getauften Juden, Lucas Heliß aus Posen, eines gelehrten und frommen Mannes und Dieners am Evangelium. Nachdem diese von den Universitäten zurückgekommen waren, versammelten sie sich zu dieser Arbeit nebst mehrern Predigern auf dem Schlosse Kraliz in Mähren; wobey die Bischöfe, Johannes Aeneas, Johannes Ephraim und Paulus Jessenius die Direction führten. Man errichtete eine eigne Buchdruckerey in Kraliz, und arbeitete vierzehn Jahre mit allem Fleiße an dieser Uebersetzung. Wie großen Beyfall diese Arbeit gefunden, beweisen mehrere Auflagen derselben.

Nachdem auf einem im Jahre 1575 gehaltenen Reichstage zu Prag, den Evangelischen Ständen des Reichs sub utraque, das ist, welche das Abendmahl unter beyderley Gestalt hielten, erlaubet worden, sich mit Annehmung eines gemeinsamen Glaubensbekenntnisses unter einander zu vereinigen: so traten dieselben zusammen, und jeder Theil erwählte seine dazu erforderlichen Deputirten aus allen Ständen. Mit Evangelischem Geiste und Hintansetzung aller Subtilitäten und Streitfragen vereinigte man sich zu einem gleichförmigen

F 5

Sinne

Sinne in' den Glaubensartikeln der drey Confessionen. Die Abfassung dieser gemeinschaftlichen Confession in Böhmischer Sprache, ward den beyden Theologen, Paul Pressius und Georg Vetter, aufgetragen. Nachdem dieselbe allgemein genehmigt, und von sämmtlichen Abgeordneten unterschrieben worden, wurde sie dem Kaiser Maximilian überreicht. Der Kaiser nahm dieses Bekenntniß gnädig auf, und versprach allen, die sich dazu hielten, seinen königlichen Schutz. Die zugleich angebrachte Bitte aber, ein gemeinschaftliches Consistorium und Akademie errichten zu dürfen, wurde nicht gewähret, man vertröstete sie jedoch auf eine bequemere Zeit.

Das dem Kaiser übergebene Bekenntniß, wurde bald darauf ins Deutsche übersetzt, und der theologischen Fakultät zu Wittenberg zugeschickt, welche sich folgendermaßen darüber erklärt hat: "Obgleich dieses Bekenntniß kurz sey, und man leicht erkenne, daß bey dessen Abfassung vornemlich darauf gesehen worden, daß zu Vermeidung überflüssiger Weitläuftigkeit und alles Zankes und Streites über zweifelhafte Fragen, die Haupt- und Grundstücke des Glaubens kürzlich, eigentlich und gründlich darin ausgedrückt werden möchten, welches vielleicht einige Zanksüchtige in Deutschland tadeln dürften, wenn dieses Bekenntniß in Deutscher

scher Sprache heraus kommen sollte; so billigen
wir doch unsers Ortes diese eure Christliche Klugheit und Mäßigung. Wir ermahnen euch daher
öffentlich, daß, obgleich von andern Orten her anders geurtheilt würde, ihr euch doch von dieser
eurer heiligen und reinen Einfalt des Glaubens
nicht lasset abwendig machen. Denn es ist gewiß,
daß den Kirchen am besten geholfen ist, daß sie
am besten erbauet, gebessert und in der Einigkeit
erhalten werden, wenn die reine Lehre des Evangeliums dem Volke in der Einfalt, ohne aus Ehr-
sucht ersonnene Subtilitäten und daher rührenden
Streit, vorgetragen wird." —

Die solchergestalt vereinigten Evangelischen genossen auch unter Kaiser Rudolph, der seinem Vater Maximilian im Jahre 1576 in der Regierung
folgte, ihre zeitherige Religionsfreyheit; denn obgleich ihre Feinde, worunter die Jesuiten die un-
ruhigsten waren, es 1602 so weit brachten, daß
ihnen die Kirchen verschlossen werden sollten, so
war es doch nicht von langer Dauer. Im Jahre
1609 wurde den sämmtlichen Evangelischen in
Böhmen und Mähren der sogenannte Majestätsbrief vom Kaiser Rudolph verliehen, vermöge dessen ihnen ihre freye Religionsübung zugestanden
und zugesichert worden ist. Anmerklich dabey ist,
daß die Jesuiten insonderheit sehr bemüht waren,
die

die Brüder davon auszuschließen. Die Stände
widersetzten sich aber ihrem feindseligen Gesuch, und
bezeugten, daß sie nicht gesonnen wären, die Brüder in ihrer Religion zu hindern. Man würde
ihnen vor Gott und der Welt Unrecht thun, wenn
man sie, die bisher sowol als andere Evangelische
in der Kirche Gottes, als in einem Weinberge, ge-
graben, gearbeitet, gepflanzet und alle mühsame Arbeit treulich verrichtet hätten, nunmehr, da sie die
Früchte einernten sollten, daraus verdrängen wollte.
Da ihre Feinde solches zu bewirken nicht vermoch-
ten, versuchten sie wenigstens zu verhindern, daß
die Brüder an dem, vermöge des Majestätsbrie-
fes zu errichtenden Unterconsistorium Theil nehmen
möchten. Allein auch dieses gelang ihnen nicht.
Die Brüder wurden nicht nur mit darin begriffen,
und aus ihrem Mittel drey Beysitzer desselben erwählt, sondern auch beschlossen, daß einer ihrer
Bischöfe dem Administrator des Consistoriums als
nächster College solange zugeordnet werde, als der
Unterschied der Kirchenordnung und Zucht (wobey
die brüderliche Einigkeit immer bestehen könne)
dauern würde. Der Majestätsbrief wurde mit
großem Frohlocken und unter dem Geläute der
Glocken abgelesen. Wenceslaus Stephanides aus
den Calixtinern, Erzdechant in Gore, und erwähl-
ter Administrator des gemeinschaftlichen Consistó-
riums,

riums, verrichtete dabey den Gottesdienst mit solcher Inbrunst, daß wenig Augen der Zuhörer
trocken blieben. Man beschloß die ganze Feyerlichkeit mit Absingung des: Herr Gott, dich loben
wir. Den Brüdern wurde nicht nur die Bethle-
hemskirche in Prag, an welcher Johann Huß ge-
standen hatte, übergeben, sondern sie erhielten
auch die Freyheit, sich noch eine neue für Deutsche
und Böhmen zu bauen.

So genossen nun die Brüder, gleich den übrigen Evangelischen, Freyheit und Ruhe. Doch
war sie den Brüdern in der Folge mehr schädlich
als nützlich. Bischof Comenius erklärte sich darüber folgendermaßen: "Aber ach! mit der Freyheit
der Religion fing auch, wie zu geschehen pflegt,
die Freyheit des Fleisches an nach und nach hervor-
zuwachsen. Daher gefiel diese Freyheit, welche
des Fleisches Sicherheit nach sich zog, nicht allen
Frommen, und sie besorgten daraus üble Folgen."
Man siehet auch nicht undeutlich, daß die Brüder
in ihrer besondern Kirchenzucht nach und nach etwas nachläßig wurden, und aus Gefälligkeit gegen die Welt manche ehedem für nothwendig gehaltenen Stücke ihrer Disciplin unter die Nebensachen zu zählen anfingen, dadurch aber von ihrer
Lauterkeit und Kraft abkamen, ja wol gar in
manche Versündigungen mit eingeflochten wurden;

den; so daß sie hernach bey dem völligen Umsturze
der Kirchenfreyheit in Böhmen und Mähren alles
das in der größten Strenge mit erfahren mußten,
was man nicht durchgängig als Leiden um Christi
willen ansehen kann.

Nach dem im Jahre 1612 erfolgten Tode
Kaiser Rudolphs war man nun von Seiten der
Römischen Clerisey bedacht, die Schlüsse der Tri-
dentinischen Kirchenversammlung gegen die Pro-
testanten zur Ausführung zu bringen, und beschloß,
bey den Böhmen und Mähren den Anfang zu
machen. Man fing mit allerhand Kränkungen
und Plagen an, und fuhr damit bey allen Gegen-
vorstellungen fort, bis diese aus Ungeduld und Ver-
zweifelung zu den Waffen griffen, ja endlich gar
ihrem neuen Könige, Ferdinand II., den Gehorsam
aufsagten, und Friedrich, Churfürsten von der Pfalz,
an seine Stelle wählten. Nun wurden sie als Re-
bellen bekriegt. Nach der unglücklichen Schlacht
auf dem Weißenberg im Jahre 1620 wurden die
Vornehmsten von den protestantischen Ständen als
Missethäter theils getödtet, theils aber zerstreuet;
ihre Lehrer wurden aus dem Lande verjagt, und
das Volk bald durch Lockungen, bald durch Dro-
hungen und Plagen zur Religionsveränderung genöthiget; die Standhaftern wurden zum ewigen
Gefängnisse oder zum Tode verdammt. So handelte
man

man nicht allein mit den Ständen und Städten in
Böhmen, die an dem Kriege Theil genommen
hatten, und die man unter dem Vorwande der Re-
bellion also bestrafte; sondern es offenbarte sich nun
immermehr, daß man sich Römischer Seits die
gänzliche Ausrottung aller Akatholischen in Böhmen und Mähren fest vorgenommen hätte. Es
kam daher nun zuerst an die Wiedertäufer in Mähren, welche zu mehrern Tausenden aus dem Lande
vertrieben wurden. Hierauf betraf ein gleiches
Schicksal auch die Brüder, welche der Vicemarg-
graf in Mähren, Baron Carl Zierotin, in Schutz
genommen, und von denen er nur auf seinen Gü-
tern allein vier und zwanzig Prediger hatte. Durch
eine Vorstellung bey dem kaiserlichen Hofe, in welcher er behauptete, daß ihn und seine Unterthanen
der Befehl zur Auswanderung nichts angehe, weil
sie dem Kaiser treu verblieben, suchte er die Ver-
weisung abzuwenden. Er richtete aber nichts aus,
sondern mußte mit den von ihm verborgen gehaltenen Bischöfen und Predigern der Brüder das
Land räumen. Dem Volke wurden an die Stellen ihrer Prediger offenbäre Bösewichte zu Hirten
vorgesetzt, und da diese bey demselben nichts ausrichteten, setzte man eine sogenannte Reforma-
tions-Commission nieder, welche durch List und Gewalt die Brüder zum Abfalle bringen sollte. Man

erlaub-

erlaubte ihnen, im Herzen zu glauben, was sie wollten, wenn sie sich nur äußerlich zur Römischen Kirche halten, und dem Pabste unterwerfen würden. Weil man aber sahe, daß weder List, noch Gewalt, weder Gefängniß, noch Marter vermögend waren, die Brüder zum Abfalle von der Evangelischen Lehre zu bringen: so wurde im Jahre 1627 der sämmtliche Evangelische Adel, nachdem er ausgesogen und seiner Güter beraubet worden, des Landes verwiesen.

Viele hundert adeliche, so wie auch bürgerliche Familien, flüchteten also nach Sachsen, Schlesien, Brandenburg, Polen, Preußen, Ungarn, Siebenbürgen, ins Reich und in die Niederlande. Und wiewol das gemeine Volk sehr bewacht und an der Auswanderung gehindert wurde: so ließ sich dasselbe doch weder durch fortwährende List noch Zwang bewegen, zu einer Religion überzutreten, der sie nach ihrem Gewissen nicht beystimmen konnten. Viele Tausende fanden nachher noch Gelegenheit ihren Lehrern nachzufolgen, und andere, die das nicht konnten, blieben unter Angst und Noth, so verborgen als möglich, im Lande.

Von der Zeit an waren in ganz Böhmen und Mähren weder Kirchen noch Schulen für die Evangelischen mehr zu finden. Auch alle Bibeln, die man auffinden konnte, wurden, nebst allen andern

zur

zur Beförderung des Evangelischen Gottesdienstes
dienenden Schriften und Geräthschaften, aufge-
sucht und verbrannt. So entvölkerte der Römische Gewissenszwang ganze Länder, und opferte der
päbstlichen Hierarchie das Leben und den Wohlstand vieler tausend rechtschaffenen und nützlichen
Glieder des Staates auf.

Bischof Johann Amos Comenius war einer
der vertriebenen Lehrer. Ihm ging die Noth seiner Kirche besonders nahe. Es ist werth zu hören, wie sich dieser in aller Absicht große Mann
über die harten Drangsale, die über sie gekommen,
erkläret. Erstlich sagt er: "daß es darum geschehen wäre, weil ihre Sünden die Gerechtigkeit ihrer Sache überwogen hätten, und Gott ihren Feinden zugelassen habe, daß sie das Maaß der Grausamkeit an den Heiligen Gottes auch unter ihnen
voll machten." Und ferner schildert er die Noth
und den Jammer seines Volkes und seiner Kirche
folgendermaßen: "Wir tragen zwar den über uns
gekommenen Zorn des Allmächtigen billig. Aber
werden auch diejenigen ihr Thun vor Gott rechtfer-
tigen können, welche uneingedenk der gemeinsamen
Evangelischen Sache und der alten Bündnisse, den
in einer gemeinsamen Sache unterliegenden nicht
allein nicht zu Hülfe gekommen, sondern selbst,
wie vormals die Idumäer gethan, die Babylonier

G                                        wider

wider ihre Brüder und Nachbarn aufgehetzt haben. — Als sie Frieden für sich zuwege gebracht,
haben sie nicht daran gedacht, daß auch die Böhmen und Mähren, welche die gemeine Sache wider den Antichrist zuerst und so viele hundert Jahre
behauptet, würdig wären, daß sie sich ihrer wiederum gemeinschaftlich annähmen, wenigstens in
so weit, damit nicht das Evangelium bey ihnen, wo
es zuerst angezündet und auf den Leuchter gesteckt
worden, ganz und gar verlöscht würde, wie doch
geschehen ist. Es ist also diesem betrübten Volke,
welches deswegen, daß es der apostolischen Lehre,
den Fußstapfen der ersten Kirchen, und der Anleitung der heiligen Väter treulich gefolget ist, vor
andern gehaßt, verfolgt, verjagt und von den Seinigen selbst verlassen worden, auch nirgend eine
Erbarmung unter den Menschen findet, nichts weiter übrig, als daß es die Hülfe des ewigen Erbar-
mers anrufe, und mit dem ehemals auch über den
Haufen geworfenen Volke Gottes also sage: Darum weine ich so, und meine beyden Augen fließen
mit Wasser, daß der Tröster, der meine Seele
sollte erquicken, ferne von mir ist. Meine Kinder
sind dahin, denn der Feind hat die Oberhand ge-
kriegt. Zion strecket ihre Hände aus, und ist doch
niemand, der sie tröste. Ich rief meine Freunde
an, aber sie haben mich betrogen. Ach, Herr,
siehe

siehe doch, wie bange mir ist! Man hörts wohl,
daß ich seufze, und habe doch keinen Tröster. Alle
meine Feinde freuen sich. Gedenke, Herr! wie
es uns gehet. Schaue, und siehe an unsre Schmach.
Unser Erbe ist den Fremden zu Theil worden, und
unsre Häuser den Ausländern. Wir sind Waisen, und haben keinen Vater. Man verfolget uns;
wir arbeiten, und man lässet uns keine Ruhe.
Knechte herrschen über uns, und niemand ist, der
uns von ihrer Hand errette. Unsers Herzens Freude hat ein Ende; unser Reigen ist in Wehklagen
verkehret. Aber, du Herr, der du ewiglich bleibest,
und dein Thron für und für, warum willst du unser so gar vergessen, und uns die Länge so gar verlassen? Bringe uns wieder zu dir, daß wir wieder
heim kommen. Verneure unsre Tage, wie vor
Alters!" Klagl. Jer. Cap. 1. und 5.

Dieser um die Brüderkirche so hochverdiente
Mann, welcher im Jahre 1592 zu Kanna in
Mähren geboren war, zog mit einem Theile seiner
Gemeine von Fullneck, deren Prediger er war, im
Jahre 1627 durch Schlesien nach Polen. Als er
auf das Gränzgebirge kam, sahe er sich noch ein-
mal nach Mähren und Böhmen um, fiel mit seinen
Brüdern auf die Knie, und betete zu Gott unter
vielen Thränen: daß Er doch mit seinem Worte
nicht gar aus Mähren und Böhmen weichen, son-

dern

dern sich noch eißen Samen daselbst behalten wolle.
Und die Geschichte zeigt uns bis auf den heutigen
Tag, daß dieses Gebet erhöret worden. In Lissa,
wo sie sich hingewandt hatten, gab er seine Janua
Linguarum referrata heraus, welche in zwölf
Europäische und auch einige Asiatische Sprachen
übersetzt worden. Seine große Gelehrsamkeit
machte ihn allenthalben berühmt. Nach Schwe-
den, England und Siebenbürgen wurde er zu besse=
rer Einrichtung der Schulen berufen. Im Jahre
1632 wurde er auf einer Synode zu Lissa zum Bischofe der zerstreueten Brüder aus Böhmen und
Mähren geweiht. Auf seinen vielen Reisen suchte
er allenthalben die unterdrückte Brüderkirche in
Böhmen und Mähren zu empfehlen, und gab die
Hoffnung zu ihrer Wiederherstellung nicht auf, solange der dreyßigjährige Krieg noch währte. Er
wendete sich deßhalb sowol an mehrere protestantische Fürsten Deutschlands, als insonderheit, da
er 1641 zur Verbesserung des Schulwesens nach
England berufen wurde, an die Großbrittannische
Nation. Im Jahre 1649 gab er einen Auszug
aus Lasitii Historia de Origine et Gestis Fratrum Bohemorum, und dessen achtes Buch:
De moribus et Institutis Fratrum, heraus,
nebst einer Ermahnung, zur ersten Liebe und Ernst
der Väter zurückzukehren. Als er endlich die Hoffnung

nung zur Wiederherstellung der Brüderkirche in
Böhmen und Mähren aufgeben mußte, und daher besorgte, daß mit ihm, als dem letzten Bischofe,
die Böhmische und Mährische Brüderkirche aus-
sterben möchte, suchte er nicht nur das Andenken
derselben durch die Herausgabe der Kirchenzucht
und Ordnung der Brüder, wie sie 1616 auf
einer Synode zu Scherowitz in Mähren festgesetzt
worden, zu erhalten; sondern er fügte derselben
noch eine kurzgefaßte Kirchengeschichte der Brüder
und sein Gutachten über eine allgemeine Kirchenverbesserung bey, und übergab solches gleichsam
Testamentsweise der Englischen Kirche zu beliebi-
gem Gebrauche und zur Aufbewahrung für die
Nachkommen der Brüder. In der Zueignungsschrift an die Englische Kirche sagt er daher:
"Wenn etwa Gott aus unsern bisherigen Trübsa-
len etwas besseres, als wir alle denken können, her-
ausziehen sollte, daß nemlich, wie Er verheißen
hat, das Evangelium von den rechtschaffen gezüch-
tigten Christen zu den übrigen Völkern der Welt
übergehe, und so wie vormals, unser Fall und
Schade der Heiden Reichthum werde, so empfehlen wir euch, ihr Freunde, unsre liebe Mutter die
Kirche selbst, deren Sorge ihr jetzt an unsrer statt
übernehmen wollet, es sey nun, daß sie Gott bey
uns wieder aufzuwecken, oder an einem andern

Orte.

Orte wieder lebendig darzustellen würdigen möchte.
— Gott, da Er dem für seine Wohlthaten undank-
baren Volke ihr Land, Stadt und Tempel weg-
nahm und umkehrte, hat doch gewollt, daß das
Fundament des Altars an seinem Orte verbliebe,
damit in Zukunft die Nachkommen auf demselben
wieder bauen könnten. Daher, so wir von Gott
etwas wahrhaftiges, schäßbares, gerechtes, lauteres, liebwürdiges und gutes, und Tugend oder
Lob gehabt haben, (es haben aber solches weise
und fromme Männer dafür gehalten) so ist allerdings dafür zu sorgen, daß solches mit uns nicht
umkomme, und auch die Fundamente in den gegenwärtigen Verwüstungen nicht solchergestalt rui-
nirt werden, daß sie endlich die Nachkommen nicht
wiederfinden könnten: inmaßen denn durch diese
unsre Hinterlassung und Niederlegung bey euch dafür gesorgt wird."

Hiernächst sorgte Comenius für seine in Böhmen und Mähren noch zurückgebliebenen, verborgenen und anderswo zerstreueten Glaubensgenossen
auch dadurch, daß er 1661 einen Catechismus für
sie verfertigte, der in Amsterdam gedruckt, und
mit einer Zueignungsschrift an alle zerstreuete
Schäflein Christi, besonders in und um Fullneck,
versehen ist. Er beschließt sie mit den Worten:
"Der Gott aller Gnaden gebe euch, durch seinen
Geist

Geist zu Christi Sache stark zu werden, am inwen-
digen Menschen, im Gebete anzuhalten, von Sünden frey zu bleiben, in Versuchung und Trübsal
auszuhalten zum Preise seines Namens und eurer
ewigen Befestigung zu seinem Königreiche." Dabey ist merkwürdig, daß aus allen den Dörfern in
Mähren, welche er in dieser Dedication mit ihren
Anfangsbuchstaben bezeichnet hatte, in dem folgenden Jahrhunderte Brüder nach Herrnhut gekommen sind, und den Anfang dieser neuen Oeko-
nomie mit gemacht haben.   Endlich war dieser
treue Diener seiner Kirche noch besorgt, daß ihre
Kirchenrechte erhalten werden, und es ihr auch in
der Zerstreuung nie an rechtmäßig ordinirten Kirchendienern fehlen möge.   Er beschloß daher die
Ordination eines Bischofes auf den Fall, daß er
und seine Collegen während dieser Zerstreuung
heimberufen würden; denn seine Hoffnung, daß
Gott nach seiner Gnade diesen Theil der Brüderkirche wieder werde aufleben lassen, war groß. Als
nun im Jahre 1657 der polnische Brüderbischof
Martin Gertichius starb, schrieb dessen College Johann Büttner an Comenius, als Präses der Synode, er möchte an Nachfolger denken, damit nach
ihrer beyder Ableben die zweyhundertjährige Ordnung unter den Brüdern nicht aufhöre.  Man war
daher ohne Anstand auf tüchtige Personen bedacht,

G 4

und

und es wurden dazu der Hofprediger des Herzogs
von Liegnitz, Nikolaus Gertichius, für die Gemeinen in Polen, Petrus Figulus, genannt Jablonsky,
aber für die Zerstreueten in und außer Böhmen
und Mähren, ausersehen. Ihre Consekration erfolgte auf der Synode zu Mielenczyn im Jahre
1662. Weil Comenius Alters wegen nicht selbst
dabey gegenwärtig seyn konnte, so schickte er seinen
Consenior, Daniel Vetter, dazu ab, und gab ihm
nach dem Gebrauche der ersten Kirche, wenn in
Zeiten der Noth und Verfolgung nicht zwey oder
mehrere Bischöfe zur Ordination eines neuen Bischofes zusammen kommen können, eine schriftliche
Vollmacht und Ordination mit. Allein dieser neu-
erwählte Bischof, Peter Jablonsky, der Comenii
Eidam war, starb noch vor ihm im Jahre 1670.
Es folgte ihm aber sein Sohn, Daniel Ernst
Jablonsky, im Jahre 1699 in diesem Amte nach,
und erhielt die Aufsicht über die Böhmischen und
Mährischen Brüder außer Polen. Dieser Daniel
Ernst Jablonsky ist es, welcher die bischöfliche
Ordination den aus Böhmen und Mähren nach
Herrnhut gekommenen Brüdern übergeben, und
nebst dem Polnischen Senior, Christian Sitkovius,
1735 den Mährischen Bruder David Nitschmann
in Berlin zum Bischofe der erneuerten Mährischen
Brüderkirche ordinirt hat.

Von

Von dem Zustande der in Böhmen und Mähren zerstreueten Evangelischen finden sich von dieser Zeit an wenige zuverläßige Nachrichten, welches die Natur der Sache auch mit sich bringt; denn sie mußten sich möglichst verborgen halten, um nicht grausam mißhandelt und verfolgt zu werden. Nach dem Westphälischen Frieden war alle Hoffnung für sie verloren, jemals wieder ihre Kirchenfreyheit zu erlangen, und ihre Verfolgung ging von neuem und noch heftiger als bisher an. Sie suchten daher Rettung in andern Ländern, welches vielen Tausenden gelungen ist. Die nach Schlesien flüchteten, wurden von den dasigen Evangelischen Fürsten wohl aufgenommen. Mehrere gingen nach Polen und Preußen, die meisten aber nach Sachsen und der Oberlausitz, wo sie sich theils unter die übrigen Einwohner verloren; theils aber auch für sich besonders anbaueten. Schon Comenius klagte, "daß diejenigen, welche, um Gott treu zu bleiben, bey Tausenden in die benachbarten Reiche zerstreuet worden, entweder wegen Beschwerlichkeit ihres Exiliums in ihrem Muthe weich geworden, oder durch die Langwierigkeit der Trübsale also abgenommen haben, daß nur noch einige wenige von ihnen vorhanden wären." Die mehresten von den Brüdern waren nach Polen gegangen, weil sie sich zu den dasigen Brüdergemeinen halten konnten, welches in an-

G 5                         dern

dern Ländern nicht statt hatte, da sie nirgends leicht
Freyheit fanden, besondere Gemeinen zu errichten,
und ihre eigne Zucht und Ordnung, woran ihnen
so viel gelegen war, zu beobachten. Ins Ganze
verloren sie sich immer mehr unter andern Völkern
und Verfassungen, so daß man endlich fast gar
nichts mehr von Böhmischen und Mährischen Brüdern wußte, und wenige von ihren Nachkommen
sich noch erinnerten, wo sie herstammten. In der
Folge fanden sich aber doch noch viele, nicht nur
in Böhmen und Mähren, sondern auch in den meisten Evangelischen Ländern, welche zu der erneuerten Evangelischen Brüder-Unität sich herbey fanden; selbst ihre Geschlechtsnamen bewiesen es, daß
sie aus Böhmen und Mähren herstammen, und
mehrere wußten es von ihren Voreltern, daß sie
wegen des Bekenntnisses zur Evangelischen Wahrheit ihr Vaterland und Haus und Hof verlassen
hatten. Auch in Böhmen und Mähren waren
nicht wenige übrig geblieben, welche die Evangelische Lehre im Geheimen unter sich zu erhalten und
fortzupflanzen beflissen waren, und die Bibel nebst
andern Erbauungsschriften, die sie oft vor ihren
eignen Ehegatten, Kindern und Gesinde sorgfältig
verbergen mußten, heimlich lasen, und nach Gelegenheit auch andere daraus erbaueten. Von ihren heimlichen Versammlungen, die sie des Nachts

in

in Kellern und andern verborgenen Orten, unter
großer Angst und Gefahr, hielten, um sich mit
einander in der Evangelischen Wahrheit zu erbauen, und den Plagen und Verfolgungen, denen
sie dabey ausgesetzt waren, werden vielleicht einst
mehrere authentische Zeugnisse in den hinterlassenen
Lebensbeschreibungen der Brüder dem Publikum
mitgetheilt werden können, zum Beweise, daß sich
der Herr auch in Böhmen und Mähren, der grausamsten Verfolgungen ungeachtet, doch noch einen
reichen Samen von rechtschaffenen Bekennern
der Evangelischen Wahrheit erhalten habe.

Man erlaube mir, diesem historischen Abrisse der
Brüderkirche noch folgende Bemerkungen beyzufügen. Die Geschichte der Völker zeigt uns ihren
Charakter. Man lernt aus ihr den Geist erkennen, der sie belebet hat, und den Werth ihrer
Grundsätze, so wie ihrer Thaten, beurtheilen und
schätzen. Werden nun unsre alten Brüder nach
dem, was die Geschichte von ihnen übereinstimmend erzählt, beurtheilet werden, so ist wol nicht
zu zweifeln, daß die Evangelische Kirche an ihnen
ihre ältern Glaubensbrüder nicht verkennen werde.
Sie waren Zeugen der Evangelischen Wahrheit,
welche schon mehrere Jahrhunderte vor der Reformation den in die Christliche Kirche eingedrunge-
nen Irrthümern und Lastern standhaft entgegen
standen,

ſtanden, und der erkannten Wahrheit unveränderlich treu zu bleiben, ſich befliſſen haben. Durch
ihre Bekenntniſſe und Leben haben ſie in vielen
rechtſchaffenen Gemüthern eine beſſere und ſchrift-
mäßigere Erkenntniß erweckt und fortgepflanzt,
und die allgemeine Kirchenverbeſſerung gleichſam
vorbereitet, ja die Reformatoren ſelbſt dadurch der
Wahrheit näher gebracht. Das Bekenntniß des
ſeligen D. Luthers in ſeiner Vorrede zu Huſſens
Werken mag ſolches beweiſen, wenn er von ſich
ſagt: "daß, ehe ihm die Augen geöffnet worden,
wäre er gegen die Brüder ſehr erbittert geweſen,
und hätte in ſeinen Predigten, die er noch als
Mönch gehalten, ſehr ſcharf auf ſie losgezogen.
Von Huſſens Schriften habe er in der Kloſter-
Bibliothek zu Erfurt etwas geleſen. Ob es ihm
nun gleich geſchienen, daß der Mann ſeine Säße
wohl beweiſe, ſo habe er doch einen Abſcheu davor
gehabt, weil der Name Huß ein ſolcher Scheuſal
war, daß er wähnete, der Himmel würde einfal-
len, und die Sonne ihr Licht verlieren, wenn man
deſſen in Ehren gedächte. Daher habe er das
Buch zugemacht, und wäre mit verwundetem
Herzen davon gegangen." *)

Ferner wird nicht weniger daraus erhellen,
daß die Brüder, ſowol durch ihre perſönlichen
Ver-

*) Siehe Luth. W, Tom. I. Wittenb.

Verhandlungen mit Luthern und Melanchthon und
andern Reformationsgehülfen in Sachsen, als
durch ihre Dep·tationen an die Strasburger und
Schweitzer Religionsverbesserer und ihren Brief-
wechsel mit denselben, keinen geringen Antheil an
dem Reformationswerke selbst genommen haben;
daß sie besonders auch durch ihre Niederlassung in
Polen und Preußen mit behülflich gewesen, die
Reformation auch in diesen Ländern zu verbreiten.

So wie die Brüder aber, von ihrer Entstehung an, viele Jahrhunderte durch bis zur Zeit
der allgemeinen Kirchenverbesserung, der unglück-
liche Gegenstand des Hasses und der bittersten
Feindschaft derjenigen waren, welche die Wahrheit in Ungerechtigkeit aufhielten, und die Lehre
Christi und seiner Apostel unterdrückten: so hätte
man doch hoffen sollen, daß die Reformation auch
ihren Drangsalen und Leiden ein Ende machen, und
den armen Brüdern in Mähren und Böhmen Ruhe
und Schutz vor ihren Feinden gewähren würde.
Ihre Leiden aber hatten noch kein Ende, sondern
dauerten auch nach derselben solange fort, bis sie
endlich, nachdem sie durch den dreyßigjährigen
Krieg um Haus und Hof und alle Sicherheit gebracht worden, von ihren Widersachern so unterdrückt wurden, daß kaum noch eine Spur von ihnen übrig blieb, und die wenigen übriggebliebenen
genö-

genöthiget wären, das edelste Kleinod des Men=
schen, Gewissens = und Religionsfreyheit, in frem=
den Ländern zu suchen.

Wenn wir eine Kirchengeschichte besäßen, in
welcher man sich mehr bemühet hätte, die Folge
solcher Christlichen Gesellschaften in der Christlichen
Religion aufzusuchen und darzustellen, welche bey
der reinen Evangelischen Lehre unverrückt zu blei=
ben, und dieselbe treulich zu befolgen, sich beflissen
haben: so würden wir finden, daß die Waldenser,
so wie die Brüder, ganz vorzüglich sich als solche
ächtchristliche Gesellschaften bewiesen haben, die
der Evangelischen Wahrheit auch in den dunkelsten
und gefährlichsten Zeiten und unter den heftigsten
Verfolgungen und Leiden treu zu bleiben sich beei=
fert haben. Man würde finden, daß diese beyden
auf Wahrheit und Rechtschaffenheit im Christen=
thume gestellten Partheyen von je her genau mit
einander verbunden waren, daß sie auf einem
Grunde der Lehre standen, und nach einem Plane
arbeiteten; aber auch einerley Schicksal sie betrof=
fen habe; daß eine Verfolgung die andere ablösete,
die über sie beyde kamen, und bald den, bald jenen
Theil aufs härteste mitnahm; daß sie also auch
nach diesem Kennzeichen des Reiches Christi, wor=
in nach dem Ausspruche der Schrift, alle, die
gottselig leben wollen in Christo Jesu, Verfolgung
leiden

leiben müssen, mit Recht zu demselben zu zählen sind. Man wird aber auch finden, daß diese geängsteten Kirchen ein lebendiger Beweis von der Wahrheit des Ausspruchs Jesu sind: daß auch die Pforten der Hölle seine Gemeine nicht überwältigen können, und daß nach dem Ausspruche Pauli die Gläubigen nichts scheiden mag von der Liebe Gottes, weder Trübsal, noch Angst, noch Verfolgung, noch Hunger, noch Blöße, noch Fährlichkeit, noch Schwert; sondern daß sie in dem allen weit überwinden, um deßwillen, der sie geliebet hat; und daß dieser Zeit Leiden der Herrlichkeit nicht werth sey, die an ihnen offenbaret werden soll.

Diß war der Charakter der Kirche Christi, den sie so lange behauptete, als sie unter dem Drucke der heidnischen Kaiser lebte. Kamen in derselben auch Irrthümer und unredliche Seelen auf, so waren die Folgen davon doch nicht so verderblich, da es den Abtrünnigen an Macht und Gewalt fehlte, die Rechtgläubigen zu verdrängen. Selbst die Verfolgungen von außen, in welchen viele tausend Christen ihren Glauben an das Evangelium durch den Märtyrertod bestätigen mußten, reinigten von Zeit zu Zeit die Kirche von manchen Irrthümern, und trugen vieles dazu bey, daß die Wahrheit nicht ganz verdunkelt werden konnte, sondern selbst mancher Verirrte wieder zurecht kam.

Als

Als aber in dem vierten Jahrhunderte die
Chriſtliche Kirche durch die Begünſtigung Con-
ſtantins des Großen, gegen den Ausſpruch des
Heilandes, da Er zu ſeinen Jüngern ſagte: Die
weltlichen Könige herrſchen, und die Gewaltigen
heißet man gnädige Herren; ihr aber nicht
alſo: ſondern der Größte unter euch ſoll ſeyn, wie
der Jüngſte, und der Vornehmſte, wie ein Diener
— denn ich bin unter euch, wie ein Diener —
herrſchend wurde, und in eine Staatsreligion
ausartete; als ſie weltliche Macht, Anſehen und
Reichthum erlangte; als ihre Diener vornehm,
groß, mächtig und reich wurden — änderte ſich
ihr Zuſtand ins Ganze. Das Verderben riß nun
mit Macht in die Kirche ein und fing von oben an.
Die Biſchöfe bedienten ſich ihres erlangten Anſe-
hens mehr zur Beförderung ihrer eignen weltlichen
Abſichten, als zur Pflanzung und Gründung wahrer Gemeinen Jeſu. Die Heiden, auch die vor-
nehmſten unter ihnen, nahmen das Chriſtenthum
aus irdiſchen eitlen Abſichten an, ohne die Kraft
deſſelben zu erfahren. Ganze Nationen wurden
theils mit Gewalt, theils durch die Umſtände genöthigt, Chriſten zu werden. Es entſtanden bald
Spaltungen unter den Biſchöfen und Kirchendienern, theils über theologiſche Meynungen, theils
über Rang und Ehre, theils über Reichthum und
Gewalt,

Gewalt, zum größten Aergerniß ihrer Gemeinen, und insonderheit des rechtschaffenen Theils derselben. Reinigkeit der Lehre, und Heiligkeit des Lebens, der eigentliche Charakter der Kirche Christi, litten auf allen Seiten, und das Verderben in derselben nahm zusehends überhand.

Nun hatten es aber auch die rechtschaffenen Nachfolger Christi schwer, sich vor den Nachstellungen und Versuchungen der solchergestalt ausgearteten Kirchendiener zu sichern. Ihr Glaube und Wandel war denselben ein Dorn in den Augen, und beunruhigte ihr Gewissen; sie wurden ein Spott der Welt, und man fing nun an, diese Bekenner der Wahrheit von Seiten der herrschenden Kirche selbst zu drücken und zu verfolgen. Anfänglich nöthigte man sie, an die Seite zu treten, und im Verborgenen sich zu halten; endlich aber wurden sie ganz verstoßen, und von der Kirche ausgeschlossen, ja gar grausam gemartert und getödtet, wenn sie der erkannten Wahrheit nicht absagen, und den im Schwange gehenden Irrlehren und Lastern nicht beypflichten wollten. Die Waldenser, welche nach vielen historischen Zeugnissen, die wir von ihnen selbst und ihren Gegnern haben, schon in den frühesten Zeiten eine besondere Glaubensgemeinschaft unter sich zu errichten genöthiget waren, um die Lehre des Evangeliums

H                                    rein

rein und unverfälscht unter sich zu erhalten und fortzupflanzen, waren mit unter den ersten, die den bittersten Haß und Verfolgung der herrschenden Kirche erfuhren. Später betraf ein gleiches Schicksal auch die Brüder, denen um eben des Bekenntnisses der Evangelischen Wahrheit willen gleiche Leiden zu Theil wurden.

Wer den Begebenheiten der einen, so wie der andern Parthey, durch alle Zeiten genau nachforschet, wird aufs gewisseste überzeugt werden: daß sie mit Recht zu den eifrigsten Bekennern der Evangelischen Wahrheit zu zählen sind, und daß sie von je her nicht das Ausgehen von der Kirche, sondern das Verbessern derselben, die Rückkehr zur Lehre Jesu und seiner Apostel und zum thätigen Beweis derselben durch Christliches Leben und Wandel, zum Zwecke hatten. Die ihnen in den folgenden Zeiten beygelegten Sektennamen beweisen mehr nicht, als daß sie Männer unter sich gehabt haben, die sich durch ihr öffentlich geführtes Zeugniß hervorthaten; oder daß Umstände über sie gekommen sind, wodurch sie notabel geworden; oder daß man sie dadurch gewissermaßen brandmarken wollen, und durch die schmerzlichsten Verfolgungen gezwungen hat, von der herrschenden Kirche sich zu trennen, und eine Kirche für sich zu formiren; wie solches den Brüdern im funfzehnten
Jahr-

Jahrhunderte, den Waldensern aber lange vorher begegnet ist. Es läßt sich daher von diesen ihnen von Zeit zu Zeit angehängten Sektennamen weder ihr Alter noch ihre Abstammung herleiten; denn es können solche Evangelische Gesellschaften öfters Jahrhunderte lang unbemerkt, oder doch ohne großes Aufsehen zu machen, existiren. Billig überlasse ich aber dem eignen Urtheile des Lesers, ob und in wie fern er die Eigenschaften, welche den schriftmäßigen Charakter ächter Nachfolger Jesu ausmachen, die Leib und Leben, Gut und Blut, der erkannten Evangelischen Wahrheit mit Freuden aufopfern, bey den Brüdern antreffe.

## 3. Abschnitt.

### Erneuerung der Evangelischen Brüder-Unität.

Dieses sey genug zur Kenntniß der alten Brüder-Unität und ihres Charakters. Vielleicht habe ich den Leser dabey schon zu lange aufgehalten. Wer aber an dem Gange der Sachen des Christenthums Interesse findet, wird mich wol entschuldigen, wenn er hier auch vieles gefunden hat, was ihm nicht eben neu war. Weil es ungemein unterrichtend ist, einer werdenden Sache in ihren

H 2                                        Ent-

Entwickelungen nachzusehen, wie sie durch Grade geleitet und zu ihrer Bestimmung reif wird: so will ich noch etwas von den Anfängen der in diesem Jahrhunderte erneuerten Evangelischen Brüdergemeine hinzufügen. Der Leser mag sodann selbst urtheilen, in wie fern dieselbe mit der alten Brüder-Unität in der Hauptsache übereinkomme, und den Charakter rechtschaffener thätiger Christen und treuer Bekenner der Evangelischen Wahrheit behaupte, der bey ihren Vorfahren unverkennbar war.

Es ist bereits angemerkt worden, daß die Wiederaufhebung und Erneuerung der alten Mährischen Brüder-Unität nicht nach einem vorher angelegten Plane angefangen worden, sondern nur gelegentlich entstanden ist, ohne daß man die geringste Absicht auf ein Werk von so weitem Umfange gehabt hätte. Der Anfang war dem Ansehen nach sehr unbedeutend. Einige von den alten Mährischen Brüdern abstammende Exulanten-Familien suchten einen Ort, wo sie Gott nach ihrer Erkenntniß frey verehren könnten. Sie kamen nach Berthelsdorf, einem, dem Grafen Nicolaus Ludewig von Zinzendorf zugehörigen Gute in der Oberlausitz. Der Graf war damals in Dresden, aber der Aufseher über seine Güter, Heitz, nahm sie indessen liebreich auf, und machte ihnen Gelegenheit, sich auf einem bis dahin wüsten Flecke an der Land-

straße

straße anzubauen. Der Anfang zu diesem Bau wurde im Jahre 1722 gemacht. Die sich An‐ bauenden waren zwey leibliche Brüder, Augustin und Jacob Neißer mit ihren Weibern und vier Kindern, nebst ihrem Vetter Michael Jäschke und einem Mädchen. Sie waren von einem alten Mährischen Bruder, Christian David, dessen sich Gott zum Werkzeuge bediente, seine Brüder aus der Gewissenssclaverey zu führen, dahin gebracht worden.

Das war der geringe Anfang von Herrnhut, welches seinen Namen von einem nahe dabey gele‐ genen kleinen Berge, Hutberg genannt, erhielt. Es fanden sich bald mehrere Personen in Berthols‐ dorf ein, welche ebenfalls Ruhe und Freyheit des Gewissens suchten. Unter andern kamen im fol‐ genden Jahre 1723 achtzehn dergleichen Personen an, unter denen sich noch drey leibliche Brüder der obgedachten Neißer befanden, und baueten sich, unter herrschaftlicher Vergünstigung und Unter‐ stützung, in Herrnhut ebenfalls an. Dem Chri‐ stian David lag die Errettung seines Volkes, der Nachkommen der alten Böhmischen und Mähri‐ schen Brüder, von dem Joche der herrschenden pa‐ pistischen Religion, so am Herzen, daß er keine Gefahr scheuete, wenn er nur einem oder dem an‐ dern dazu behülflich seyn konnte. Er ging daher

H 3

gegen

gegen das Ende dieses Jahres nach Mähren, und besuchte in allen Dörfern, wo noch Nachkommen der alten Brüder waren. Durch seine Reden und Erzählungen entstand in der ganzen Gegend eine große Regung, welche besonders durch das erweckliche Zeugniß des David und Melchior Nitschmanns vermehrt wurde. An verschiedenen Orten kamen sie zu Hunderten zusammen, sangen und beteten, und erbaueten sich in der Evangelischen Wahrheit. Das machte großes Aufsehen, sie wurden vorgefordert, mit Galeeren- und Lebensstrafen bedrohet, und zum Theil ins Gefängniß geworfen. Diesem Gewissenszwange zu entgehen, entschlossen sich unter andern fünf junge muthige Männer, drey David Nitschmänner, Johann Töltschig und Melchior Zeisberger, mit Verlassung alles des Ihrigen aus Mähren auszugehen, um Kinder Gottes und eine Freystatt aufzusuchen, wo sie Gott nach ihrer Erkenntniß dienen könnten. Als sie unterwegs in Schlesien zum Mag. Schwedler kamen, ermunterte sie derselbe durch ein herzliches Gebet und Anrede, hielt ihnen ihre Abstammung von einer alten Märtyrergemeine vor, und empfahl sie in einem Schreiben der Fürsorge des Grafen von Zinzendorf.

Am 12ten May 1724 langten diese fünf Männer in Herrnhut an, als eben der Grundstein zu dem

dem erſten Verſammlungsſaale daſelbſt gelegt wurde. Der Graf von Zinzendorf nahm ſie mit zum
Bauplatze, wo er eine beſonders nachdrückliche Rede
von der Abſicht dieſes Baues hielt, und darin unter andern wünſchte, daß Gott denſelben verhindern, oder bald wieder zernichten wolle, wenn ſeine
Ehre damit nicht befördert werden ſollte. Baron
Friedrich von Watteville *) that hierauf ein ſo ein-
dringliches Gebet, daß die Verſammlung darüber
in außerordentliche Bewegung kam, und viele
Thränen vergoſſen wurden. Herr Milde, Amma-
nuenſis des Profeſſor Franke zu Halle, beſchloß
dieſe feyerliche Handlung mit Anſtimmung des
Herr Gott, dich loben wir ꝛc. Dieſer ganze Vorgang diente inſonderheit den fünf neuangekommenen Mähriſchen Brüdern zur Ueberzeugung, daß
dieſes der Ort ſey, wo ihr Fuß ruhen ſolle. Es
hatte ſich indeſſen auch eine Anzahl Leute aus andern Religionsverfaſſungen in Herrnhut zuſam-
mengefunden, und der Bau des Ortes ging ſtark
fort, doch immer noch ohne beſtimmte Abſicht.

H 4

Alles

---

*) Ein Buſenfreund des Grafen von Zinzendorf, und
ſein nächſter Gehülfe am Werke des Herrn. Auf
dem Pädagogium in Halle hatten ſie ſich ſchon genau mit einander verbunden, das Reich Gottes
nach ihrem beſten Vermögen zu fördern und auszubreiten.

Alles war noch verborgener Gang der göttlichen
Vorsehung, die auch an diesen Ort Bestandtheile
zu einer neuen Anstalt zusammenbrachte, die zu
gemeinnützigen Wirkungen ausersehen war. An
diesem merkwürdigen 12ten May aber schien zuerst
sichtbare Bewegung und Leben in diesen noch un-
gebildeten Körper zum Entwickeln zu kommen.
Die Einwohner von Herrnhut hatten zwar alle einerley Absicht und Anliegen; sie suchten bey freyer
Religionsübung Ruhe fürs Herz: aber über dem
Weg, zu dieser zu gelangen, dachten sie sehr verschieden. Drey volle Jahre war es der Gegenstand unabläßiger Bemühung, alle Glieder dieser
gemischten Gesellschaft über die ächten Grundsätze
der Christlichen Lehre und des Wandels so zu ver-
ständigen, daß sie darüber eins wurden.
 Bey den Mährischen Brüdern lag der Ernst
und Wahrheitssinn ihrer Väter zum Grunde. Sie
hatten aus ihren Erzählungen, und den alten Brüderliedern, einen Begriff und Eindruck von der
Disciplin und den löblichen Ordnungen ihrer Vorfahren in Böhmen und Mähren. Davon fingen
sie gar bald an in Herrnhut zu reden, und zu verlangen, daß diese gute Zucht und Ordnung ihrer
Väter auch unter ihnen erneuert werden möchte.
Das bewog den Grafen von Zinzendorf, der bisher
an so etwas nicht gedacht hatte, sich mit der Geschichte

schichte und Verfassung der alten Brüderkirche genauer bekannt zu machen; und da er so viel Gutes
und der Evangelischen Wahrheit gemäßes darin
fand, so gab solches die eigentliche Veranlassung
zu der nachherigen Gemeineinrichtung in Herrnhut.

Herrnhut vermehrte sich indessen immerfort.
Ein Religionseid, den man in Mähren allen Personen, die der Evangelischen Religion wegen verdächtig waren, aufnöthigen wollte, trug vieles dazu bey. Dadurch wurde mehrere Aufsicht und
Pflege der Gemeine nothwendig. Der Graf von
Zinzendorf schloß sich daher mit dem Baron Friedrich von Watteville, nebst einigen Gehülfen, näher
zusammen, um die Berathung dieser Sache auf
sich zu nehmen. Alles reichte ihnen dazu die Hände. Die Mährischen Brüder brachten dabey abermals in Erinnerung, daß bey dem Evangelischen
Gottesdienste, den sie in der Kirche zu Bertholsdorf genossen, auch die gute Zucht und Ordnung
ihrer Väter ihnen unentbehrlich sey. Sie arbeiteten daran unablässig, und waren, alles Zuredens
des Grafen von Zinzendorf ungeachtet, der sie gern
zur Annehmung der Lutherischen Kirchenverfassung
vermocht hätte, davon nicht abzubringen. Sie
behaupteten, daß zum Bekenntnisse der Lehre Jesu
und seiner Apostel auch apostolische Zucht und Ordnung gehöre, und eine Gemeine Jesu ohne dieselbe

H 5                                  schlech-

schlechterdings nicht bestehen könne. Es entstand darüber ein langwieriger Streit zwischen den Brüdern und dem Grafen und seinen Gehülfen, besonders dem Pfarrer Rothe zu Bertholsdorf, der mit mehrerm Eifer als Klugheit diese Irrungen durch öffentliche Widerlegungen zu heben bemühet war. Er richtete aber damit weiter nichts aus, als daß die mehresten sich von der Kirche und dem Abendmahle absonderten; die Mährischen Brüder aber, die um der Gewissensfreyheit willen, Haab und Gut verlassen hatten, und sich, wie sie sagten, nicht einem neuen Gewissenszwange unterwerfen wollten, sich zum Theil fertig machten, ihren Stab weiter zu setzen, und anderwärts ihre Freyheit zu suchen.

Den Grafen von Zinzendorf beunruhigte dieses nicht wenig. Der Wahrheitssinn der Brüder und ihre Rechtschaffenheit war ihm ehrwürdig; daher ihm ihre Erhaltung gar sehr am Herzen lag. Er veränderte deswegen seinen gewöhnlichen Aufenthalt in Dresden, wo er als Mitglied der Landesregierung angestellt war, und zog nach Herrnhut, um sich der Mährischen Emigranten selbst annehmen und sie zurecht weisen zu können. Zuvörderst untersuchte er den Grund und Ursprung ihres Mißvergnügens, arbeitete sodann bey einem jeden vorzüglich auf die wahre Herzensbekehrung,

und

und führte sie auf den einigen Grund der Seligkeit,
die durch Jesum vollbrachte Versöhnung der Menschen mit Gott, und deren Früchte, ohne sich über
die und jene Nebenmeynungen mit ihnen einzulaf-
sen, oder ihre gute Meynung in Absicht auf die
Kirchenzucht zu bestreiten. Nach vielen öffentlichen und besondern Unterredungen, dabey er große
Liebe und Geduld bewies, brachte er es endlich am
12ten May 1727 dahin, daß sich alle Einwohner
von Herrnhut mit einander wieder vereinigten, und
zu einem freywilligen Einverständnisse über gewisse
bisher streitig gewesene Punkte, in Ansehung der
Lehre, des Lebens und der kirchlichen und bürgerlichen Verfassung verbanden.

Eine nothwendige Folge dieses getroffenen
Uebereinkommens war nun eine demselben gemäße
Einrichtung der Gemeine im innern und äußern,
worauf die Mährischen Leute bisher beständig ge-
drungen hatten. Es wurde daher die Gemeine zusammen berufen, und aus den Brüdern, die ein
gutes Zeugniß hatten, einige zu Aeltesten gewählt,
und nach der alten Brüder Weise durch das Loos
bestätiget. Zu Vorstehern der Gemeine wurden
der Graf von Zinzendorf und der Baron Friedrich
von Watteville gewählt, um die Gemeine, wo nöthig, zu vertreten, und über guter Zucht und Ordnung zu halten. Diesen, sammt den bestellten Aeltesten,

testen, wurde die Direction der Gemeine im Innern und äußern übertragen. Außer dem öffentlichen Gottesdienste in der Kirche zu Bertholsdorf,
hielten sie alle Morgen und Abende eine Versammlung auf dem Gemeinsaale zu Herrnhut, und nahmen sich überdem eines jeden Einwohners insonderheit an, besprachen sich mit denselben vor jedem
Abendmahle über ihren Herzenszustand, und theil-
ten ihnen guten Rath mit. Zu ihrer Unterstützung
wurden ihnen gewisse Gehülfen zugeordnet, als
Helfer, Aufseher, Ermahner, Krankenwärter, Almosenpfleger, Diener u. s. w. Die ganze Gemeine wurde, nach dem Unterschiede des Alters
und des Geschlechtes, in Gesellschaften getheilt,
um das Band der Liebe unter einander desto fester
zu knüpfen, und den innern Wachsthum zu befördern, indem sie sich einander ermahnten, aufmun-
terten, trösteten und mit einander beteten. So
war der Grund zu der ganzen Gemeineinrichtung
gelegt. Einfalt, Liebe und Vertrauen nahm unter den Gemeingliedern immermehr die Oberhand,
und der lautere, nur auf Christum und seine Nachfolge gerichtete Sinn, wurde durch den Geist Gottes in ihnen immer lebendiger und kräftiger. Am
12ten August wurde das schon am 12ten May ge-
nehmigte brüderliche Einverständniß von allen Einwohnern unterschrieben, und am 13ten wurde diese
Ver-

Vereinigung bey einem ausnehmend begnadigten Abendmahle der ganzen Gemeine mit allgemeiner Zustimmung der Herzen, und unter dem lebhaftesten Gefühl des Friedens und der Gegenwart Gottes, versiegelt. Die Gemeine wurde nun ihres besondern Gnadenrufes gewiß; daher sie auch seitdem ihre brüderliche Vereinigung alljährlich am 13ten August beym Genuße des heiligen Abendmahls feyerlich erneuert.

Diß war der Kern zu der erneuerten Evangelischen Brüder-Unität, welcher durch Gottes wunderbare Führung und Gnade damals gesteckt wurde. Der aufmerksame Leser wird von selbst bemerkt haben, daß die obenerwähnte Gemeineinrichtung eigentlich eine simple Nachahmung der ersten apostolischen Gemeinen war. Die Böhmischen und Mährischen Brüder fanden darin um so mehr Beruhigung, weil sie sahen, daß dieselbe nach ihren wesentlichen Stücken der Kirchendisciplin und Ordnung ihrer Vorfahren ziemlich ähnlich war. Diejenigen Brüder und Schwestern aber, welche zur protestantischen Kirche gehörten, fanden, daß sie, unbeschadet ihres Rechtes an ihre respective Kirchen, diesem auf die Lehre Jesu und seiner Apostel, und auf das Beyspiel der ersten Christlichen Gemeinen sich gründenden Bunde beytreten, und den daraus fließenden Segen mit genießen

nießen könnten; ja, daß ihr eigentlicher Hauptzweck, die Darstellung einer lebendigen Gemeine
Christi, und die Erhaltung Christlicher Zucht und
Ordnung, ohne eine solche Einrichtung nicht zu erreichen sey.

So war nun die Zusammenstimmung der Ge-
müther zu einerley Grundsätzen entstanden; und
Herrnhut, der Erstling der wieder auflebenden
Evangelischen Brüdergemeinen, gegründet.

Ein auf diesen Umstand damals verfertigtes
Lied legt uns ihre Einsicht und Gesinnung dar.
Ich theile folgendes daraus mit:

> Nun so gründe dich auf Gnade,
> Bau des Höchsten *), Herrenhut!
> Mache deine Mauern **) grade,
> Deine Pfosten ***) rühr mit Blut.
> Jesu Beulen, die uns heilen,
> Haben uns das Herz genommen,
> Drauf sind wir zusammenkommen.
>
> Jesu! ein'ger Mensch in Gnaden,
> Herz voll Liebe, Friedefürst!
> Wie hat dich bey unserm Schaden
> Doch nach unserm Heil gedürst't!
> Nun so segne, und begegne
> Jedem, das sich hier befindet,
> Wo sich all's auf Gnade gründet.

Herrn-

---

*) Jes. 49, 16. 17. **) Jes. 62, 6. 7. ***) 2 Mos. 12, 22.

Herrnhut soll nicht länger stehen,
Als die Werke Seiner Hand
Ungehindert drinne gehen,
Und die Liebe sey das Band;
Bis wir fertig, und gewärtig,
Als ein gutes Salz der Erden
Nützlich ausgestreut zu werden.

Sey indeß mit unserm Bunde!
Laß uns leuchten als ein Licht,
Das du in der Abendstunde
Auf dem Leuchter zugericht't!
Unser Wille bleibe stille,
Unser Mund und Hand vollende
Die Geschäffte deiner Hände.

Uns wird noch manch Stündlein schlagen,
So der Herr will, immer her!
Jesu Schmach ist leicht zu tragen,
Selbstgemachte trägt sich schwer.
Wir sind Christen, die sich rüsten
Mit dem Herrn der Herrlichkeiten
Dort zu prangen, hier zu streiten.

Nun wolan! ihr lieben Brüder,
Ihr kennt Jesum, Er ist gut,
Er ist Haupt, und wir sind Glieder,
Auch im Hause Herrenhut.
Wer da gläubet und bekleibet,
Kann sich unter Beil und Sägen,
Wie ins Bette niederlegen.

Wer

Wer findet hier nicht den Evangelischen Grund, auf
welchem die Brüder niedergesunken? den Ernst
und Eifer zur treuen Nachfolge Jesu? die kindliche Ergebenheit in seinen Willen und seine Führung? den heißen Trieb zur Ausbreitung seines
Reiches? den treuen Bekennersinn der Zeugen
Jesu? kurz, den Geist der ersten Christen? —
Nun fuhr man getrost fort, sich immermehr einzurichten, und eine Art von Gemeinverfassung nach
dem Urbilde der apostolischen und alten Brüdergemeinen herzustellen. Eigentlich veranlaßte die
Aehnlichkeit des Endzweckes bey diesen und jenen
ähnliche Mittel und Einrichtungen, ihn zu erreichen. Die Folge davon war, daß die Gemeine
durch gute und böse Gerüchte in der Nähe und
Ferne bekannt wurde. Daraus entstanden mündliche und schriftliche Nachfragen, Einladungen an
andere Orte in entfernte Länder; aber auch mancherley Anfechtungen von außen und innen; und
das alles diente zu ihrer Ausbreitung.

Schon in dem ersten Anfange der nun erst sich
mehr und mehr entwickelnden Sache, zeigte sich
viel Muth und Kraft, und die besondern Umstände der Einzelnen, die sich herzufanden, enthielten
so viel bedeutendes in ihrem Theile, als die Sache
selbst im Ganzen. Viele kamen noch immer aus
Mähren heraus. Ihr Ausgang war mit vieler
Gefahr

Gefahr verbunden, aus welcher die Hand Gottes
mehrere wunderbar errettete; andere aber kamen
darin um, und starben in den Gefängnissen. Unter diesen war Melchior Nitschmann, der Aelteste
der Gemeine. Auch der Sporn des Widerspruchs
fehlte nicht. Man begegnete den Brüdern an
manchen Orten mit vieler Unbescheidenheit. Das
neue ihres Unternehmens war der Gegenstand des
Spottes und Schimpfes vieler von ihren Nachbarn. Oeffentliche Schriften erschienen gegen sie.
Es fanden sich Prediger, die Texte von Phari-
säern und vom Wolfe im Schafskleide auf diese
neuen Heiligen anwendeten, u. s. w. Auch die
warnenden Bemerkungen frommer und verständi-
ger Personen blieben nicht aus: daß man übereilt
handele — nicht ausführen werde — nicht sich
bestimmt ausdrücke — es an Mäßigung fehle und
dergleichen. — Und wer wollte oder könnte behaupten, daß bey Anfängen, in der ersten Wärme
sich nie übereilt werde — oder, daß auch bey dem
besten Zwecke immer gleich die besten Mittel aus-
gefunden würden, denselben zu verfolgen.

Auf der andern Seite standen einsichtsvolle,
sehr rechtschaffene Männer, die die Brüder auf-
munterten, nicht nachzulassen. Unter andern äus-
serte sich D. Anton, ein allgemein denkender Mann,
der in der Denkweise der Brüder viel Uebereinstim-

J                    mung

mung mit der seinigen fand, so: "Ihr seyd ein Brod,
und den Midianitern träumet, daß es ihre Zelte
umstoße." Hundert und zwey verbundene Gelehrte
in Jena schrieben gemeinschaftlich an die Brüder:
"Ihr werdet, lieben Brüder, die Gnade Gottes,
so in euch lebendig und geschäfftig ist, keinesweges
gering halten, und der erbarmenden Liebe unsers
Immanuels nicht vergessen, welcher vor mehr als
dreyhundert Jahren, euren Vätern das Licht der
Wahrheit erscheinen lassen. — Wer ist, der
die Historie der Treue, des Glaubens, der Liebe,
der Geduld, der Leiden und der Beständigkeit eurer Väter und Vorfahren lesen könne, ohne daß
er dadurch sollte zum Lobe Gottes angereizet werden? — Darum, lieben Brüder, tretet treulich
in die Fußstapfen eurer gottseligen Vorfahren; wie
ihr dann auch thut. Schämet euch ihres Namens nicht! Denn so oft derselbe wird genennet
werden, wird man sich der Wunder Gottes erinnern und Gott loben. Bleibet in dem innigen
Bande der Liebe, welches gewiß durch Gottes
Hand unter euch geknüpft ist, und von keinem
Menschen soll und muß zerschnitten werden. Betet treulich für uns, und danket mit uns dem Höchsten, welcher unsre zerstreueten Glieder nunmehr
durch eine lebendige Kraft verbunden, wozu uns
das herrliche Exempel eurer innigen Liebesverbin-
dung

dung am meisten anreizet." Dieses alles erweckte bey
den Brüdern Muth, Kraft, Ernst und Entschlos-
senheit. Man sahe sich um, wo etwas für die
Sache des Herrn zu thun wäre, und faßte an,
wo man konnte. Den Geist und die Gesinnung
der Brüder in damaliger Zeit, weiß ich nicht besser
zu schildern, als durch die Mittheilung eines Aus-
zugs aus dem Schreiben, welches der so eben er-
wähnte Aelteste der Gemeine, Melchior Nitschmann, noch vor seiner Besuchsreise nach Mähren,
an dieselbe erlassen hat, worin es unter andern
heißt: "O daß doch keiner wäre unter euch, lieben
Brüder, der sich nicht mit allem, was er hat,
Gotte zum Opfer hingebe, heut an diesem Tage
sich vor Ihm in den Staub und vor dem Throne
des Lammes niederwürfe, sich im geringsten nicht
dafür zu halten, etwas zu wissen, ohne allein Jesum, den Gekreuzigten. — O Liebe, die du für
uns gekreuziget bist, schwemme doch gänzlich weg,
was unsern Geist turbiret, was uns den Friedens-
weg zu laufen hindern will, was uns verrückt das
Ziel, das laß dem Feind zur Pein, o Herr, zer-
nichtet seyn. — Wegen unsrer Reise nach Mähren können wir vor dem Angesichte Jesu Christi
nicht anders sagen, als daß wir die innerliche
Ueberzeugung dazu erlangt haben, denn wir sind
gesetzt, daß wir hingehen sollen und Frucht brin-

J 2                          gen.

gen. — Wir suchen nicht sowol jemand zu erwekken, welches Gottes Werk allein ist, als einen
wahrhaftigen Nußen für unsre Seelen zu haben,
— dieweil wir schon zum voraus sehen, daß manche
Kreuzigungen über den alten Menschen kommen
werden; so daß, wo wir dem Triebe der Natur
folgen wollten, wir nicht aus Herrnhut dürsten her-
ausgehen. Aber durch Gottes Gnade fürchten wir
der keines, das über uns etwa kommen möchte.
Fleisch und Blut, welches das Reich Gottes nicht
erben kann, gehört ohnedem zum Verderben. Es
gehe, wie es wolle, so wissen wir doch, daß wir alles
vermögend sind durch den, der uns mächtig macht,
Christus. Ein Christ muß ohnedem seinem eignen Leben absterben — und gesinnt seyn, dasselbe
um Christi willen aufzuopfern. Wir können euch
hieben versichern, daß wenn uns gleich auch Bande
und Gefängniß betreffen sollten, wir uns durch die
Gnade Gottes so zu halten gedenken, daß ihr nicht
werdet Ursache haben, euch über uns zu betrüben,
noch die Ehre unsers Gottes darunter geschändet
werden wird. Das Vertrauen haben wir zu Gott;
nicht, daß wir tüchtig sind von uns selbsten etwas
zu thun; sondern daß wir tüchtig seyn werden, das
ist und wird alles von Gott seyn. Da ihr denn
nun, lieben Brüder, sehet, daß wir nichts anders
suchen, als die Ausbreitung des Reiches Christi,

und

und das Heil der Menschen; so bitten wir euch,
daß ihr uns eurer Liebe und Gebet wollt anbefohlen
seyn lassen, nachdem unsre Reise so beschaffen ist,
daß wir einander nicht mehr sehen dürften; wiewol ichs jetzt noch nicht überzeugt bin. Gott ist
es am besten bekannt, wir machen uns dazu gefaßt. — Haben wir uns gegen euch nicht so verhalten, wie es hätte seyn sollen, so vergebt es uns,
gleichwie Christus euch vergeben hat. — Im
Glauben und Vertrauen, daß des Herrn Kraft in
mir Schwachen werde mächtig seyn, werde ich meine
Reise antreten." Was diesem geliebten Manne
geahndet, widerfuhr ihm. Er war nur kurze Zeit
von Herrnhut weg, als Nachricht kam, daß er
zu Schildberg gefangen sitze. Der Graf von Zinzendorf verwendete sich für ihn nach Vermögen,
aber ohne Erfolg. Er vollendete seinen Lauf in
dem Gefängnisse, als ein treuer Zeuge der Wahrheit, und sein Gefährte, Georg Schmidt, wurde
erst nach sechs Jahren frey. Der Verlust dieses
würdigen Aeltesten war der Gemeine schmerzlich;
sie sang ihm, in einem vom Grafen von Zinzendorf auf diesen empfindlichen Vorgang gedichteten
Liede, unter andern nach:

Mein Bruder! kennst du deinen Weg?
Er geht ins Todes Rachen.
Das ist der allgemeine Steg

J 2                    für

Für die, so Friede machen:
Bleib da! — du kannst nicht, — ey so geh!
Durchs Todesthal zur Lebenshöh.

Nur fliehe die Gelegenheit,
Die deine Ehre schändet:
Der Feind bemüht sich allezeit,
Damit ers also wendet,
Daß, wers mit Christo treulich meynt,
Um Uebelthat zu leiden scheint.

Wie wir gedacht, so ists geschehn,
Du bist dahin gegangen:
Der Feind hat sich die Zeit ersehn,
Und hat dich aufgefangen,
Noch eh' du das Gebiet erreicht,
Wohin dich Trieb und Zug geneigt.

Geh hin, du muntrer Zeuge, geh',
Des Bischofs ohne gleichen,
Du Ueberwinder ohne Weh,
Du Vater vieler Reichen,
Fahr hin! du treues Bruderherz,
Verlisch der Welt, du Himmelskerz.

Ihr Bürger in der Herrenhut,
Ihr von des Herren Volke,
Ihr Funken von der Zeugengluht,
Ihr Tropfen jener Wolke,
Verstärket die geehrte Schaar
Der Seelen unter dem Altar.

Dem Kaiser, was des Kaisers ist,
Und Gotte gebt, was Gottes;

Den

Den Brüdern Herzen ohne Lift,
Dem Herrn ein Haupt voll Spottes,
Der Heil'gen ihre Bande küßt,
Und fahret hin, wo dieser ist.

Dieses, so wie mehrere Produkte jener Zeit, können dem Leser schon eine Vorstellung von dieser Gesellschaft von Leuten geben, denen ihr Heil, so wie das Heil ihrer Mitmenschen, so sehr anlag, daß sie weder Gefahr, noch Noth, noch Tod scheueten, um dasselbe zu befördern. In diese Zeit fallen die ersten Versendungen der Brüder an entferntere Orte. Die erste schon im Jahre 1727 durch Hans und David Nitschmann nach Kopenhagen an den königlichen Prinzen Carl. Die zweyte im Jahre 1728 nach England, durch David Nitschmann, Johann Töltschig und Wenzel Neißer den ältern, denen D. Budeus in Jena ein Empfehlungsschreiben mitgab. Diese Versendungen wurden durch die sehr bald entstandene Bekanntschaft und Correspondenz der Brüder mit vielen angesehenen Männern des Staats und der Kirche veranlasset, und hatten, wie man bald sehen wird; nicht geringe Folgen für die Ausbreitung des Reiches Christi in den entferntesten Gegenden der Welt. Zu gleicher Zeit suchten die Brüder die Inspirirten, Schwenkfelder und andere Separatisten in Deutschland auf, und bemüheten

J 4                          sich.

sich, dieselben zur Einfalt und Lauterkeit der Evangelischen Lehre zurück zu führen; welches ihnen aber
nicht nur großen Theils mißlang, sondern noch
manche Vorwürfe von mehreren angesehenen Gottesgelehrten zuzog, die den Grafen von Zinzendorf
wegen seines nachgebenden Betragens gegen diese
Partheyen, des Indifferentismus, oder einer Re-
ligionsgleichgültigkeit, beschuldigten.

Ehe ich in der Ausbreitungsgeschichte der Brüder weiter gehe, muß ich noch eines Umstandes er-
wähnen, der in diese Zeit fiel, und für die Sache
der Brüder von Wichtigkeit war. Immer fanden sich Leute unter und außer ihnen, welche sie
bewegen wollten, von ihrer besondern Verfassung
abzustehen. Der Graf von Zinzendorf, der von
vielen auswärtigen Gelehrten und Staatsmännern
darüber hauptsächlich angegangen wurde, brachte
den Vorschlag, daß die Brüder ganz zur lutherischen Kirchenverfassung treten möchten, theils aus
Liebe zu seiner Kirche, theils aber aus Ueberzeugung, daß er diesen nochmaligen Versuch sich selbst
um so mehr schuldig sey, weil er als ihr Vorsteher
jetzt und künftig die Sache zu vertreten habe, abermals und mit vielen Gründen in Bewegung. Die
Mährischen Brüder stellten sich ihm zwar mit Ernst
entgegen, und beriefen sich auf ihre Verfassung,
welche älter als die protestantischen Religionen, und
ihren

ihren Vätern und ihnen so theuer und schätzbar gewesen, und noch wäre, daß sie Haab und Gut ver-
laſſen hätten, um ihrer nicht verluſtig zu werden.
Sie beriefen sich auf das, was sie schon im Jahre
1727 hierüber erkläret hatten, und was mit allgemeiner Beyſtimmung damals feſtgeſetzt worden,
und unterwarfen es der genaueſten Unterſuchung:
Ob nach gemachter etlichjährigen Erfahrung die
Zucht und Ordnung der Mähriſchen Brüder der
Natur und Beſchaffenheit einer Gemeine Jeſu an-
gemeſſen ſey oder nicht? Und ob ihre Verfaſſung
alles das wirklich enthalte, was von ihr gefordert
werde? Der Graf von Zinzendorf wendete dagegen zwar nichts ein, denn die Erfahrung und der
Erfolg redete dafür, und die angenommene Verfaſſung fand auch in der Gemeine selbst allgemeinen Beyfall; außer derſelben aber war des Ta-
delns, Spottens und Läſterns darüber kein Ende,
und das beunruhigte den Grafen zu sehr. Hätte
derselbe damals ſchon ſo darüber denken können,
wie er in spätern Jahren gedacht hat: daß man
nemlich in der Gemeinſache und ihrem geraden
ſchriftmäßigen Gange sich weder durch Lob noch Ta-
del irre machen laſſen müſſe: so würde er sich dieſe
Unruhe erſpart haben. So aber wurde er wirklich bis zu der bekümmernden Unterſuchung gebracht: Ob unter den ſo vielfältigen Ausſtellungen

J 5

und

und Lästerungen über die Gemeineinrichtung nicht
eine warnende Stimme für ihn sey, auf die er zu
merken habe? Er faßte daher den Entschluß, den
Aeltesten und Helfern nochmals zu bedenken zu geben: Ob man nicht, aus Liebe und Nachgeben,
um alles Aufsehen zu vermeiden, um sich allgemeiner zu machen, und allen Anstoß zur Vereinigung
mit andern Kindern Gottes in der lutherischen
Kirche zu heben, die Brüderverfaßung fahren lassen und sich lediglich unter die lutherische begeben
sollte? Der Gedanke fand großen Widerspruch bey
ihnen; doch brachte es der Graf endlich dahin, daß
er denselben am 7ten Juny im Jahre 1731 dem
Gemeinrathe vortragen durfte. Hier war die Abneigung gegen diesen unerwarteten Vortrag noch
stärker. Nicht nur die Mährischen Brüder bezeugten ihre Liebe und Anhänglichkeit an ihre alte, seit
dreyhundert Jahren in Segen bestandene Verfaß-
sung; sondern auch der größte Theil der übrigen
Gemeine behauptete, daß dieselbe der heiligen
Schrift und gesunden Vernunft gemäß sey, und
ihnen schon vielen Segen gebracht habe; daher sie
sich nicht entschließen könnten, dieselbe fahren zu
lassen. Sie sahen, daß sie, wie so viele andere
fromme Oekonomien, denen es an Zucht und Ordnung gefehlt habe, von ihrem Ernste und Rechtschaffenheit abkommen, und Schaden nehmen
würden,

würden, und glaubten daher verbunden zu seyn, darüber treulich zu halten, und ihren Nachkom- men solche zu bewahren, u. s. w. Der Graf stellte dagegen die Zweifel vieler andern auf. Seine Meynung, als Vorsteher und Ortsherrschaft, hatte so viel Gewicht, daß man endlich, um sich von bey- den Seiten von Verantwortung frey zu stellen, eins wurde, die Sache durchs Loos entscheiden zu las- sen: Ob man nemlich ganz ohne Ausnahme in die lutherische Verfassung übergehen, oder die beson- dere Verfassung der Brüder beybehalten solle? Nach der Brüder Weise wurden zwey Loose ge- schrieben. Das erste hieß: Denen, die ohne Gesetz sind, werdet ohne Gesetz; so ihr doch nicht ohne Gesetz seyd vor Gott; sondern seyd in dem Gesetze Christi, daß ihr die, die ohne Gesetz sind, gewinnet. (1 Cor. 9, 21.) Das andere aber hieß: Stehet nun, lieben Brüder, und haltet ob den Sazungen, die ihr gelehret seyd. (2 Thess. 2, 15.) Die ganze Gemeine betete inbrünstig und mit kindlichem Ver- trauen zum Herrn, sie seinen Sinn hierüber in Gnaden wissen zu lassen; worauf ein Kind von noch nicht vier Jahren aus den beyden Looszetteln denjenigen zog, auf welchem die Worte: Stehet nun, lieben Brüder, und haltet ob den Sazungen, die ihr gelehret seyd! geschrie- ben

ben waren, und die Beybehaltung der Brüderver=
faſſung anzeigten. Mit allgemeiner Beyſtimmung
und innigem Danke gegen den Herrn erneuerte man
den Bund unter einander: in der Verfaſſung von
nun an unveränderlich zu bleiben, die Sache des
Herrn getroſt zu treiben, und das Evangelium in
aller Welt und unter allen Nationen, wo er ſie hin=
ſtellen und ausſtreuen würde, zu verkündigen.

Man kann nicht in Abrede ſeyn, daß der Vor=
gang Verwunderung erwecken muß. An dem Looſe
hing die Entſcheidung dieſer ſo wichtigen Sache.
Sie iſt aber von der Art und Natur, daß ſie ſeyn
und nicht ſeyn konnte, worüber die Brüder keine
Anweiſung in der Bibel vor ſich fanden, und die
ſie nach ihren Grundſätzen in den Fällen, wo ihre
Erkenntniſſe verſchieden ſind, durch das Loos ent=
ſcheiden zu laſſen, kein Bedenken tragen. Nun
war man von allen Seiten beruhigt. Nun trug
man die Schmach, welche die Neuheit der Sache
und die Feindſchaft der Welt mit ſich brachte, mit
ſtiller Ueberlaſſung. Nun arbeitete man muthig,
und im Vertrauen auf die Hülfe des Herrn, ge=
troſt fort, ließ ſich durch nichts mehr irre machen,
ſondern war überzeugt, daß diß der Plan ſey,
den man nach dem Sinne des Herrn zu befol=
gen hätte. Und das gab den Brüdern Fe=
ſtigkeit.

Die

Die erste Gelegenheit zur Ausbreitung der Brüder in entfernte Lande, und zur Verkündigung des Evangeliums unter den Heiden, ergab sich noch in diesem Jahre. Ein Kammermohr des königlich Dänischen Oberstallmeisters, Grafen von Laurwig, erzählte dem Grafen von Zinzendorf in Kopenhagen vieles von dem elenden Zustande der Neger auf der Westindischen Insel St. Thomas, und von dem Verlangen dieser armen Sclaven, besonders seiner eignen Schwester daselbst, den Weg zur Seligkeit kennen zu lernen. Das machte bey unserm Grafen großen Eindruck, und veranlaßte ihn, nach seiner Rückkunft, der Gemeine in Herrnhut davon Nachricht zu ertheilen. Kaum war dieses geschehen, so fanden sich gleich zwey junge muntere Brüder, Leonhard Dober und Tobias Leupold, angeregt und willig, unter diese Heiden zu gehen, um ihnen das Evangelium von Jesu Christo, und dem auch ihnen erworbenen Heile zu verkündigen. Als nun obgedachter Mohr, Anton, bald darauf selbst nach Herrnhut kam, und seine Nachricht und Anliegen wegen seiner Landsleute in St. Thomas, vor der versammelten Gemeine darzulegen, Erlaubniß erhielt, bestärkte solches nicht nur erstgenannte Brüder in ihrem Sinne, sondern erweckte noch mehrere zu gleichem Verlangen. Schon hatten sich zwey andere, Matthäus Stach und

und Friedrich Böhnisch, gemeldet, nach dem kalten Grönland zu gehen, um die dortigen Heiden zu Christo bekehren zu helfen.

Die Brüder glaubten in dem Befehl Jesu an seine Jünger: Gehet hin in alle Welt, und lehret alle Völker ꝛc. Grund und Anweisung genug zu finden, den Heiden das Evangelium zu verkündigen. Sie überlegten daher die Sache mit allen ihren Umständen und Schwierigkeiten gründlich, prüften den Trieb obbenannter beyden Brüder nochmals genau, und nahmen die Sache sodann ins Loos, wodurch der Bruder Leonhard Dober zum Anfänger dieser Mission bestätiget, Leupold aber angewiesen wurde, für dißmal noch zurück zu bleiben. An dessen Stelle wurde der Bruder David Nitschmann, der ältere, dem Bruder Dober zum Begleiter zugeordnet. Im Jahre 1732 langten sie in St. Thomas an, machten sich mit der Sprache der Neger, die auf dieser Insel gebrochen Holländisch ist, bekannt, und bezeugten sodann den armen Negersclaven, daß Christus, der Sohn Gottes, auch für sie ein Mensch geworden, um ihnen durch sein Leiden und Sterben Leben und ewiges Heil mittheilen zu können. Die Neger erstaunten darüber, denn bisher glaubten sie, daß diese Gnade nur ein Vorzug ihrer Herren, der Blanken, wäre, woran sie keinen

nen Antheil hätten. Ihre Freude über diese fröhliche Botschaft war sehr groß. Es fanden sich immer mehrere herzu, die das Evangelium im Glauben annahmen, und nach der Zeit getauft wurden. Dieses erste Missionswerk der Brüder nahm in der Folge sehr zu. Schon im Jahre 1734 wurde eine zweyte Mission auf der Insel St. Croix angelegt, und es breitete sich von Zeit zu Zeit immer weiter aus, daß dermalen auf den drey königlich Dänischen Westindischen Inseln sechs beträchtliche Negergemeinen sich befinden, wie solches aus Oldendorps Missionsgeschichte und ihrer Fortsetzung erhellet.

In dem nächstfolgenden Jahre wurden die Brüder ebenfalls in Kopenhagen, wo man ihren Eifer zur Bekehrung der Heiden schätzte und zu benutzen bedacht war, veranlaßt, an dem Missionswerke in Grönland mit Theil zu nehmen. Auch hierzu fanden sich die Brüder willig. Man sandte noch in diesem Jahre die Brüder Christian David, Matthäus Stach und Christian Stach dahin ab, welchen in dem folgenden die zwey Brüder Johann Beck und Friedrich Böhnisch, allesamt Mähren, nachfolgten. Auch dieses Missionswerk segnete Gott, nach einer etlichjährigen mit unsäglichen Beschwerlichkeiten verknüpften Arbeit, mit nicht geringem Erfolge, so daß durch den Dienst der Brüder,

der, schon eine große Zahl armer wilder Grönländer, zur Erkenntniß Christi und dem Genusse seines uns erworbenen Heils gelangt, und durch die
Taufe der Kirche einverleibt worden sind; wovon
David Cranzens Missionsgeschichte von Grönland
mehrere Nachricht ertheilt. Dermalen befinden
sich daselbst drey Grönländische Missionsgemeinen,
die durch den mühsamsten Dienst der Brüder ge-
sammelt worden. Die ausharrende Geduld, welche
sie bey diesen beyden Missionsunternehmungen bewiesen haben, drang einem, durch Gelehrsamkeit
und Rechtschaffenheit berühmten Gottesgelehrten
unsrer Zeit, folgendes günstige Zeugniß von der
Arbeit und den Leiden der Brüder ab:

"Wer kann die ungeheuchelte Treue, die zu-
verläßigste Wahrheit, die mehr als philosophische
Enthaltsamkeit, die selbst für die schrecklichsten
Schmerzen unüberwindliche Geduld, die großmü-
thige Aufopferung, die Gottergebenheit, nebst der
unwandelbaren Gleichmüthigkeit und Heiterkeit
des Gemüths und hohe ruhige Verachtung des
Todes bey der Brüdergemeine ohne Bewunderung,
Erstaunen und innigste Rührung sehen?"

Als im Jahre 1734 der Gemeine in Herrnhut Nachrichten aus dem Reiche Gottes mitgetheilt, und die Boten unter Christen und Heiden
zum Gebete empfohlen wurden, bezeugten abermals

mals mehrere Brüder ihre Bereitwilligkeit, unter
die Heiden zu gehen. Drey derselben erboten sich
insonderheit zu einer Versuchreise nach Lappland.
Es waren wieder drey Mährische Brüder, An-
dreas Graßmann, Daniel Schneider und Michael
Miksch. Nachdem ihnen dazu Erlaubniß ertheilt
worden, reiseten sie über Stockholm bis Tornea in
Schwedisch-Lappland, und weil sie daselbst schon
Missionsanstalten fanden, so verfolgten sie ihre
Reise nach Russisch-Lappland; kamen bis nach
Archangel, wo sie mit Samojeden bekannt wurden, mit denen sie gern weiter gezogen wären. Als
sie aber beym Gouvernement um einen Paß anhielten, wurden sie aus Verdacht, als ob sie Schwe-
dische Kundschafter wären, gefangen gesetzt. Erst
nach fünf Wochen ließ man sie nach Petersburg
bringen, wo sie abermals fünf Wochen gefangen
saßen, und endlich mit den Worten nach Deutschland entlassen wurden: "Geht nur hin, ihr guten
Leute, man braucht hier eures Dienstes nicht.
Vielleicht kommt die Zeit bald, daß man euch rufen wird." Dieser Versuch war also vergeblich.
Inzwischen traf es in der Folge der Zeit zu, daß
die Brüder nach Rußland gerufen wurden.

Dem Grafen von Zinzendorf wurde in eben
diesem Jahre ein Stück Landes in dem Nordame-
rikanischen Georgien angeboten. In der Hoffnung,

K                    dadurch

dadurch unter die dortigen Indianer-Nationen zu
kommen, und ihnen das Evangelium predigen zu
können, wurde dieses Anerbieten angenommen.
Bischof Spangenberg, der sich damals in London
befand, berichtigte mit dem Gouvernement sowol,
als den Trustees von Georgien alle nöthige Anstalten zur Reise und zum Anbau der Brüder in Georgien; so daß die dahin bestimmte Colonie im Früh-
jahre 1735 daselbst glücklich anlangte, und in
der Stadt Savannah sich anbauete. Sie fanden
bald Gelegenheit, unter die dortigen Indianer zu
kommen, und ihnen das Evangelium zu verkündigen, das sie gern hörten. Als aber im Jahre
1739 der Krieg mit ihren Spanischen Nachbarn
ausbrach, sahen sie sich genöthiget, ihr wohlange-
bauetes Land und Häuser zu verlassen, und begaben sich nach der Provinz Pensylvanien, wo sie sich
aufs neue anbaueten; woraus nachher die verschiedenen Niederlassungen der Brüder in Pensylvanien, Neuyork, Jersey, Maryland und Nord-
carolina entstanden sind. Die Mission unter den
Nordindianern wurde von Pensylvanien aus wieder angefangen, und bis auf den heutigen Tag mit
nicht geringem Erfolge fortgesetzt, so daß dermalen noch eine dieser Missionsgemeinen, der schrecklichsten und grausamsten Leiden ungeachtet, die zu
wiederholtenmalen über sie gekommen sind, vorhanden

handen ist; wovon die so eben im Druck erschie-
nene, merkwürdige Nordindianische Missionsgeschichte der Brüder umständliche Nachricht gibt.

§n. Diese Ausbreitung der Brüder erscholl immer
weiter, und ihre damit verbundenen Reisen machten
sie bekannter. Bischof Spangenbergs Bekanntschaft mit einem Gelehrten in Holland, Namens
Jelong, veranlaßte, daß derselbe verschiedene Nachrichten von Herrnhut und den Mährischen Brüdern
durch den Druck bekannt machte, welche Bewunderung und Aufmerksamkeit erweckten. Die ver-
witwete Fürstin von Oranien wünschte den Grafen
von Zinzendorf selbst zu sehen und zu sprechen,
schrieb daher an ihn, erkundigte sich um den Grund
dieser Nachrichten, und lud ihn zu einem Besuche
nach Leuwarden ein. Mit Bischof Spangenberg
aber wurde über die Errichtung einer Mission in
Suriname gehandelt, und nachdem man darüber
einverstanden war, wurden drey Brüder dahin ab-
geschickt, um von dem Zustande des Landes, und
besonders der dortigen heidnischen Nationen nähere
Erkundigung einzuziehen. Nachdem der Graf
von Zinzendorf den verlangten Besuch in Leuwarden abgestattet hatte, wurde, nach dem Verlangen
der Fürstin von Oranien, in ihrer Baronie Ysselstein eine kleine Brüdercolonie, Heerendyk genannt,
nahe bey der Stadt Ysselstein, angelegt; aus wel-

K 2                                                      cher

cher in der Folge der im Stifte Utrecht liegende
Brüdergemeinort Zeyst, so wie auch die Brüdergemeinen in Haerlem und Amsterdam, und zuletzt
noch die Brüdergemeine in Norden in Ostfriesland
erwachsen sind.

Nachdem von Seiten der Ostindischen und Surinamischen Compagnien der Wunsch geäußert worden, daß noch mehrere Brüdermissionen in ihren
auswärtigen Besitzungen errichtet werden möchten:
so wurden nun den ersten, zur Kundschaftseinzie-
hung nach Suriname abgeschickten Brüdern, noch
mehrere nachgeschickt, und mit einer Concession von
der Direktion der Surinamischen Compagnie versehen. An dem Flusse Cottica baueten sie sich zuerst an, und predigten den Indianern das Evangelium mit gutem Erfolge. Einige entstandene
Unruhen nöthigten sie aber, nach Rio de Berbice
sich zu retiriren, wo sie unter großen Schwierigkeiten an der Bekehrung der Arawacken, so wie nachher der Aquaien, Warauen und Caraiben, arbeiteten. Eine heftige Verfolgung aber zerstreuete
hernach auch hier die Missionsgemeine, und nöthigte die Brüder, diese ganze Gegend zu verlassen, und auf einen schicklichern Ort zur Sammlung
und zum Aufenthalte derselben anzutragen, wozu
das Gouvernement in Suriname ihnen behülflich
war. Dermalen blühen daselbst drey verschiedene
Missions-

Missionsgemeinen, nemlich eine unter den Indianern, mehrentheils Arawacken, am Flusse Coren-
tyn; die zwente in Bamben, unter den sogenannten Freynegern; und die dritte in und um Para-
maribo selbst, unter den dortigen Negersclaven.

Mitten unter diesen Bemühungen zur Ausbreitung der Brüder in entfernte Lande, thürmte sich
ein drohendes Ungewitter über sie in der Nähe auf.
Die noch immer fortgegangene Auswanderung vieler Nachkommen der alten Brüder aus Böhmen
und Mähren nach der Oberlausitz, veranlaßte Beschwerden von Seiten des kaiserlichen Hofes ben
dem Chursächsischen. Der starke Anwachs von
Herrnhut aber erweckte im Lande selbst Neid und
Mißgunst, die ebenfalls ben dem Sächsischen Hofe
allerhand Einstreuungen wider die Brüder verur-
sachten. Dem kaiserlichen Hofe seinen guten Willen zu zeigen, und einige Genugthuung zu geben,
ward dem Grafen von Zinzendorf der Aufenthalt
in der Lausitz untersagt. Er entfernte sich daher
von Herrnhut, und übertrug seine dasigen Güter
an seine Gemahlin. In Absicht auf die übrigen
gegen Herrnhut geführten Beschwerden aber, wurde höchsten Orts beschlossen, eine eigne Landesherrliche Commission nach Herrnhut abzuschicken, um
den wahren Zustand der dortigen Gemeine gründlich zu untersuchen. Am 20sten Man 1736 kam

K 3          die

die königliche Commission in Herrnhut an. Die Aeltesten und Vorgesetzten wurden, so wie alle Brüder der Gemeine, vorgefordert, und um den Grund ihrer Lehre und Verfassung genau befragt. In Absicht auf die Lehre bekannten sie sich einstimmig zur Lehre der Augsburgischen Confession, womit auch alle Vorträge in der Gemeine übereinstimmend befunden wurden. Daneben behaupteten die Brüder die Nothwendigkeit und Nützlichkeit ihrer besondern Verfassung und Einrichtung; und erklärten, daß sie dieselbe aufzugeben oder abzuändern nicht vermöchten, und daß, falls man höchsten Orts nicht geneigt wäre, sie dabey zu lassen und zu schützen, sie lieber den Stab in die Hand nehmen, und von Herrnhut auswandern würden. Die Commission fand in den Einrichtungen und Ordnungen der Brüder nichts verwerfliches noch unrechtes, wol aber viel Gutes und Zweckmäßiges, und hielt daher dafür: daß Leuten, die um des Evangeliums willen Haab und Gut verlassen haben, und von einer Kirche herstammen, die lange vor der Reformation die Evangelische Lehre bekannt, und dieselbe, so wie ihre besondere Verfassung, unter den schrecklichsten und blutigsten Verfolgungen standhaft behauptet hat, in allen Evangelischen Landen billig frey stehen müsse, dabey zu beharren und darnach zu leben. Die Landesherrliche Resolution unterm

term 7ten Auguſt 1737 war dem commiſſariſchen
Berichte und Gutachten ganz beyfällig, und ver-
ordnete: daß die Gemeine zu Herrnhut, ſo
lange ſie bey der Lehre der ungeänderten
Augsburgiſchen Confeſſion beharret, bey
ihrer bisherigen Einrichtung und Zucht gelaſſen werden ſoll. Nun war alſo die Brüdergemeine zu Herrnhut, nach Lehre und Verfaſſung,
auch landesherrlich erkannt und geſchützt.

Des Grafen von Zinzendorf Exilium aber gab
nur mehrere Gelegenheiten zur Ausbreitung der
Brüderſache in der alten und neuen Welt. Die erſte
erfolgte in der Wetterau, wo ſich der Graf auf dem
alten Schloſſe Ronneburg aufhielt, und von dort
aus die Miſſionen und Colonien der Brüder bera-
thete und beſorgte. Hieraus entſtand nachher die
viele Jahre im Segen geſtandene Anſtalt der Brüder in dem Gräflich Yſenburgiſchen Schloſſe Má-
rienborn, und endlich auch, der ſchon ſeit 1750
wieder verlaſſene Brüdergemeinort Herrnhaag.
Noch in eben dem Jahre 1737 wurden die Brüder von verſchiedenen angeſehenen Männern des
Staats und der Kirche in England, geſucht, mit
dem Verlangen, daß ſie ihnen zu Bekehrung der
Neger in Südcarolina durch einige Miſſionarien
aus ihrer Gemeine behülflich ſeyn möchten. Dieſes
gab Gelegenheit, daß man ſich an den Erzbiſchof

K 4 von

von Canterbury, den gelehrten und berühmten
D. Potter, wendete, und durch Deputirte bey demselben anfragte: Ob die Englische Kirche die Rechtmäßigkeit der Mährischen Brüderkirche und deren
Rechte anerkennen würde oder nicht? Worauf von
ihm die Antwort erfolgte: Daß den Brüdern,
als Gliedern einer bischöflichen, orthodoxen
und apostolischen Kirche, deren Lehre nichts
enthalte, was mit den neun und dreyßig Ar-
tikeln der Englischen Kirche streite, der Zu-
gang zu den Heiden nicht verwehrt werden
könne und müsse *). An einem andern Orte
nannte er das Bischofsamt der Brüderkirche:
sanctam vereque illustrem Cathedram, und
versichert, daß er den Brüdern, als Bekennern,
die sich weder durch Verfolgungen abschrecken, noch
durch des Satans Versuchungen verführen lassen,
sondern

*) D. Georg Bull, Bischof von St. David, drückt sich
über die Uebereinstimmung der neun und dreyßig
Artikel mit der Augsburgischen Confession folgendermaßen aus: Confessionem Augustanam, ut-
pote omnium reformatarum nobilissimam atque
antiquissimam, ita secuti sunt Ecclesiae nostrae
Proceres, ut qui istam ignoret, articulorum
nostrorum mentem ac sententiam vix recte per-
cepturus sit. (Harmon. Ap. Diss. poster. exp.
18.) s. auch Peter Heylin.

sondern mit dem reinen alten Glauben auch die alte
Kirchenzucht beybehalten haben, mit beständiger
Liebe und möglichster Hülfe zugethan seyn werde.
Bey dieser Gelegenheit schlossen sich erstlich einige
Deutsche, in der Folge aber noch mehrere Engli-
sche Einwohner von London an die Brüder und ihre
Versammlungen an, welches zu Errichtung der
ersten Brüdersocietät in England Veranlassung
gab, woraus nach der Zeit gar viele in England,
Irland und Schottland noch blühende Evangeli-
sche Brüdergemeinen und Anstalten erwachsen sind.

Um eben diese Zeit kam auch eine Mission der
Brüder nach Guinea zu Stande, die sich aber, der
in den folgenden Jahren mehrmals wiederholten
Versuche ungeachtet, nicht aufrecht erhalten lassen
wollte, und daher für die Zeit ganz aufgehoben
werden mußte. Eine andere wurde auf der Cap,
oder dem Vorgebirge der guten Hoffnung, unter
den Hottentotten angefangen, unter welchen sich der
Missionarius Georg Schmidt am Sergeant-Revier
niederließ, und weil er die Hottentottische Sprache
nicht erlernen konnte, so unterrichtete er die Ein-
gebornen in der Holländischen, und verkündigte
ihnen den Rath Gottes zu ihrer Seligkeit. Das
Evangelium fand Eingang unter ihnen, und der
Missionarius fing an, einige zu taufen. Nun
wurden ihm aber, von Seiten der Europäer, so

K 5                                      viele

viele Schwierigkeiten und Hinderniſſe in den Weg
gelegt, daß er ſich genöthigt ſahe, nach Europa
zurück zu kehren, um zu verſuchen, ob er nicht bey
der Direction in Holland mehrere Freyheit, die
Hottentotten im Chriſtenthume zu unterrichten,
erlangen könnte? Allein weder ſeine, noch anderer
Brüder Bemühungen, waren vermögend, irgend
etwas zum Beſten dieſer armen Heiden auszurichten. Man ſchien in Holland nicht mehr geneigt
zu ſeyn, das Chriſtenthum unter den Hottentotten
zu befördern. Inzwiſchen haben ſich noch bis auf
den heutigen Tag einige Spuren von der Arbeit der
Brüder unter dieſem Volke erhalten; und es leben
noch mehrere, welche ehedem von dem Miſſiona-
rius Schmidt in der Evangeliſchen Lehre unterrichtet worden ſind, und wünſchen, daß den Brüdern erlaubt werden möchte, ſich ihrer wieder anzunehmen.

Nur noch einer in dieſe Zeit fallenden Sen-
dung der Brüder unter die Heiden zu gedenken;
ſo reiſeten zwey Brüder zu dem Ende nach Colombo,
auf der Inſel Ceylon, wo ſie von dem damaligen
Gouverneur wohl aufgenommen und unter die
Cingaleſen befördert wurden, welche bald Vertrauen zu den Brüdern faßten und ſie gern hörten.
Es währte aber nicht lange, ſo entſpann ſich auch
hier unter einigen Europäiſchen Einwohnern von
Colombo eine bittere Feindſchaft gegen die Brüder
und

und ihre Arbeit unter den Eingaßtseh. Diese mußten es bey dem neuangekommenen Gouverneur
bald so weit zu bringen, daß die Brüder Ceylon
verlaffen mußten. Auch hier zeigte sichs in der
Folge, daß man, von Seiten der Directeurs über
die auswärtigen Besitzungen in Holland selbst, immer weniger geneigt war, die Ausbreitung des
Evangeliums unter den Heiden zu befördern; daher auch dieser Missionsanfang nicht wieder ange-
faßt, noch fortgeführt werden konnte.

Mehrere andere Versuche zur Ausbreitung der
Christlichen Lehre sind durch den Dienst der Brüder in dieser Zeit gemacht worden, wovon ich noch
gar manches zum Beweise ihres großen Eifers für
die Sache des Herrn anführen könnte. Meine
Absicht hiebey gehet aber nicht weiter, als durch
Aushebung einiger Begebenheiten, das hervorste-
hende in ihrem Charakter, wie sichs gleich in ihren
ersten Anfängen hervorthat, und nach und nach immermehr entwickelte, ins Licht zu stellen, und den
Leser dadurch um so mehr in Stand zu setzen, selbst
zu urtheilen: ob der Grund und Zweck, worauf die
Evangelische Brüdergemeine stehet, der Lehre Jesu
und seiner Apostel gemäß sey? und in wie fern dieselbe sowol durch ihre Einrichtung und Verfassung,
als durch ihr Verhalten sich ihrem Ziele genähert
habe? Diejenigen meiner Leser, die ein mehreres
von

von ihrer Geschichte erwarten, muß ich auf David
Cranzens Brüdergeschichte verweisen, wovon die
Fortsetzung bis auf unsre Zeiten dem Publikum seiner Zeit mitgetheilt werden wird. Nimmt man
aus dem bisher gesagten kurz zusammen, was der
eigentliche Plan der göttlichen Vorsehung mit der
Evangelischen Brüdergemeine von Anfang gewesen und noch sey, so ergibt sich daraus; erstens: daß
sie eine Anstalt in der protestantischen Kirche zur
Förderung der Seligkeit der Menschen werde; in
welcher die Lehre Jesu und seiner Apostel lauter
und rein erhalten, und darnach gelebt werden soll.
Zweytens: daß zu dem Ende die alte Mähtische
Kirche mit ihrer apostolischen Zucht und Ordnung
wieder hergestellt werde. Drittens: daß so vielen
heidnischen Völkern, als möglich, das Evangelium von ihrer Versöhnung mit Gott durch das
Blut und den Tod Jesu verkündiget werde. Und
viertens: daß das Testament Jesu Joh. 17. durch
die Brüder, so viel möglich, ausgeführt werde,
damit die zerstreueten Kinder Gottes allenthalben
nicht leiblich, sondern geistlich, nicht nach der Verfassung, sondern nach Herz und Gesinnung, zu-
sammengebracht und in Liebe vereiniget werden.
Daß durch Gottes Gnade ein kleiner Anfang davon sich zeiget, wird der unbefangene Beobachter,
dem das Christenthum nicht gleichgültig ist, nicht
bezwei-

bezweifeln. Der Segen, den Gott auf die Bemühungen der Brüder in so vielen Gegenden und Ländern der Welt gelegt hat, ist nicht unsichtbar. Wenn auch in ihrem Anfange und Fortgange sich mancherley Gebrechen und Versehen veroffenbaret haben: so spricht der Erfolg doch für ihren rechtschaffenen Sinn und Absicht. Man würde zu viel fordern, wenn man erwartete, daß eine Sache von so großem Umfange, als die Sache der Brüder ist, gleich von ihrer Entstehung an in ihrer Vollkommenheit da stehen sollte. Alle Dinge gehen durch Grade; der Baum, der gepflanzt wird, ist nicht gleich groß. Er braucht Wartung und Zeit, ehe er Früchte bringt. Und noch sind die Brüder Menschen, die da wohl wissen, daß sie ihren Schatz in irdenen Gefäßen tragen, auf daß die überschwängliche Kraft sey Gottes, und nicht von ihnen.

## 4. Abschnitt.
### Evangelische Brüder-Unität mit ihren Tropen.

Das war also der unvorbedachte Anfang der erneuerten Evangelischen Brüder-Unität Augsburgischer Confession. Die Mitglieder derselben nennen sich Brüder, nach dem Worte

Jesu:

Jesu: Einer ist euer Meister, ihr aber seyd alle
Brüder, und nach der Gewohnheit der Apostel,
die in ihren Briefen die Gläubigen lieben Brüder nennen. Die Benennung Brüder-Unität
(Unitas Fratrum) schreibt sich von der alten
Brüderkirche in Böhmen und Mähren her, die
schon vor mehr als dreyhundert Jahren diesen Namen führte, weil sie sich unter einander als Brüder
vereiniget hatten. Erneuerte Brüder-Unität
wird sie darum genannt, weil sie die kirchlichen
Rechte und Befugnisse von der alten Böhmisch-
Mährischen Brüderkirche erlangt hat, deren sie
sich zur Förderung und Ausbreitung des Reiches
Jesu, vornemlich unter den Heiden, mit Segen
bedienet, und weil sie ihre kirchliche Verfassung
großentheils nach dem Muster dieser alten Kirche
eingerichtet hat. Evangelische Brüder-Unität Augsburgischer Confession heißt sie endlich
nicht nur zum Unterschiede der Brüder-Unität, die
über der Böhmischen Confession hält; sondern, weil
sie sich von ihrer Entstehung an, zur Augsburgischen Confession, als dem Lehrgebäude, das ihren
Verstand am Evangelium am deutlichsten aus-
drückt, unveränderlich bekannt hat.

Unter der Evangelischen Brüder-Unität werden alle Brüdergemeinen, und alle ihre Glieder
verstanden. Es ist dieselbe aber keine eigne oder
beson-

beſondere Religion, ſondern nur eine beſondere Geſellſchaft zur Gottſeligkeit, deren Mitglieder theils aus Böhmiſchen und Mähriſchen Brüdern, und theils aus Mitgliedern der übrigen Evangeliſch-proteſtantiſchen Kirchenabtheilungen beſtehen; und keiner dieſer Theile hat ſich durch dieſe Verbindung unter einander von ſeiner angebornen Kirche getrennt. Denn da ihre brüderliche Vereinigung nur ihre allerſeitige Förderung in der Erkenntniß Jeſu Chriſti, und in dem Genuſſe der in der heiligen Schrift geoffenbarten Heilswahrheiten zum Zwecke hat, ſo wurden ſie in Anſehung derſelben zu Einem Sinne, zugleich aber in Liebe unter einander verbunden, und dahin einverſtanden, daß ſie in Nebendingen einander tragen, und ſich aller Subtilitäten und Streitfragen, die nur Zank gebären, gänzlich enthalten wollten *).

Die Vereinigung der Brüder beſtehet alſo nicht in einer Uebereinſtimmung in beſondern Meynungen

*) Jablonſky ſchrieb davon: "Die alten Brüder haben über anderthalbhundert Jahre geſucht, was in Herrnhut zu Stande gebracht worden," und in ſeiner Epiſt. Apologet. an Mauclerc: "Ratisbonenſium conatus ſupergreſſa eſt — eccleſiola, quae in Herrnhut — appellationibus ſchiſmaticis et rixis theologicis valere juſſis in novum coetum coaleſcit."

nungen oder Begriffen; sondern in der Uebereinstimmung in den Gesinnungen des Herzens. Folglich ist sie nicht ein Werk des Verstandes nach neubestimmten Begriffen, sondern ein Werk des Herzens. Es belehrte sie nemlich die Erfahrung älterer und neuerer Zeiten, wie sehr man von je her der Allgemeinheit der Evangelischen Wahrheit durch die besondern Mehnungen und Auslegungen in den Weg getreten, und wie selbst protestantische Glaubensgenossen sich über Lehrsätze entzweyt haben, deren wahren Verstand und Sinn erst die Ewigkeit ganz klar machen wird. Der Schade und Nachtheil, der für die Kirche Christi hieraus entstanden, war den Brüdern so klar, als die Unmöglichkeit, eine Gleichförmigkeit in Begriffen und Ausdrücken, bey der Verschiedenheit der menschlichen Verstandskräfte und Erziehung, zuwege zu bringen. Sie suchten daher eine Vereinigung zu stiften, die in Uebereinstimmung der Gesinnungen des Herzens besteht, wie die heilige Schrift sie von allen Nachfolgern Jesu fordert, und nach welcher alle wahre Gläubigen durch ein gemeinschaftliches Bruderband, in Absicht auf den Genuß der Evangelischen Heilswahrheiten, und die Sittlichkeit des Lebens, aufs genaueste mit einander verbunden sind. Eine Vereinigung also, die dem Geiste des Evangeliums gemäß ist, und womit der protestantische

Lehr-

Lehrbegriff ganz übereinstimmt. Nach demselben darf weder die Verschiedenheit der Vorstellungsarten in minder wichtigen Nebenerkenntnissen, noch die Verschiedenheit der Kirchenverfassungen die Uebereinstimmung in der Hauptsache hindern oder aufheben. Das bestätiget die heilige Schrift an mehreren Orten. Zu den Galatern sagt Paulus: Hier ist kein Jude, noch Grieche (welche bekanntlich in Erkenntnissen sehr verschieden waren) — denn ihr seyd allzumal Einer in Christo Jesu. Und zu den Corinthern: Wir sind durch Einen Geist alle zu Einem Leibe getauft, wir seyn Juden oder Griechen — und sind alle zu Einem Geiste getränkt, u. s. w. Der Grund= und Schlußstein des ganzen neutestamentischen Kirchengebäudes ist Christus Jesus. Darin kommen alle Gläubigen des neuen Bundes zusammen. Was Er gethan, gelitten und gelehrt hat, ist allgemeiner Gegenstand des Genusses und des Gehorsams aller seiner Nachfolger. Die durch Gottes Geist und Wort gewirkte Sinnesänderung bringt auch eine solche Zusammenstimmung der Herzen in den Heilswahrheiten, und eine solche Einmüthigkeit zu Stande, daß sie nach Pauli Wunsch an die Römer, einerley gesinnet werden unter einander, nach Christo Jesu. Röm. 15, 5. Hiernach ist also die Glaubenseinigkeit der Brüder keine äußere Einigkeit im

Kirch=

kirchlichen Verstande und Sprache; denn der kirchliche Glaube war zu allen Zeiten sehr verschieden, und noch mehr die Gedanken und Begriffe einzelner denkender Menschen; sondern die Einigkeit der Brüder bestehet in der Stimmung des Herzens zur Evangelischen Wahrheit und ihren Folgen; wie die heilige Schrift sie uns vorträgt. Also in einer Einigkeit des Geistes und Harmonie der Gesinnungen.

Dieses war das Ziel, das die Brüder bey ihrer Vereinigung sich vorgesteckt hatten. Sie fanden in dem Beyspiele der apostolischen Gemeinen aus den Juden und Heiden, nebst dem Beweise ihrer Möglichkeit, viel aufmunterndes dazu; und die Sendomirische Uebereinstimmung ihrer Väter, der alten Brüder, bestärkte sie darin. Sie erbaten sich aber auch noch das Gutachten der theologischen Facultät in Tübingen. Auch diese fand kein Bedenken, ihnen ihren Beyfall zu erkennen zu geben, und sich in einem ausführlichen Responsum *) zu erklären: daß bey der Uebereinstimmung der Brüder mit der Evangelischen Lehre, die alte Brüderverfassung und Disciplin gar wohl bestehen könne. Darüber sind also die Evangelischen Brüder mit einander einverstanden; in Einigkeit des Geistes mit allen Kindern Gottes auf Erden, so viel an ihnen

*) d. d. Tübingen, Sonnt. Miseric. Dom. 1733.

ihnen iſt, zu ſtehen, über der Allgemeinheit des
Evangeliums treulich zu halten, und das Band
des Friedens, unbeſchadet des Unterſchiedes in Vorſtellungsart und Ausdruck, und der Verſchiedenheit
der Ordnungen und Verfaſſungen in den proteſtantiſchen Kirchenabtheilungen, in brüderlicher Liebe und
Eintracht feſt zu halten, damit das Teſtament Jeſu
Joh. 17. auch an ihnen und durch ſie erfüllet werde.

Ueber dieſe Vereinigung wird in der Brüdergemeine ſorgfältig gehalten. Mähriſche Brüder, Lutheraner und Reformirte leben beyſam-
men in brüderlicher Einigkeit, als Glieder Eines
Leibes, und ermuntern ſich gemeinſchaftlich zur
Gottſeligkeit. So viel nun die Brüder zu dieſer ihrer Verbindung in der heiligen Schrift und
in der Geſchichte der Chriſtlichen Kirche Recht und
Veranlaſſung fänden, ſo haben ſie doch, um allen
Schein der Verwirrung der Religionsbegriffe zu
vermeiden, dem Vorwurfe des Indifferentismus
zu entgehen, und jedem Gliede ihrer Verbindung
ſein Recht an die Kirche zu erhalten, darin es geboren iſt, die Einrichtung der Tropen unter ſich getroffen. Dieſe Eintheilung will, wie es ſchon der
Griechiſche Name beſagt, nichts anders bezeichnen,
als die Verſchiedenheit der Vorſtellungsart und des
Ausdrucks dieſes und jenes Mitgliedes ihrer Verbindung, bey der ſonſt gleichen Ueberzeugung von

einer

einer und derselben biblischen Wahrheit. Zu die=
sem Zwecke haben sie drey Tropen unter sich, nem=
lich der Mährischen, der lutherischen und der Re=
formirten Kirche. Zu dem Mährischen Tropus
gehören auch diejenigen Glieder der Unität, die
aus andern Partheyen, als den gedachten prote=
stantischen Kirchen, zu den Brüdern gekommen
sind. Die Kinder gehören aber allemal zu dem
Tropus ihrer Eltern.

Es kann zwar seyn, daß dieser Unterschied der
Tropen nicht von jedem Beobachter sogleich be=
merkt und gefaßt wird; weil die Brüder in der
Hauptsache so genau vereiniget und einverstanden
sind, in ihren Vorträgen so viel möglich bey den
Worten der heiligen Schrift zu bleiben; und weil
sie kein Bedenken tragen, sich in allen Fällen des
Dienstes der Kirchendiener der Gemeine, darin
man sich eben befindet, ohne Unterschied zu bedie=
nen, und nach den in derselben eingeführten Ord=
nungen sich zu bequemen, der Prediger habe die
Reformirte, oder die lutherische, oder die Brü=
der=Ordination. Das beweiset aber nichts gegen
ihr Daseyn. Wer die Natur und Beschaffenheit
der Brüdervereinigung gründlich betrachtet, wird
bald überzeugt werden, daß dieser Unterschied der
Tropen ihrer Verbindung ganz angemessen sey, ja
aus der Allgemeinheit ihres Evangelischen Lehrbe=
griffs

griffs nothwendig entspringe. Auch ihr Nutzen
legt sich offenbar zu Tage, wenn man bedenkt, daß
durch eben diese Tropen unter den Brüdern verhütet wird, daß ihre Verfassung nicht zu einer besondern Religion ausarte, eine Sache, die ganz ihrem
Grundplane zuwider wäre, und das Band des
Friedens, das die Gläubigen umfaßt, nothwendig trennen müßte. Ferner dient der Unterschied
und die Auseinanderhaltung der Tropen in der
Unität vorzüglich zu einem Damme gegen das
heimliche Sektenwesen, gegen das Streiten über
verschiedene Meynungen und Auslegungen von
Dingen, die in der heiligen Schrift entweder
gar nicht, oder doch nicht deutlich bestimmt sind;
und befördert hingegen unter sämmtlichen Gliedern der Unität Christliche Eintracht, Liebe und
Duldung.

Die Tropen dienen aber auch zur Erhaltung
des Zusammenhanges mit den protestantischen Kirchen, weil dadurch aller Schein einer Trennung
von derjenigen, darin man geboren und erzogen ist,
und die daher entstehende Widrigkeit gegen die vo-
rige Parthey verhütet, auch allen denen, die die
Brüder verlassen wollen, oder ihren Kindern, wenn
sie nicht der Eltern Sinnes sind, das Recht an derselben erhalten wird, so daß sie ohne Aufsehen,
oder gar Entsagung einer eingebildeten Sekte, da-

L 3                            hin

hin wiederkehren können. Denn kein Mitglied dieser oder jener protestantischen Kirche kann darum, daß es sich zur Evangelischen Brüder-Unität hält und ihrer Verfassung sich bedient, so angesehen werden, als hätte es seine angeborne Religion verleugnet, weil es in keiner Grundwahrheit von ihrer Lehre abgewichen ist, und folglich nach den Grundsätzen ihrer Glaubensbücher von ihrer Gemeinschaft nicht ausgeschlossen werden mag.

Um nun diese Gemeinschaft aufrecht zu erhalten, und damit die verschiedenen Tropen in der Unität nicht vermengt, auch allem gegen die Allgemeinheit angehenden Sektenwesen so viel möglich vorgebeugt werden möge, werden auf den Synoden der Evangelischen Brüder-Unität besondere Administratoren der Tropen ernannt und gesetzt, welche nebst ihrem aus mehreren Gliedern bestehenden Beyrath darauf zu sehen haben, daß, den festgestellten Grundsätzen gemäß, die gehörige Ordnung hierin beobachtet werde. Außerdem hat auch jeder Tropus seinen Präses honorarius, wozu gewöhnlich ein angesehener Theologus aus den respectiven Evangelischen Religionen erwählt und erbeten wird. In den Synoden der Brüder haben übrigens alle Tropen der Unität gleiches Ansehen und Rechte, und besorgen ihre Angelegenheiten gemeinschaftlich.

Zum

Zum Schluſſe hievon will ich noch einen Syno-
dalſaz von 1748 aus den Beylagen zu den na-
turellen Reflexionen des Grafen von Zinzendorf
S. 56. und 60. beyfügen, welcher den Sinn der
Brüder hierüber erläutern und beſtätigen kann.
"Die Tropen ſind nicht um des Durchkommens
willen angenommen, ſondern um der rechten
Theilung des Wortes der Wahrheit willen beybehalten. Ingleichen zur Conſervation der in-
confuſen Predigt des Evangeliums (der Allgemeinheit der Evangeliſchen Lehre) in allen proteſtantiſchen Landen, und zu geiſtlichen Freyſtät-
ten für unſre ungleiche Jugend *)." Und ferner:
"Die Tropen beziehen ſich gar nicht aufs Herz,
da iſt kein Unterſchied in Chriſto Jeſu, da iſt
Ein Glaube, Ein Heiland, Ein Leben und
Seligkeit. Der Unterſchied beſtehet in dem Ausdrucke der Ideen, darin man erzogen worden."

*) Damit ſie, wenn ſie anders geſinnet ſind, ſich
anderswohin begeben können.

———————

§ 4

§. Ab-

## 5. Abschnitt.

### Grund der Verfaſſung und Diſciplin der Evangeliſchen Brüder-Unität.

So macht denn die Evangeliſche Brüder-Unität keine beſondere Religion aus; ſondern ſie iſt eine Geſellſchaft, die nach ihren verſchiedenen Tropen oder Abtheilungen mit der ganzen proteſtantiſchen Kirche in genauer Verbindung und Gemeinſchaft ſtehet. Ihr Ziel war nicht die Aufſtellung eines neuen Lehrgebäudes; ſondern die Förderung des practiſchen Chriſtenthums. Die Brüder erkannten — ich wiederhole dieſen Satz ſeiner Wichtigkeit wegen hier noch einmal. — daß das Reich Jeſu ſich an keine beſondere Religionsverfaſſung binden, und folglich die Gemeine Chriſti ſich weder in die Mähriſche, noch Lutheriſche, noch Reformirte, noch irgend eine der Chriſtlichen Kirchenpartheyen einſchließen laſſe. Der Zweck ihrer Vereinigung war alſo: Eine Gemeine des Herrn darzuſtellen, das iſt, eine Sammlung lebendiger Glieder an dem unſichtbaren Leibe Jeſu Chriſti, die in herzlicher Uebereinſtimmung über der in der heiligen Schrift deutlich enthaltenen Lehre Jeſu und ſeiner Apoſtel, ſich nach allen Kräften beeiſert, dem Herrn, den ſie als ihren Schöpfer und Erlöſer erkennet, zur Freude zu leben, und durch die

Förde-

Förderung ihres eignen und ihrer Nebenmenschen Heils in seinem Reiche ihm zu dienen.

Hieraus ergibt sich, daß weder das bloße äuſſerliche Bekenntniß zur Evangelischen Lehre, noch die Befolgung gewiſſer äußerlicher Ordnungen, Gebräuche, Ceremonien und dergleichen, ein wahres Mitglied der Evangelischen Brüder-Unität ausmache; denn das wahre Christenthum ist nicht eine bloße Wissenschaft, sondern es ist bey jedem einzelnen Menschen ein Status, ein Charakter, eine Stimmung des ganzen Gemüths. Es ist die Ergreiffung der ganzen Evangelischen Wahrheit mit allen ihren Folgen, die Ueberzeugung, die bey allen Versuchungen, so wie auf dem Scheiterhaufen, bis an die Pforten der Ewigkeit unerschütert stehet. Es ist die, durch den lebendigen Glauben an Jesum und seine Versöhnung, bewirkte dankbare Beschaffenheit, die der Forderung entspricht, welche der Herr, unser Heiland, uns als die Summe aller Gebote vorzeichnet, wenn Er sagt: Du sollst Gott deinen Herrn lieben von ganzem Herzen, von ganzem Gemüthe und aus allen deinen Kräften, und deinen Nächsten als dich selbst. Die wesentlichen Kennzeichen eines wahren Gliedes der Evangelischen Brüder-Unität bestehen also in der durch den Geist Gottes gewirkten Sinnesänderung, welche Paulus von den Ephe-

ℒ 5                                    sern

fern Cap. 4, 22 - 24. fordert; in dem wahren Leben
aus Gott, durch die Erfahrung der Vergebung der
Sünden in Jesu Blute, und in dem gesinnt seyn,
wie Jesus Christus auch war.

Ferner folgt nicht weniger hieraus, daß weder
Geburt, noch Erziehung, jemanden zu einem wahren Mitgliede der Evangelischen Brüder-Unität
mache. Die Erfordernisse dazu lassen sich nicht
ererben, noch überliefern. So wenig man, nach
dem Ausspruche der Schrift, nach dem Willen
eines Mannes, noch dadurch, daß man Paulisch,
oder Kephisch, oder Apollisch, oder Christisch hieß,
zum Mitgliede der lebendigen Gemeine Christi wurde; eben so wenig macht das einen wahren Bruder
aus, daß man in der Brüdergemeine geboren und
erzogen ist. Eine vielfältige Erfahrung hat die
Brüder belehrt, daß alle Sorgfalt, ihre Jugend
von klein auf vor schlechten Beyspielen, bösen Eindrücken und phyfischen und moralischen Uebeln so
viel möglich zu bewahren, so wie die gewissenhafte-
ste Bemühung, sie zum Guten anzuführen, und
Wahrheit und Offenherzigkeit in sie zu pflanzen,
jene Eigenschaften doch nicht unfehlbar zuwege bringen. Sie machten vielmehr die Erfahrung, daß
bey dem allen doch nicht auf eines, auch nicht auf
das gutherzigste, beste junge Gemüth zu rechnen
sey, bis einmal ein tiefer Blick in sich selbst,

in

in sein natürliches Elend und Verderben, und die Nothwendigkeit eines Erlösers sich gefunden, und eine höhere Besserung des Herzens, wie die Schrift sie uns vorschreibt, im Menschen zu Stande gekommen war.

So wie es nun Zweck zur Vereinigung der Brüder war, und seit derselben stetes Bestreben geblieben ist, daß das wahre ursprüngliche Christenthum, in Lehre und Leben unter ihnen wieder hergestellt werden möchte: so waren sie auch von Anfang her bedacht, diejenigen Grundsätze und Ordnungen unter sich festzustellen, die diesem Zwecke entsprächen, und wornach sie sich in ihrem gesellschaftlichen Leben zu richten hätten, um überall als wahre Nachfolger Jesu sich zu beweisen. Diese Ordnungen liegen theils in der Natur und Beschaffenheit der Kirche Christi selbst, welche von ihrem göttlichen Stifter hinein gelegt worden, und folglich sind sie wesentlich, und leiden keine Ausnahme. Sie gründen sich auf die Lehre Jesu und seiner Apostel, und sind also für die Gläubigen, welche dieselbe annehmen, höchst verbindlich. Theils sind es Ordnungen, welche blos den äußern Wohlstand der Kirche zum Zwecke haben, und von der kirchlichen Gesellschaft selbst gemacht, und folglich nach Zeit und Umständen aufgehoben und verändert werden können. Von den erstern ist hier eigentlich die Rede.

Die

Die Ordnungen und Rechte, welche Christus
selbst seiner Kirche verliehen hat, sind nach der Einsicht der Brüder keine andere, als die, welche die
Evangelische Wahrheit und deren freyes Bekenntniß und treue Befolgung nothwendig erfordert.
Alles, was die Lehre Jesu und seiner Apostel uns
darüber deutlich und klar sagt, ist unwandelbare
Regel des Verhaltens. Alle Einrichtungen und
Anstalten der Brüdergemeine mußten damit übereinstimmen. Weder äußerliche Vortheile, noch
Bequemlichkeiten durften dagegen in Betrachtung
kommen. Der einmüthige Schluß der Brüder
war: bey ihrer Einrichtung ganz nach der Lehre
Jesu und dem Beyspiele der ersten Christlichen Gemeinen sich zu richten, und von diesem Grundplane
nicht abzugehen; denn weder Zeit, noch Umstände,
noch Personen sollen darin etwas ändern. Sie vereinigten sich daher über den Grundsatz: daß in der
Evangelischen Brüdergemeine die Lehre Jesu und
seiner Apostel, sowol bey dem Lehrvortrage, als
bey ihrem Wandel und Betragen, einig und allein
zum Grunde liegen müsse; und in ihren Einrichtungen nichts vorkommen dürfe, was derselben
entgegen steht. Nach der Regel des Apostels suchten die Brüder eine Gemeine Christi vorzustellen,
in welcher das Evangelium lauter und rein erhalten, und darnach gelebt werden möchte; und welche
über

aber der in der heiligen Schrift anbefohlnen Einigkeit des Geistes durch das Band der Liebe so fest
halte, daß dadurch der ganze Leib an dem Häupte
Christo zusammengefüget werde, und ein Glied
an dem andern hange durch alle Gelenke, wodurch
eines dem andern Handreichung thut, nach dem
Werke eines jeglichen Gliedes in seiner Maaße,
und machet, daß der Leib wächset zu seiner selbst
Besserung.

Das war der Grundriß zu dem Gebäude der
Evangelischen Brüder=Unität. Ein nachdenken-
der Beobachter wird von selbst bemerken, daß, so
wie diese ihre Verbindung auf Christi Wort und
Sinn ihrer ganzen Verfassung nothwendig eine genaue Richtung geben mußte, auch das Wesen und
die Form derselben sehr eng zusammen hängen
müssen. Die Brüder wurden dadurch zu einer
genau geschlossenen Gesellschaft verbunden, welcher beyzutreten niemanden erlaubt werden konnte, dessen Gesinnung und Sittlichkeit mit der
Gesinnung und Sittlichkeit der Gemeine nicht
übereinkam. Die Regel des Apostels: Thut
von euch den, der böse ist: mußte auch nothwendig eintreten; weil es ohne dieselbe unmöglich war, apostolische Zucht und Ordnung unter sich aufrecht zu erhalten; ja, weil diese
nur auf Gläubige paßt, nicht aber auf Menschen,

schen, die das Evangelium nicht annehmen und
befolgen.

Die Lehre Jesu und seiner Apostel führt auch
die Disciplin mit sich, welche das ganze sittliche
Betragen der Glieder der Evangelischen Brüder-
Unität umspannt. So wenig sich bey der Befolgung derselben denken läßt: Nur das paßt für
mich, und jenes nicht, oder Ausnahmen statt finden, eben so wenig findet solches bey einem Bruder statt. Ein Christ weiß von keinen gleichgülti-
gen sittlichen Handlungen, denn es ist ihm befohlen, alles zur Ehre Gottes zu thun. Ihr esset,
oder trinket, oder was ihr thut, so thut es alles zu
Gottes Ehre, ist des Apostels Pauli Vorschrift an
die Corinther; und von den Colossern fordert er:
daß sie alles, was sie thun, mit Worten oder mit
Werken, in dem Namen des Herrn Jesu thun,
und Gott und dem Vater durch ihn danken sollen.
Die Lehre Jesu erstreckt sich auf Gedanken, Worte
und Werke, denn wir sollen durchaus gesinnet
seyn, wie Jesus Christus auch war. In einer
Gemeine Jesu kann also nichts diesem Sinne ent-
gegengesetztes vorkommen, was nicht unter der
Evangelischen Zucht derselben stände.

Diese Evangelische Zucht führet eine Macht
oder Gewalt mit sich, die aber blos geistlich ist,
und nicht die geringste Art bürgerlicher Strafen
nach

nach sich zieht; denn das Reich Jesu ist ein geistliches Reich; wo alles geistlich gerichtet wird. Als
Pilatus Jesum fragte: ob Er der König der Juden sey? antwortete Er ihm: daß sein Reich nicht
von dieser Welt sey; und zu seinen Jüngern sagte
Er: die weltlichen Könige herrschen, und die Gewaltigen heißet man gnädige Herren; ihr aber
nicht also; sondern der Größeste unter euch soll
seyn, wie der Jüngste, und der Vornehmste, wie
ein Diener. Darum war aber doch Ordnung und
Disciplin in der Gemeine Christi, die sich auf die
Besserung des Herzens und der Gesinnungen be-
zog. Und eben dahin zielet auch die Zucht und Ordnung der Evangelischen Brüdergemeinen. Dieses
ist es also, was die Brüder Kirchendisciplin nennen. Der Heiland und seine Jünger haben sie
vorgeschrieben, und ihre Verordnungen zeigen an,
wie sie beschaffen seyn müsse. Das Reich Jesu
soll durch Unterricht und sanftmüthige Zurechtwei-
sung gebauet werden, denn es ist ein Reich der
Wahrheit und Freyheit. Das Evangelium setzt
bey dessen Gliedern eitel Ueberzeugung und Willig-
keit voraus, und daß der Mangel hieran diejenigen auszeichne, welche sich dazu nicht rechnen können. Diese Gemeindisciplin ist nach dem Evangelium mitleidig, wenn sie zwischen Bruder und
Bruder entscheidet; denn sie hat nur seine Besse-

rung

rung zum Zwecke, auch selbst alsdann, wenn sie
scharf und unbiegsam seyn, und über der Unsträf-
lichkeit der Sitten der Kirche halten muß; denn
darin kann sie von dem, was ihr Herr und Meister von seiner Kirche und ihrem Charakter sagt und
fordert, nichts nachgeben, ohne ungerecht zu seyn,
oder ohne aufzuhören, das zu seyn, was sie seyn
soll, und also ihre ganze Bestimmung zu verlieren.

Nach diesen Grundsätzen ist die Kirchenzucht
bey den Brüdern mehr nicht, als ein liebevolles
Band, das die Glieder der Gemeine zu einer Familie vereinigt. Sie ist nicht Zwang der Gewissen. Hausväterliche Bitten, Ermahnungen, Ahn-
dungen und endliche Absonderung sind die einigen
Mittel der Correction oder Besserung. Das
Evangelium schreibt sie uns nach ihren Stufen
oder Graden vor, wenn es Matth. 18. heißt:
Sündiget dein Bruder an dir, so gehe hin, und
strafe ihn zwischen dir und ihm allein. Höret er
dich, so hast du deinen Bruder gewonnen. Höret
er dich nicht, so nimm noch einen oder zween zu
dir, auf daß alle Sachen bestehen auf zweyer oder
dreyer Zeugen Munde. Höret er die nicht, so
sage es der Gemeine. Höret er die Gemeine nicht,
so halte ihn als einen Heiden und Zöllner, das ist,
sondere ihn von der Gemeine ab. Alle übrigen
Zwangs- und Correctionsmittel werden der weltlichen

lichen Justitz und Polieepflege überlaffen, damit
hat die Brüdergemeine nichts zu thun. Wer aber
muthwillig und beharrlich den Gefellſchaftsordnun-
gen und Sitten widerſtrebt, und alſo aus ihren
Schranken herausgehet, der ſondert ſich ſelbſt von
derſelben ab.

Damit ſtimmt der Grundſatz der Evangeliſchen Brüder-Unität überein: daß das Regiment
in der Brüdergemeine ein Herzensregiment ſeyn,
die Kirchenzucht im Beſſern beſtehen, und darum
die Liebe regieren müſſe. Man würde den Zweck
der Gemeinzucht ganz verfehlen, wenn nur darauf
angetragen werden ſollte, alles nach der ſtrengſten
Schärfe des Geſetzes zu beurtheilen, und ſo zu
vollziehen, daß dadurch nicht ſowol das Uebel ſelbſt,
als die Menſchen, die das Unglück gehabt haben,
in daſſelbe zu fallen, ausgerottet werden. Es iſt
Regel in der Evangeliſchen Brüdergemeine, mit
gewiſſen Leuten ſolange Geduld zu haben, als ſie
nicht ſchädlich ſind, und andere verführen. Daß
hier aber nicht die Rede von Vergehungen oder
Verbrechen ſey, welche durch die öffentlichen Lan-
desgeſetze, die bey den Brüdern ohne Ausnahme
in voller Kraft ſtehen, verpönt ſind, habe ich wol
nicht nöthig erſt zu erinnern; ſondern man verſte-
het hierunter nur ſolche Vergehungen, die mit den
ſittlichen Grundſätzen der Brüder, mit der Evan-

M                        geliſchen

lischen Moral nicht bestehen können, ob sie gleich
nicht in offenbare Sünden und Laster ausbrechen.

So sehr es also gegen den Sinn des Evangeliums angehen würde, wenn die Kirchenzucht zu
einem Zwangsmittel der Gewissen gebraucht, oder
auf Menschen angewendet werden wollte, denen
Jesu und seiner Apostel Lehre nicht die alleinige
Verhaltungsregel und Vorschrift des Lebens ist,
weil daraus eitel Unglück und Heuchelen entstehen
müßte: so unentbehrlich ist hingegen die Evangelische Kirchenzucht einer jeden Gesellschaft, die den
Sinn hat, dem Heilande aus Liebe und Dankbarkeit treulich nachzufolgen, und ihren Glauben an
ihn und seine Versöhnung durch ihren Wandel und
Werke zu bewähren. Aus der Beschaffenheit dieser
Zucht und Ordnung ergibt sich von selbst, daß sie, so
gesinnten Leuten nicht lästig, sondern wahre Wohlthat ist. Denn wie könnte eine bewährte Sorgfalt
für das zeitliche und ewige Wohl der Gesellschaft ins
Ganze, wie könnte dieses liebreiche thätige Theilnehmen der Vorgesetzten an ihren Gliedern jemanden beschwerlich fallen, der die guten Folgen davon täglich vor Augen und mit zu genießen hat?

Wenn nun für die Evangelische Brüdergemeine die ganze Lehre Jesu nicht anders als höchst
verbindlich seyn kann, so lässet sich die Nothwendigkeit dieser Evangelischen hausväterlichen Aufsicht

sicht, Zucht und Ordnung unter ihren, wenn auch
oft ungezogenen Kindern, nicht bezweifeln. Wenn
ohne Disciplin keine Verfassung bestehen kann, so
muß sie auch heilig beobachtet werden. Es ist ein
untrüglicher Beweis des Verfalls eines Volkes in
seinen Sitten, wenn die Disciplin bey demselben
erschlafft und nicht gehörig gehandhabt wird. Es
ist nicht nur ein großer Schade, sondern ein ge-
wisses Verderben einer Christlichen Gemeine, wenn
es ihr daran fehlt. Denn es kann von ihr nicht
gesagt werden, daß sie über dem Evangelium treulich halte. Das haben die Brüder zu aller Zeit
erkannt, und daher so unveränderlich darüber gehalten. Es ist aber ein anderer, noch gefährliche-
rer Abweg dabey zu vermeiden, nemlich, wenn
man zwar die Formen behält, den Geist aber und
die Kraft verliert. Die Evangelische Kirchendisciplin bezieht sich immer aufs Herz, auf die Gesinnungen, auf den Geist des Evangeliums selbst.
Fehlt solcher unter einem Volke, und dasselbe will
doch Kirchendisciplin und Ordnung unter sich erhalten, so entstehet daraus ein bloßes Formenwerk
und Heuchelen.

Diesem Unglücke zu entgehen, war von je her
eine der angelegentlichsten Sorgen der Brüder.
Zu dem Ende setzten sie folgenden Grundsatz unter
sich fest: daß man in der Brüdergemeine nicht

M 2                                        blos

blos über Zucht und Ordnung zu halten, sondern vornemlich darauf zu sehen habe, daß der Grund eines göttlichen Lebens und Wandels in der Gemeinglieder Herzen gepflanzet werden, und dieselben auch erkennen mögen, warum es so ist, und was für Schade es sey, wenn es anders wäre; und daß alle Gemeinordnungen blos als Beförderungsmittel dieses Hauptzweckes anzusehen seyn. Das kräftigste Mittel gegen diesen Verfall der Evangelischen Brüder - Unität liegt aber in der Beschaffenheit ihrer Verbindung selbst, weil ihre Vereinigung blos auf das Herz und die Gesinnungen gestellt ist. Bey wem nun diese dem Evangelium gemäße Denk- und Handelweise verschwindet, der hört zugleich auf, ein Mitglied dieser ihrer Verbindung zu seyn. Und beträfe dieses die Brüdergemeinen ins Ganze; so zerfielen sie ganz natürlich in ihre Abtheilungen oder Tropen, und träten in ihre angeborne Verfassungen und Kirchen zurück. Ohnehin finden Menschen, die den Sinn Christi nicht haben, gar kein Interesse in der Vereinigung mit den Brüdern. Ihre Gemeinverfassung muß denselben zur unerträglichen Last, zu einem Joche werden, das ihrem Halse gar nicht paßt; weil die menschlichen Leidenschaften darin nicht freyes Spiel haben. Bey dem allen setzen die Brüder ihre Hoffnung der Erhaltung ihrer Herzensvereinigung, weder auf ihre

Vor-

Vorsichtigkeit, noch Treue, sondern lediglich auf
Gottes Gnade und Treue, die ihnen den Sinn ge-
schenkt und bisher erhalten hat.

Zur Einrichtung und Aufrechthaltung dieser
Zucht und Ordnung wurden überall, wo sich die
Brüder niederließen, landesherrliche Vergünstigungen und Freyheiten erfodert, vermöge welcher
diese ihre eigenthümliche Verfassung ihnen zugesichert, und hiernächst auch das Befugniß ertheil-
let worden, sich auch äußerlich so einzurichten, wie
es die Nothdurft erfodern würde. Diese Freyheiten und Befugnisse suchten die Brüder in gehöriger Ordnung bey der hohen Landesobrigkeit, und
erbaten sich zu dem Ende von derselben eine vor-
gängige Prüfung ihres Sinnes, so wie ihrer innern und äußern Verfassung, Zucht und Ordnung.
Wo ihnen diese nun zugestanden ward, fand und
erkannte man auch bald, daß der Brüder eigentlicher Sinn und Zweck kein anderer sey, als dem
Vorbilde der apostolischen Gemeinen, so viel möglich, in allen Hauptstücken ähnlich zu werden; und
daß ihre Glaubensgemeinschaft mit der ganzen
Evangelischen Kirche, so wie ihre Uebereinstimmung mit der Lehre der Augsburgischen Confession
nicht bezweifelt werden könne; daß endlich auch
ihre innere und äußere Verfassung der Lehre Jesu
und seiner Apostel ganz gemäß sey, und die Brü-

M 3                    der

der keine Freyheiten noch Befugnisse in Kirchen-
sachen sich anmaßten, welche entweder mit der allgemeinen Landes-Religionsverfassung nicht bestehen, oder von der Landesobrigkeit ihnen nicht ohne
Bedenken zugestanden werden könnten. Es en-
digten sich daher diese landesherrlichen Unter-
suchungen für gewöhnlich mit Ertheilung der erforderlichen Concessionen, worin den Brüdern diejenigen Vergünstigungen zugestanden wurden, die
zur Aufrechthaltung ihrer Sitten und Verfassung
unentbehrlich sind.

Diese landesherrlichen Vergünstigungen stellen
die Kirchenrechte fest, wornach sich die Evangelischen Brüdergemeinen zu richten haben. Wenn
nun die Frage ist: worin die Befreyungen bestehen, welche die Brüdergemeinen zu ihrer Verfassung für nöthig erachten? so bestehen dieselben:
Erstens: in der Freyheit, ihre eigne Kirchenordnung und Disciplin, so wie ihre Liturgie und Ceremonien einzurichten. Zweytens: in dem Befugniß, ihre Lehrer und Prediger selbst zu berufen,
und ihre eignen Gemein- und Versammlungshäu-
ser zu erbauen; und drittens: in der Befreyung von
der Aufsicht und Gerichtsbarkeit der Consistorial-
gerichte, an deren statt die Brüder mit ihrer ganzen Verfassung unter den hohen Landesobrigkeiten
selbst unmittelbar, oder einer von Höchstdenselben
dazu

dazu besonders geordneten Commission zu stehen sich
ausbitten. Diese Ausnahme von der Aufsicht und
Gerichtsbarkeit der gewöhnlichen geistlichen Gerichte, hat aber keine Geringschätzung des in den protestantischen Religionen eingeführten Kirchenregi-
ments zum Grunde; denn die Brüder halten daffel-
be dem gegenwärtigen Zustande der Religionsverfassungen ganz angemessen. Weil es mit den Brüdergemeinen aber auf keine besondere Religion oder
Nationalkirche je angetragen war, noch ihrer Natur
nach angetragen werden kann; sondern ihre Absicht
lediglich darauf gerichtet ist, zur Beförderung des
Reiches Christi ein kleines Gemeinlein in der allgemeinen Kirche vorzustellen, dessen Glieder in
apostolischer Zucht und Ordnung mit einander leben, und in Wort und Wandel sich als Nachfolger Jesu gern beweisen wollen: so glauben sie, daß
jene Consistorialaufsicht oder Gerichtsbarkeit auf
die Brüdergemeinen und ihre ganz besondere Verfassung nicht passen, noch anwendbar seyn könne,
und daß es zu ihrem gewissen Verfalle gereichen
würde, wenn sie mit jenen allgemeinen Religionsverfassungen vermengt, und gleich behandelt würden.

Die Gegenstände also, deren Einrichtung und
Berathung die Evangelische Brüdergemeine sich,
vermöge dieser landesherrlichen Vergünstigungen,

vorbe-

vorbehalten hat, fasset nichts in sich, was dem
allgemeinen kirchlichen und bürgerlichen Zustande
des Landes entgegen oder nachtheilig wäre. Ihre
Freyheiten und erlangten Befugnisse beziehen sich
blos auf die freye Ausübung der apostolischen Zucht
und Ordnung in den Brüdergemeinen, denn darauf beruhet ihre ganze übrige Verfassung. In
allen Fällen, wo das protestantische Kirchenrecht
Gesetze enthält, die mit der Landespolicey in Zusammenhang stehen, als z. B. das Aufgebot ver-
lobter Personen, die Bestimmung der Verwandt-
schaftsgrade, in welchen es erlaubt oder verboten ist
zu heirathen, die Gesetzmäßigkeit ehelicher Trauungen und dergleichen, verhalten sich die Brüdergemeinen durchgehends den Landesgesetzen gemäß,
und sind überhaupt, in allem bürgerlichen Betracht, den allgemeinen Landesverordnungen, so
wie jeder andere Landesunterthan, unterworfen,
tragen alle bürgerliche Lasten, und genießen hingegen auch alle bürgerliche Freyheiten, Rechte
und Befugnisse.

Hierauf ist bey der gesammten Evangelischen
Bruder-Unität in allen ihren Abtheilungen das
Augenmerk gerichtet, und die Erfahrung beweiset,
daß eine solche Gemeinverfassung, in den allgemei-
nen Kirchenverfassungen gar wohl und zur Ehre
Jesu und zum gemeinen Nutzen bestehen könne.

In

In dieser Gemeinverfassung zeigt sich bey der ganzen Evangelischen Brüder - Unität eine durchgängige Gleichförmigkeit; und nur dadurch unterscheidet sie sich von den allgemeinen Verfassungen der Evangelischen Kirche, mit welcher sie übrigens, in Absicht auf die Grundwahrheiten der Evangelischen Lehre, in ununterbrochener Glaubensgemeinschaft stehet, und sich ihr zu brüderlicher Liebe und Dienst verbunden erachtet.

## 6. Abschnitt.

### Aeußere Constitution der Evangelischen Brüder-Unität.

Zu der Evangelischen Brüder - Unität gehören alle und jede Brüdergemeinen mit ihren Gliedern. Denn obgleich jede Brüdergemeine ihre besondere Einrichtung und Direction hat, und keine Gemeine von der andern abhängig ist: so stehen doch alle Gemeinen, in so fern sie zusammen die Brüder-Unität ausmachen, unter sich in genauer Verbindung; weil sie alle, unbeschadet ihrer besondern und unabhängigen Verfassungen, doch auf einem Grunde der Lehre stehen, einerley Beruf und Zweck haben, und zu einer Regel und Sitte verbunden sind. Eine jede Evangelische Brüder-

M 5                    gemei-

gemeine ſtehet demnach, als ein Theil der Brüder-
Unität, in allen das Wohl des Ganzen und ihren
gemeinſamen Gnadenberuf betreffenden Dingen,
in genauer brüderlicher Verbindung und Vereinigung mit dem Ganzen, und wird in ſo fern auch
von der Direction berathen, die daſſelbe zuſam-
menhält.

Um das Band der brüderlichen Einigkeit in
Lehre und Leben von Zeit zu Zeit zu erneuern und
in Kraft zu erhalten, ergriff man eben das Mittel, deſſen die alten Brüder ſich mit ſo großem
Nutzen bedienten, und berief zuweilen allgemeine
Synoden zuſammen. Alle Gemeinen erſcheinen
auf denſelben durch ihre Bevollmächtigten, und
ſuchen ſich unter einander, über ihren Evangeliſchen
Gnadenberuf, immer beſſer zu verſtändigen, das
Band der Liebe und des Friedens zu befeſtigen,
und das Beſte des Ganzen und der Theile gemeinſchaftlich mit einander zu berathen und zu
fördern.

Dieſe allgemeine Synoden ſind der Mittel-
punkt der Evangeliſchen Brüder-Unität, und der
Zuſammenhalt der Theile mit dem Ganzen. Sie
ſtellen, wenn ſie verſammelt ſind, die ganze Brüder-Unität vor, und handeln in deren Namen.
In denſelben ruhet daher auch nothwendig und
eigentlich die Aufſicht und Berathung der Evangeliſchen

gelifchen Brüder-Unität ins Ganze, das ist, die
Direction derselben und ihrer allgemeinen Angelegenheiten.

Eine Synode der Evangelischen Brüder-Unität ist demnach eine Versammlung, welche darauf
zu sehen hat, daß bey derselben, im Ganzen und
in den Theilen, nicht etwas ihrem, auf Christi
Wort und Sinn gegründeten Evangelischen Einverständnisse und Bunde zuwiderlaufendes, oder
ihrem Charakter und Zwecke unangemessenes vorkomme oder sich einschleiche. Alles, was bis dahin in Absicht auf den Grund und das Wesen ihrer
Verfassung und Disciplin festgestellt worden, ist
Gegenstand der sorgfältigsten Bedachtnehmung der
Synoden der Brüder. Auf denselben wird der innere und äußere Zustand der Unität, nach allen
ihren Abtheilungen, besehen, und der Gemein-
gang, in Absicht auf Lehre und Verfassung, den
festgestellten Grundsätzen gemäß eingerichtet, um
überall in der Hauptsache möglichst nach einer Regel einher zu gehen, einander in der Noth brüderlich beyzuspringen, und so den Wohlstand des
Ganzen und der Theile zu befördern.

Es bestehet eine Synode der Evangelischen
Brüder-Unität nach der Regel aus folgenden Personen: 1) Aus den sämmtlichen von der nächst-
vorhergehenden Synode zu Bedienung der Unität

ins

ins Ganze angestellten Brüdern. 2) Aus den Bischöfen, Senioribus civilibus, und Administratoren der Tropen. 3) Aus den Provinzialhelfern, oder Aufsehern über mehrere Gemeinen, die in einer Provinz liegen. 4) Aus den Herrschaften der Gemeinorte, in so fern sie Mitglieder der Brüder-Unität sind. 5) Aus den dazu berufenen Dienern der Gemeinen, und den von jeder derselben besonders erwählten Abgeordneten. Und endlich 6) aus den von der Aeltestenconferenz der Unität noch außerdem zu besonderm Zwecke berufenen Dienern der Gemeine. Und damit aus allen Abtheilungen und Chören der Gemeine Abgeordnete bey der Synode erscheinen, so werden auch einige Schwestern zur Berathung der Angelegenheiten, die ihr Geschlecht insonderheit betreffen, mit dazu berufen. Jedoch haben sie kein Stimmrecht auf denselben.

So wie die Zusammenberufung der Synode durch die Aeltestenconferenz der Unität veranstaltet wird; so eröffnet sie auch dieselbe. Nach einem kurzen angemessenen Vortrage, gibt die bisherige Aeltestenconferenz der Unität, ihren von der vorherigen Synode erhaltenen Auftrag, in die Hände der versammelten Synode zurück. Ein gleiches geschiehet auch von den übrigen Unitäts-Collegiis. Die Synode wird nun eingerichtet, und mit der

Wahl

Wahl des Präsidii der Anfang gemacht. Dem
erwählten Präsidio, welches aus einem oder mehreren Brüdern bestehen kann, wird gewöhnlich ein
Beyrath zugeordnet, um diejenigen currenten Geschäffte, die keinen Aufschub leiden, einstweilen
zu besorgen. Die übrigen erforderlichen Synodal-
ämter werden besetzt, und sodann erst die Gegenstände der Ueberlegungen von dem Präsidio gesam-
melt, und der Synode vorgelegt, welche alsdann bestimmt, in welcher Ordnung dieselben vorgetragen
und abgehandelt werden sollen.

Alle wirkliche Synodales haben gleiches Stimmrecht vom ersten bis zum letzten. Es entscheiden
aber in Sachen von Wichtigkeit, oder wo noch einiger gegründeter Zweifel übrig bleibt, nicht immer
die mehresten, ja auch nicht alle Stimmen, sondern wenn die Sache, darüber berathschlaget wird,
von der Beschaffenheit ist, daß man, bey der sorgfältigsten Ueberlegung, die Folgen und den Ausgang derselben nicht mit Gewißheit voraus zu
bestimmen im Stande ist, wie z. B. bey Besetzung der Aemter, Errichtung neuer Missionen
und dergleichen, so wird dieselbe durchs Loos
entschieden. Daß hier aber nicht die Rede von
Sachen ist, darüber die heilige Schrift klare
und bestimmte Auskunft gibt, versteht sich von
selbst.

Die

Die Gegenstände der Synodal-Ueberlegungen beziehen die Förderung des innern und äußern Wohlstandes der Brüder-Unität, und sind also viel und mancherley. Nicht nur die Grundsätze, wornach in der Brüder-Unität gehandelt werden soll, werden festgesetzt; sondern auch die Mittel zu ihrer Ausführung werden bedacht. Man untersucht, wie es mit der Lehre im Ganzen und in den Theilen beschaffen sey? und was für Früchte davon sich zeigen? Wie die Pflege der Seelen besorgt werde? ob sie rechter Art sey, und die Seelen nur allein auf Christum und den Genuß seiner Heilsgüter geführet werden? Ob die Evangelische Zucht und Ordnung in den Gemeinen gehörig beobachtet werde? Wie es mit dem Zustande und Fortgange der Heidenmissionen beschaffen sey? Was in Absicht auf die Erziehung der Jugend und ihre Schulanstalten zu erinnern oder zu verbessern sey? Wie es mit unsrer Gemeinschaft mit den Christlichen Religionen, und den in denselben befindlichen Knechten und Kindern Gottes stehe? Wie das Ministerium ecclesiasticum, der Kirchendienst, und die Liturgie in der Unität bestellet sey? Wie die Verwaltung der Angelegenheiten der gesammten Unität beschaffen gewesen, und wie dieselbe bis zur nächsten Synodalversammlung anzuordnen sey? und so mehreres.

Vor

Vor dem Schlusse der Synode wird gewöhnlich das Jahr oder die Zeit bestimmt, wenn eine
künftige wieder gehalten werden soll. Sodann en-
digt sich dieselbe mit dem Synodalverlasse, das
ist, mit dem Auszuge aller von der Synode gefaß-
ten Beschlüsse, welchen man so deutlich und bestimmt, als möglich, abzufassen bemühet ist, damit er von allen Gliedern der Unität verstanden
werde. Die Deputirten aus den Gemeinen nehmen diesen Auszug sämmtlicher Synodalbeschlüsse
mit in ihre Gemeinen, denen derselbe wiederholt
vorgelesen und bekannt gemacht wird. Denn daran liegt der Evangelischen Brüder-Unität sehr viel,
daß alle ihre Glieder damit aufs genaueste einverstanden seyn mögen, weil ihre ganze Verfassung
und Disciplin darauf beruhet, daß jedes ihrer
Glieder wisse, was ihre Sitten und Ordnungen
mit sich bringen.

So stellet demnach die Synode nicht nur die
Grundsätze fest, wornach in den Brüdergemeinen
gehandelt werden soll; sondern weil die Aufsicht
und Wache darüber, und die Berathung des äußern und innern Wohlstandes der Unität nicht unterbrochen werden darf: so ordnet dieselbe ebenfalls, wie, und durch wen, die Angelegenheiten
der gesammten Unität bis zur nächsten Synode besorgt und verwaltet werden sollen. Hiezu wird ein
beson-

besonderes Collegium von Männern erwählt und
gesetzt, welchen dieser wichtige Auftrag anvertrauet
wird. Dasselbe führet den Namen der Aeltestenconferenz der Unität, stellet die Synode vor, handelt in deren Namen und Vollmacht, und ist ihr
über alle seine Handlungen verantwortlich; so wie
demselben hingegen auch alle andere Collegia und
Diener der Unität untergeordnet sind. Dieses
Collegium führet auch die Aufsicht über sämmtliche
Brüdergemeinen, und hat dahin zu sehen, daß
den allgemeinen Grundsätzen und Ordnungen der
Evangelischen Brüder-Unität allenthalben gemäß
gehandelt, und die Gemeinen, Missionen und Anstalten mit den erforderlichen Arbeitern und Dienern
besetzt werden. Ferner: daß die Lehre des Evangeliums in der Brüder-Unität lauter und rein getrieben, und die Gemeindisciplin allenthalben aufrecht erhalten werde. Wie nicht weniger: daß,
in Bezug auf den Staat, von keiner Gemeine irgend etwas Verantwortung zuziehendes aus Unwissenheit und Unachtsamkeit geschehe, und der
innere Gang der Brüdergemeine ihrem Hauptbe-
rufe gemäß erhalten, nicht etwa von einzelnen aus
den Augen gesetzt, noch das Ganze in dem sittlichen Verhalten nachläßig werde, und irgend einen
Verfall oder Abweichung von der Lehre Jesu und
seiner Apostel nach sich ziehe.

Diese

r. Diese Aeltestenconferenz der Unität bestehet dermalen aus drey besondern Abtheilungen oder Departements, welche auf die Verschiedenheit ihrer besondern Obliegenheiten ihren Bezug haben. Das erste heißt das Helfer-Departement der Unität, welches insonderheit über den innern Gang der Gemeinen, in Lehre und Leben, die Aufsicht führet. Das andere heißt das Aufseher-Departement der Unität, welches besonders darauf zu sehen hat, daß die Verfassung und Disciplin der Brüdergemeine allenthalben aufrecht erhalten und denselben gemäß gehandelt werde. Das dritte heißt das Diener-Departement der Unität, welches die öconomischen Angelegenheiten der Unität überhaupt zu berathen hat, und dem die besondern Unitäts-Diaconien untergeordnet sind.

Diese drey Departements machen die Unitäts-Aeltestenconferenz aus. Die zu verhandelnden Materien werden in den Departements nur vorbereitet, die endlichen Ueberlegungen finden nur in der versammelten Conferenz statt, wo alle Beschlüsse gemeinschaftlich gefaßt, und zur Ausführung gebracht werden. Jedes dieser Departements hat seinen eignen Präses, um der Ordnung willen, und ohne besondern Vorzug, und diese drey Präsidenten führen sodann das Präsidium in der Aeltestenconferenz der Unität gemeinschaftlich.

Die

Die sämmtlichen Mitglieder dieser verschiedenen
Departements in der Unitäts = Aeltestenconferenz
zusammen, machen also die Gesellschaft der Diener des Herrn aus, denen das wichtige Amt, über
den innern und äußern Wohlstand der Evangelischen Brüder = Unität ins Ganze zu wachen, für
die Zeit so anvertrauet ist, daß alle drey Departements daran gleichen Antheil haben, obgleich ihre
besondern Geschäfte, um der Ordnung willen,
gehörig getheilt bleiben.

Ich habe wol nicht nöthig erst zu erinnern,
daß zu diesem, den Brüdergemeinen allerdings
höchst wichtigen Auftrage, Männer erfordert werden, welche ein allgemeines Vertrauen genießen.
Es wird daher auch bey ihrer Auswahl mit vieler Angelegenheit und Sorgfalt zu Werke gegangen. Jedes Stimmhabende Mitglied der Synode
schreibt die Namen derjenigen, welche von ihm
dazu vorgeschlagen werden, auf einen Zettel, und
legt denselben in ein zu dem Ende vorhandenes
Körbchen. Wenn solchergestalt alle Zettel gesam-
melt sind: so werden dieselben von einem dazu bestimmten Mitgliede der Synode öffentlich gelesen,
und zum Protocoll dictirt. Sodann werden sie,
nach der Mehrheit der Stimmen, ins Loos genommen, und welchen dasselbe beyfällig ist, die
sind dadurch bestätiget.

Das

Das eigentliche Augenmerk der Brüder bey
der Wahl dieser ihrer Vorgesetzten, denen die Direction des ganzen Werkes Gottes in der Evangelischen Brüder-Unität übertragen wird, gehet also
darauf, daß es allgemein erkannte rechtschaffene,
mit dem Sinne Christi begabte, und dem Herrn
und seinem Dienste ganz ergebene Männer seyn
mögen. Blos um seiner Geschicklichkeit willen jemanden ein solches Amt in der Brüdergemeine auf-
zutragen, wäre ganz gegen ihre Grundsätze. Es
wird dazu ein innerer Beruf, und eine Salbung
vom Herrn erfordert, der sie als Arbeiter in seinen
Weinberg setzt, und zum Dienste seiner Kirche tüchtig macht. So wie das Reich Jesu auf Erden
ein geistliches Reich ist, so sind auch die Aemter in
demselben geistlich, und haben Bezug auf dessen
Förderung in den Herzen der Menschen. Ein Diener des Herrn in der Brüder-Unität bedarf daher
der Salbung und Leitung des heiligen Geistes, zur
Führung seines Amtes; denn es ist ein Amt des
Geistes. Und das ist ganz vorzüglich der Fall dieser Aeltesten der Unität, welcher Name auch den
Charakter bezeichnet, den sie haben sollen, wie
solches bey den apostolischen Gemeinen war.

Dieses mit so allgemeinem Auftrage betraute
Collegium der Vorgesetzten der Unität, stehet nothwendig in genauer Verbindung mit allen Aeltesten

N 2　　　　　　　und

und Vorgesetzten der Brüdergemeinen. Die demselben aufgetragene Wache und Berathung des
Ganzen erfordert eine ununterbrochene Communication mit den Theilen und deren Vorgesetzten. Die
Synoden der Brüder-Unität haben daher auch die-
ses Bedürfniß reiflich erwogen, und festgesetzt: daß
jede Gemein-Direction in Sachen, welche den
Wohlstand des Ganzen, und die Sitten und Ordnungen aller Gemeinen betreffen, das ist, in allen
bedenklichen und außerordentlichen Fällen, von der
Aeltestenconferenz der Unität, Rath und Unterricht einzuholen, und keine Unternehmungen oder
Geschäffte, welche der Unität früh oder spät zum
Nachtheile ausschlagen könnten, ohne vorherige
Communication mit derselben anzufangen haben.
Es sollen ferner nach der Synodal-Anordnung, alle
Veränderungen und Besetzungen der Hauptämter
der Gemeinen, durch die Unitäts-Aeltestenconferenz in der Maaße geschehen, daß dieselbe die dazu
anzustellenden Personen der Direction der Gemeine, die es betrifft, in Vorschlag bringt; diese aber
das Recht hat, die Vorschläge anzunehmen oder zu
verwerfen, und andere an deren Stelle sich auszu-
bitten. Es setzt dieses, wie leicht zu erachten, nothwendig eine genaue und gründliche Bekanntschaft
mit den Umständen und dem Gange der Gemeinen
voraus, wenn die Aeltestenconferenz der Unität die-
                                              selben

selben nach Erforderniß soll berathen können. Es ist daher eine Synodalregel, daß nicht nur von jeder Gemeine monatlich ein Bericht von dem Gange derselben an die Unitäts-Aeltestenconferenz eingeschickt wird; sondern dieselbe hat auch den Auftrag, die Gemeinen von Zeit zu Zeit durch einige aus ihrem Mittel zu besuchen, um dadurch die nöthigen Local- und Personalkenntnisse von den Gemeinen und ihren Mitgliedern zu erlangen.

Solchergestalt wird die vertrauliche Bekanntschaft und Communication der Unitäts-Aeltestenconferenz mit dem Gange der Gemeinen überhaupt, und mit ihren Vorgesetzten und Mitgliedern besonders, sowol schriftlich als mündlich unterhalten. So wesentlich dieser ihr Einfluß auf die Gemeinen und ihre Glieder, der Natur der Sache nach, seyn muß, so ist er doch an sich ganz und gar ohne Bedenken. Der Unitäts-Aeltestenconferenz sind von der Synode die gemessensten Schranken, in Bezug auf ihren ganzen Auftrag und Thätigkeit, vorgeschrieben. Nach denselben kann sie nicht die geringste Gewalt über die Gemeinen ausüben. Es stehet in der Brüder-Unität der Grundsatz fest: daß die Principia und Ordnungen in derselben regieren sollen, und nicht die Menschen. Daran ist die Aeltestenconferenz der Unität vorzüglich gebunden. Ihr eigentlicher Auftrag bestehet in der

Pflicht,

Pflicht, darüber zu wachen, daß die in den Synoden festgesetzten Grundsätze und Ordnungen recht
verstanden und befolgt werden. Diese Grundsätze
und Ordnungen sind keine Geheimnisse. Sie liegen offen da vor allen Gliedern der Brüdergemeine,
deren jedes Theil daran hat, und erhalten ihre
Kraft und Verbindlichkeit nur von dem allgemeinen Einverständnisse sämmtlicher Gemeinen. Auß-
ser diesen allgemeinen Grundsätzen und Ordnungen,
stehet jede Brüdergemeine mit ihrer Direction für
sich ganz unabhängig, und besorgt ihre besondern
Angelegenheiten nach eignem Gutfinden. Nur in
wichtigen und bedenklichen Vorfallenheiten wird die
Unitäts-Direction zu Rathe gezogen; daher dieselbe auch in Specialsachen nichts in die Gemeinen
verordnen kann, worüber die Gemeindirection mit
der Unitäts-Aeltestenconferenz nicht vorher einverstanden ist, oder ihre Beystimmung dazu gegeben
hat. Auch dem Einflusse des Ansehens, das auf
den Aemtern ruhet, sind in der Brüder-Unität
Gränzen gesetzt. Kein Amt in derselben gibt einen
beständigen Vorzug; denn sie sind alle mehr nicht,
als Aufträge für die Zeit. Die Personen, denen
solche anvertrauet worden, stehen zwar, wie billig,
in allgemeiner Achtung, genießen darum aber keine
besondern Vorzüge; und ihre Aemter setzen sie auch
während ihrer Führung, nicht über die allgemeinen

Ver-

Verhältniſſe weg. So iſt es auch mit den Aelte-
ſten der geſammten Evangeliſchen Brüder-Unität.
Es iſt niemand in derſelben, den niemand fragen
dürfte: was machſt du? Der erſte, ſo wie der
letzte Diener der Brüdergemeine iſt an ihre Ordnungen gleich gebunden.

Wenn nun, wie bereits erwähnt worden, die
Direction der Unität, nach der vorhin beſchriebe-
nen Weiſe, von einer Synode zur andern aufs
neue erwählet wird; ſo fragt ſich nur noch: Wie
in den Fällen, wenn zwiſchen den Synoden ein
oder mehrere Glieder des Aelteſtencollegii der Unität abgehen, ihre Stellen wieder beſetzt werden?
Solches geſchiehet folgendermaßen: Die Aelteſtenconferenz der Unität gibt von jedem ſolchen Falle
unverzüglichen Bericht an ſämmtliche Brüdergemeinen, und fordert von ihren Aelteſtenconferen-
zen, daß jede derſelben einen Bruder vorſchlage,
durch welchen die erledigte Stelle in der Unitäts-
Direction wieder beſetzt werden könnte. Nachdem
nun die Stimmen ſämmtlicher Gemein-Aelteſten-
conferenzen dazu eingekommen ſind, und die Aelteſtenconferenz der Unität dieſelben nach der Mehrheit der Stimmen eingetheilet hat: ſo werden hiernach die vorgeſchlagenen Subjecte in verſammelter
Conferenz ins Loos genommen, welches den Erwählten beſtätiget. Von dem Erfolge wird ſämmt-
lichen

N 4

lichen Gemeinen sogleich Nachricht ertheilt, der Erwählte von der Unitäts-Direction dazu gehörig berufen, und wenn er den Beruf nicht ablehnt, in ihre Mitte aufgenommen. Außer den solchergestalt erwählten Mitgliedern, ist die Unitäts-Aeltestenconferenz nicht befugt, jemanden den Zutritt zu ihren Amtsgeschäfften zu gestatten, oder als Beysitzer ihrer Conferenzen anzunehmen. Auch selbst die Conferenzschreiber oder Secretärs, deren jedes Department einen hat, werden von der Unitäts-Aeltestenconferenz zwar vorgeschlagen; aber erst nach erhaltener Beystimmung der Gemein-Aeltestenconferenzen durchs Loos bestätiget.

Zur Constitution der Unität gehöret ferner noch: die Ernennung und Erwählung der Administratoren der verschiedenen Tropen in der Evangelischen Brüder-Unität, sammt ihrem Beyrathe, von deren Amte bereits gehandelt worden ist. Hiernächst folget die Besetzung der besondern Diaconien der Unität, nemlich der Missions-Diaconie, der die Specialbesorgung sämmtlicher Brüdermissionen unter den Heiden obliegt. Ferner, der sogenannten Anstalten-Diaconie, welche die allgemeinen Erziehungs- und Schulanstalten in der Unität zu verpflegen hat. Und drittens der Unitäts-Sustentations-Diaconie, der die Besorgung der allgemeinen Unitäts-Arbeiter, so wie auch der Eme-

ritorum,

ritorum, von wegen sämmtlicher Brüdergemeinen, aufgetragen wird. Endlich gehöret zu der Constitution der Unität noch die Ernennung des Archivarii der Unität. Wenn nun solchergestalt sämmtliche Unitäts-Aemter gehörig besetzt sind, so wird die Synode obgedachtermaßen, mit Fertigung des Verlasses, und mit Gebet und Danksagung zum Herrn, dem Haupte seiner Gemeine, feyerlich beschlossen. Noch vor dem Schlusse derselben geschiehet für gewöhnlich die Weihung einiger Bischöfe und Senioren der Brüderkirche, welche von der Synode dazu ernannt worden sind; so wie auch die Ordination von Presbytern und Diaconen, je nachdem der Kirchendienst solches erfordert.

## 7. Abschnitt.

### Von der Lehre, der Lehrart, und den gottesdienstlichen Versammlungen in der Evangelischen Brüdergemeine.

Man wird hier nicht erwarten, daß ich dem Leser das Lehrgebäude der Evangelischen Brüder-Unität aufstelle. Der würdige Bischof Spangenberg hat es mit großer Klarheit und Bestimmtheit in der *Idea fidei fratrum* gethan, die schon in mehrere lebende Sprachen übersetzt wor-

den

den ist. Und wer es noch kürzer zusammengefaßt
haben will, findet es in dem kleinen lehrbüchlein,
welches den Titel führt: Hauptinhalt der Lehre
Jesu zum Unterrichte der Jugend in den Evangelischen Brüdergemeinen. Ich verweise also den
Leser auf diese beyden Schriften der Brüder mit
der Versicherung, daß er alles darin finden werde,
was zu Erlangung einer genauen und richtigen
Kenntniß von der Lehre der Brüder zu wissen nöthig ist. Er wird sich daraus überzeugen können,
daß die Lehre Jesu und seiner Apostel, so wie sie in
der heiligen Schrift deutlich ausgesprochen ist, der
einige Grund der Lehre der Brüder und die einige
Richtschnur ihres Glaubens und Lebens sey. Sie
sind fest überzeugt, daß die Gemeine Christi im
ersten Jahrhunderte, und die im achtzehnten, auf
einerley Grund der Lehre stehe, und diese keine
andere Regel haben könne und solle, als jene.

Die Quelle, woraus die Brüder ihre Lehre
geschöpft haben, ist demnach die heilige Schrift alten und neuen Testamentes. Sie enthält die ganze
Lehre zur Seligkeit der Menschen, das ist, alle
Wahrheiten, die für einen Menschen, der selig
werden soll, nöthig sind, so hinlänglich und vollständig, daß man bis auf die Zukunft Christi
nichts mehr braucht, und daß nichts mehr, und
anderes zum Seligwerden nöthiges, daneben fest-

gestellt

gestellt werden kann und darf. Die Brüder neh=
men dieselbe daher als Gottes Wort mit kindlicher
Einfalt, Demuth und Selbstverleugnung an. Ihre
ganze Sache beruhet lediglich darauf, und würde
für jeden durchaus ohne Grund seyn, der nicht an
die Bibel als an Gottes Wort glaubt, und sich
daran hält.

Die Augsburgische Confession halten die Brü=
der für ein lauteres und der heiligen Schrift gemäs=
ses Glaubensbekenntniß; und sind darüber verstan=
den, daß in den Brüdergemeinen keine diesem Be=
kenntnisse entgegenstehende Lehren vorgetragen wer=
den dürfen. Wer aber dieses doch thäte, der
könnte kein Lehramt in der Evangelischen Brüder=
Unität haben oder bedienen. Keine andere Schrif=
ten, sie mögen Namen haben, wie sie wollen, und
geschrieben seyn, von wem sie wollen, nehmen die
Brüder als symbolisch an.

Der Lehrbegriff der Brüder beruhet daher le=
diglich auf der Bibel, wie er in den Lehrartikeln
der Augsburgischen Confession kurz zusammenge=
faßt ist. Sonst haben die Brüder kein sogenann=
tes kirchliches Lehrsystem, und also auch keine Sy=
stemsprache. Die Bibel ist ihr Alles, und bildet
auch ihre Sprache; ihre Lehre soll nach ihrem gan=
zen Sinne eigentliche Schriftlehre seyn. Ihre
oben angeführten Lehrbücher können solches bewei=
sen.

sen. Die Ueberzeugung, daß die Lehre zur Gottseligkeit vollständig in der Bibel enthalten sey,
macht, daß die Brüder alle Neuerungen und Aen-
derungen in dem biblischen Lehrbegriffe für irrig
und schädlich halten, und daß ihre Theologie sich
nie ändert; in so fern sie sich auf das ausdrückliche
Wort Gottes gründet, das in Ewigkeit bleibt.
Die Stufen unsers Wachsthums in der Erkenntniß Christi beziehen sich allein auf das, was in der
Lehre Jesu und seiner Apostel zum Grunde liegt.
Daher kam von je her das Bestreben der Brüder,
ihre Dogmatik von allem dem zu reinigen, was
menschliche Philosophie in dieselbe hineingebracht
hat. Sie glauben, es gezieme ihnen nicht, das,
was die Schrift unbestimmt gelassen hat, bestimmen und erklären zu wollen. Was uns in Gottes
Wort zum Glauben vorgehalten wird, haben wir
auch so anzunehmen und zu befolgen. Denn die
Glaubensgeheimnisse sind uns Gegenstände des
Genusses, nicht aber der Spekulation. Ihre innern Verhältnisse ergründen und erklären zu wollen, halten die Brüder für Thorheit und Schwärmerey. Das Wissen und Verstehen derselben,
wenn es auch möglich wäre, würde dem Menschen
doch eben so wenig nütze seyn, als es den Obersten
und Schriftgelehrten der Juden half, daß sie wußten, daß Jesus ein Lehrer von Gott kommen war,

denn

denn sie glaubten Jesu darum doch nicht, ihr Herz blieb nach wie vor ungläubig. Das vereitelt alle die Hülfe, die man der Religion durch Vernunftschlüsse geben will. Der Glaube an die Wahrheit des Evangeliums wird dadurch nicht aufgerichtet; denn er ist nach der Schrift eine Gabe Gottes, die nur der heilige Geist in den Herzen der Menschen wirket; und diese Wirkung entstehet eben aus der Predigt des Evangeliums, weil dasselbe eine göttliche Kraft mit sich führet, selig zu machen, alle, die daran glauben. In der Christlichen Religion führet der Weg der Demonstration nie weit, und sehr oft irre. Darum halten sich die Brüder blos an das Wort Gottes, ungeachtet sie wissen, daß dieses dem Stolze des menschlichen Herzens, welches gern sich selbst und seiner Vernunft alles zu danken hätte, ein Aergerniß ist. Einem jeden, der es erfährt, ist es aber Gotteswahrheit und Gotteskraft.

Es ist bereits angemerkt worden, daß der Lehrbegriff der Brüder von der Erkenntniß des menschlichen Verderbens und der daher entstehenden Nothwendigkeit eines Erlösers ausgehe; und daß sie bey diesen Schrift- und Erfahrungswahrheiten unverrückt stehen bleiben, weil sie den Grund der Evangelischen Lehre enthalten und auf alle Menschen anwendbar sind. Es ist diese schriftmäßige Lehre von

der

der Erkenntniß unsrer selbst und der Erkenntniß Christi Jesu ein wirkendes und thätiges Principium bey den Brüdern im Ganzen und in den Theilen. Ihr Glaube fängt bey der Erkenntniß des Elends des Menschen an, und hört bey seiner Vollendung durch Christum auf. Wenn diese erfolgt, wenn unsre Schwachheiten mit unserm Körper dahin fallen, so hört das Stückwerk auf, und man gelangt zum Genusse ewiger Seligkeit. Wer aber keinen Mangel hat, kein Sünder, noch Kranker ist, der bedarf keines Arztes, keines Heilandes, keines Sündentilgers. So kommt alle Seligkeit auf die Erkenntniß Jesu Christi zurück; und so sagt Paulus: Daß, wer ohne Heiland ist, der ist ohne Gott in dieser Welt. Christus Jesus, der da herkommt aus den Vätern nach dem Fleisch, und Gott ist über alles, gelobet in Ewigkeit, ist dieser Heiland der Welt. Er heißet Jesus, weil Er sein Volk selig macht von ihren Sünden; denn Er ist das Lamm Gottes, das da trägt die Sünde der Welt, und ist kommen zu suchen und selig zu machen, das verloren ist. Darum ist Er der immerwährende Gegenstand des Lehrvortrags der Brüder; weil in keinem andern Heil ist, und auch kein anderer Name den Menschen gegeben ist, darin wir sollen selig werden. Er ist der wahrhaftige Gott und das ewige Leben. An Ihm haben wir

die

die Erlösung durch Sein Blut, nemlich die Vergebung der Sünden. Wer an Ihn gläubet, der hat das ewige Leben; denn Er hat sich selbst geopfert für unsre Sünden, und mit diesem einigen Opfer in Ewigkeit vollendet, die geheiliget werden.

So redet die heilige Schrift durchgängig, welche die Brüder als die einige Erkenntnißquelle aller Glaubenswahrheiten annehmen, und Gott in Demuth danken, daß sie bey dieser aus Gnaden ihnen geschenkten Erkenntniß, Ruhe des Herzens und Friede des Gewissens genießen. Dabey wollen sie durch Gottes Gnade auch unveränderlich bleiben, und bey ihrem ganzen Lehrvortrage darauf bedacht seyn, den Glauben an Jesum und seine Versöhnung aufzurichten; weil alle Menschen, die an Jesum, den Heiland der Welt, glauben, Vergebung der Sünde erlangen und selig werden sollen; weil wir allein durch den Glauben zur Gemeinschaft mit Gott gelangen, und es ohne Glauben unmöglich ist, Gott zu gefallen; ja, weil dieser Glaube allein dem Menschen Seligkeit und Kraft zum göttlichen Leben und Wandel mittheilt, wie Paulus sagt: Er, Christus, hat sich selbst für uns gegeben, daß er uns erlösete von aller Ungerechtigkeit, und reinigte ihm selbst ein Volk zum Eigenthum, das fleißig wäre zu guten Werken. Nach dem Evangelium ist der Unglaube nach Joh. 16, 9. die

eigent-

eigentliche Sünde, die uns von Gott scheidet. Und Paulus sagt von den Juden: Sie sind zerbrochen um ihres Unglaubens willen. Ich merke bey dem Lehrvortrage der Brüder nur noch an, daß das, was Paulus von sich sagt: Ich hielt mich nicht dafür, daß ich etwas wüßte unter euch, als allein Jesum Christum, den Gekreuzigten, die Brüder auch gern von sich gesagt seyn lassen. Sie schämen sich des Evangeliums von Christo nicht; ob es gleich vielen Tausenden ein Stein des Anstoßes und ein Fels der Aergerniß ist. In diesem Gesichtspunkte haben die Brüder auch die im Jahre 1531 in Bern gehaltene Synode und deren erste achtzehn Capitel als einen vortrefflichen Pastoralunterricht angenommen, und ihren Lehrvortrag darnach gebildet. Schrift und Erfahrung hat sie überzeugt, daß das Evangelium vom Kreuze, und zwar, wie es Paulus einfältig, nicht mit klugen Worten, geprediget hat, noch immer Kraft Gottes sey, selig zu machen alle, die daran glauben. Daher kommt die Harmonie und der Einklang, so man hierin in allen Brüdergemeinen findet. Es ist Gemeingeist, Frucht des gleichen Genusses am Evangelium. Pauli Warnung an die Colosser: Cap. 2, 8. Sehet zu, daß euch niemand beraube durch die Philosophie, und lose Verführung nach der Menschen Lehre und nach der Welt Satzungen

und

und nicht nach Christo) ist den Brüdern wichtig,
und billig stets vor Augen, und sie wünschen, in
ihrem Lehrvortrage immer einfältiger und bibli-
scher zu werden.

— Wenn es Leute gibt, die den Brüdern auf-
bürden, daß sie nur von Lamm und Blut, von
Versöhnung und Opfer reden, und die übrigen Lehren der heiligen Schrift, besonders die, welche die
Sittenlehre enthalten, ganz vergäßen: so ist das
ein Beweis, daß sie die Brüder gar nicht kennen.
Daß solche Vorwürfe ohne allen Grund und also
ungerecht sind, können die obengenannten Lehrbücher der Brüder jedem hinlänglich beweisen.
Das Evangelium, das die Brüder treiben, ist
der Inbegriff der ganzen Lehre Jesu und seiner
Apostel. Alle Gotteswahrheiten, die uns zu glauben, zu erkennen, und zu befolgen nöthig sind,
wenn wir selig und heilig werden sollen, sind deutlich darin enthalten; also auch die reinste und voll-
kommenste Moral, mit welcher keine andere zu vergleichen ist; eine Sittenlehre, die auf dem Glauben an Jesum und seine Versöhnung, als der
Quelle aller Seligkeit und aller guten Werke beruhet, auf dem Glauben, der den Willen des Menschen zum Guten lenkt, und ihm Kraft gibt, dasselbe auszuüben; der in der Liebe thätig ist. Die
Brüder wissen keinen reinern und stärkern Antrieb

O                    zur

zur Tugend und Gottseligkeit, als die innige
Dankbarkeit für das durch Jesum und seine Ver=
söhnung uns so theuer erworbene Heil. Das be=
weiset — ich darf es bey aller Erkenntniß ihrer
großen Mangelhaftigkeit getrost behaupten —
auch das ganze sittliche Betragen der Evangeli=
schen Brüdergemeinen. Man merke nur auf
ihr Leben und Thun, und urtheile dann: ob ihr
Glaube rechter Art, ob er Beweis sey, daß Liebe
Gottes und des Nächsten, der Inbegriff aller
wahren Tugendhaftigkeit, unter ihnen regiere und
sie belebe?

Der Ermahnung des Apostels: Lasset das Wort
Christi reichlich unter euch wohnen, zufolge, wird
die heilige Schrift in den Brüdergemeinen sowol
öffentlich, als auch einzeln, fleißig gelesen. In
sämmtlichen Brüdergemeinen werden wöchentlich
wenigstens einmal ein paar Capitel aus derselben,
und meistens aus den Büchern des neuen Testa=
ments, in öffentlicher Versammlung vorgelesen.
Nächstdem werden alljährlich für jeden Tag zwey
Texte aus der Bibel gezogen, mit erläuternden oder
zur Anwendung dienlichen Collecten aus Liedern
versehen, gedruckt, und unter dem Titel von Ge=
meinloosungen und Texten sämmtlichen Gliedern
der Gemeine zum Genusse und Gebrauche in die
Hände gegeben. Ueber den Inhalt dieser Gemein=
loosun=

loosungen und Texte werden gewöhnlich die Vorträge in der Gemeine gehalten.

Der Unterricht der Jugend in der Christlichen
Religion wird in den Brüdergemeinen fleißig und
ohne Unterlaß getrieben. Bey den Kinderjahren
fängt er an, und geht bis zu den Jahren des reifern
Verstandes ununterbrochen fort. Solange wird
er catechetisch getrieben. Die Lehre Jesu und seiner Apostel wird dabey zum Grunde gelegt. Es
ist dieselbe in dem angeführten Lehrbüchlein —
Hauptinhalt der Lehre Jesu zum Unterrichte der
Jugend in den Evangelischen Brüdergemeinen —
in kurze Sätze zusammengezogen, und jeder derselben mit den richtigsten Beweisstellen aus der
heiligen Schrift versehen worden, und wird fast
durchgängig zum Leitfaden des Unterrichts der Jugend in den Brüdergemeinen gebraucht. In einigen derselben bedient man sich auch des kleinen
Catechismus Lutheri. Diesen Unterricht sucht
man der Jugend nach Maaßgabe ihrer Verstandskräfte mitzutheilen. So viel nur möglich, wird
solcher in der lautern Bibelsprache, und mit
Vermeidung aller Schul- und Systemsprache und
aller Spitzfindigkeiten ertheilt, und dabey hauptsächlich darauf gesehen, daß er nicht nur mit dem
Kopfe oder Verstande, sondern auch ins Herz gefaßt werde, und die Gesinnung zur Wahrheit und

O 2                                      Recht-

Rechtschaffenheit in den Herzen der Jugend erwecke. Belehrung und Erbauung in den Evangelischen Heilswahrheiten ist der große Zweck des ganzen Lehrunterrichts bey den Brüdern. Derselbe muß darum deutlich, verständlich und biblisch seyn, und also weder in eine abstracte philosophische, noch in eine schwülstige und hochtrabende Sprache eingekleidet werden, sondern mit einer den Gotteswahrheiten angemessenen Einfalt und Würde ertheilt werden. Aller Lehrvortrag muß sich aufs Herz beziehen, und da ist nichts, was eine solche Kraft auf dasselbe hat, als die Worte des Heilandes und seiner Apostel. Daher ist ihr Beyspiel auch hierin der Brüder Muster.

Der studirenden Jugend in der Brüdergemeine wird die dogmatische Theologie nach Anleitung der heiligen Schrift mit großem Fleiße vorgetragen. Zu dem Ende wird auf gründliche Erlernung der biblischen Grundsprachen, und der dazu erforderlichen Hülfswissenschaften, sorgfältig bey ihr angetragen, und sie mit einer richtigen Auslegungskunst oder Hermenevtic bekannt gemacht. Durch das Studium der Kirchengeschichte wird sie zugleich von den Abweichungen von der reinen Lehre des Evangeliums unterrichtet. Die sogenannte Polemic oder Streittheologie wird auf den Brüderschulen nicht gelehrt, weil daraus wol Zank und

Streit,

Streit, nie aber wahre Besserung entstehet. Das Kennzeichen des Christen, das der Heiland selbst in dem Evangelium Johannes so oft angibt, ist, seine Worte hören und denselben glauben. Er ist der Lehrer über alle, der vom Himmel herabgekommen, und bezeuget, was Er gesehen und gehöret hat, und wer sein Zeugniß annimmt, der versiegelt es, daß Gott wahrhaftig ist. Glaubens- und Sittenlehre werden, wie ich schon erklärt habe, von den Brüdern nicht getrennt, sondern nach der Vorschrift Jesu und der Apostel immer mit einander verbunden.

So wie aber der Gottesdienst bey den ersten Christen nicht etwa nur in Lehrvorträgen und Ermahnungen, sondern vielmehr in Lobgesängen und Doxologien zur Ehre Gottes und Jesu Christi, und im Gebete bestand: so ist es auch mit dem Gottesdienste der Evangelischen Brüdergemeinen beschaffen. Auch ist derselbe mehr Herzergießung, als Vorschrift oder Agende. Andacht der Herzen ist das auszeichnende bey allen ihren gottesdienstlichen Versammlungen, und ein Fremdling, der dieselben zum erstenmale besuchte, würde fühlen, daß Gott hier verehret wird, wenn er auch kein Wort davon verstände, wie solches schon mehrmals der Fall war.

Man sucht die gottesdienstlichen Versammlungen in der Brüdergemeine so zweckmäßig als möglich

O 3

lich einzurichten, und bindet sich dabey nicht an ein immerwährendes Einerley. Der Gegenstand jeder derselben sowol, als der Zustand und die Beschaffenheit der Zuhörer, gibt jeder derselben auch ihre Richtung. Das unwandelbare Gesetz dabey aber ist, daß sie dem Glauben ähnlich seyen: Uebrigens hat der Liturgus mehrentheils Freyheit, den Gottesdienst so zweckmäßig, und den Umständen der Versammlung so angemessen als möglich einzurichten.

In den ältern und neuern Zeiten war bey den Brüdern der Gesang in großer Achtung. Schon Huß und Hieronymus von Prag wurden auf dem Concilium zu Costanz unter andern darüber angeklagt, daß sie ihre Lehre durch öffentliche Absingung geistlicher Lieder in der Volkssprache zu verbreiten gesucht hätten. Der berühmte David Chyträus gibt in seiner Rede von dem Zustande der Kirchen in Griechenland, Asien und Böhmen den Brüdern das Lob, daß sie bey ihrem Gottesdienste sehr angenehm zu singen pflegten. Wir haben noch Sammlungen geistlicher Lieder von der alten Brüderkirche, die durch ihren biblischen Sinn und ihre Ausdrücke sich vor andern hervorthun, und daher auch auszugsweise in das Gesangbuch der erneuerten Evangelischen Brüdergemeine mit aufgenommen worden sind.

Auch

Auch bey dieser ist der Gesang ein wesentlicher Theil des Gottesdienstes, und macht eines der vornehmsten Stücke desselben aus. Man bedienet sich dermalen eines im Jahre 1778 neu herausgegebenen Gesangbuches, welches eine Sammlung von alten und neuen Brüderliedern, und eine Auswahl der kernhaftesten alten Gesänge der Evangelischen Kirche enthält. Der Gesang der Brüder theilt sich in den gewöhnlichen Choralgesang, wo die ganze Gemeine mit singt, und in den zur Lobpreisung und Anbetung Gottes bestimmten liturgischen Gesang, welcher in besondern feyerlichen Lobgesängen und Doxologien bestehet, und von dem Liturgus, dem Sängerchore und der Gemeine wechselsweise abgesungen wird. Hierzu kann man auch noch den sogenannten Figuralgesang rechnen, welcher in musikalisch componirten Psalmen bestehet, und an besondern Festtagen der Gemeine gebraucht wird. Allen diesen Arten des Gesanges muß aber die andächtige Stimmung des Herzens ihren Werth und ihre Richtung geben. Es ist daher der Gesang in der Brüdergemeine gemäßigt, einfach und harmonisch, ohne künstliche Mischung und Veränderung vieler Töne, und ohne Geschrey.

Nächst diesen, in Lobpreisung Gottes durch Gesang bestehenden Gemeinversammlungen, welche täglich gehalten werden, und die man Singstun-

den

den und Liturgien zu nennen pflegt, sind wieder
andere zum gemeinschaftlichen Gebete angeordnet,
andere aber zur öffentlichen Lesung der heiligen
Schrift, — zur Ermunterung und Nacheiferung
in der Nachfolge Jesu durch Mittheilung erbau-
licher Nachrichten aus andern Gemeinen und Heidenmissionen, — zu gliedlicher Verbindung unter
einander, in der Liebe, u. s. f. wozu denn noch
die sogenannten Gelegenheitsversammlungen, als
zur monatlichen Begehung des heiligen Abendmahls, zur Haltung der in der ersten Kirche ge-
bräuchlichen Liebesmahle oder Agapen, zu Taufen, Trauungen und Begräbnissen, welche alle in
öffentlicher Gemeine administrirt werden, und dergleichen mehr gehören, so daß die Verschiedenheit
derselben nicht gering ist, und eine beständige Ab-
wechselung dabey statt findet.

Belehrung und Erbauung ist der Hauptzweck
bey allen; denn sie sind wirksame Mittel, die
Evangelischen Heilswahrheiten dem Gemüthe stärker einzudrücken, und gottselige Erkenntnisse und
Gesinnungen unter den Menschen fortzupflanzen.

8. Ab-

## 8. Abschnitt.

### Kirchendienst der Evangelischen Brüder-Unität.

Der Kirchendienst oder das kirchliche Ministerium der Evangelischen Brüder bestehet aus Bischöfen, Senioribus civilibus, Predigern oder Presbytern und Diaconen. Diese Einrichtung haben sie der alten Brüderkirche zu danken, welche ihre Ordination im Jahre 1467 von den Waldensern erhalten hat *). Es ist schon angemerkt worden, daß die Waldenser die Folge ihrer Bischöfe von den Zeiten der Apostel herleiten. Es haben aber auch außer ihnen viele berühmte Kirchenhistoriker und Canonisten erwiesen, daß die bischöfliche Succession der Waldenser wirklich von den ältesten Zeiten herstamme, und ihre Rechtmäßigkeit und Gültigkeit keinem gegründeten Zweifel unterworfen sey **).

Wie diese bischöfliche Ordnung und Folge an die Evangelische Brüder-Unität gekommen sey,

O 5 erhel-

*) Siehe Abriß der alten Brüdergeschichte S. 53.

**) S. unter andern Usser de Succes. eccles. Occid. Jac. Basnage Kirchengeschichte, Chr. M. Pfaff über das Kirchenrecht und die bischöfliche Ordnung und Folge.

erhellet aus ihrer Geschichte. Gleich von ihrem Anfange an bewiesen sich die Brüder als muntere und feurige Zeugen des Evangeliums, und unternahmen Missionen unter verschiedenen heidnischen Völkern und Nationen in den entferntesten Welttheilen. Dazu brauchten sie Lehrer, welche nach kirchlicher Ordnung zu Bedienung der Sacramente gehörig ordinirt waren. Man konnte nicht hoffen, daß aus den Evangelischen Kirchen sich genugsame, und zu den äußerst beschwerlichen Heidenmissionen tüchtige und bereitwillige Lehrer finden würden. Eben so wenig durfte man erwarten, daß in deren Ermangelung die Evangelischen Consistorien geneigt seyn möchten, die von den Brüdern selbst vorgeschlagenen Subjecte zum Predigtamte zu ordiniren. Hiezu kam noch, daß die Brüder auch in Ländern, die unter Englischer Hoheit stehen, sich niedergelassen hatten, und daher eine erkannte Episcopal-Ordination haben mußten, wenn ihre Taufen und Kirchenhandlungen, selbst von der bekanntlich hierin äußerst strengen Englischen Kirche *), für gültig erkannt werden sollten. Sehr natürlich fiel den Brüdern zunächst die alte bischöfliche Ordination der Brüderkirche ein, welche von Alters her in England für eine Episcopalkirche erkannt

*) Siehe D. Wendeborn Zustand — der Religion — in Großbrittannien.

kannt war *). Mit dem damaligen ältesten Bischofe der alten Brüderkirche, Daniel Ernst Jablonsky, königlich Preußischem Oberhofprediger,
standen die Brüder bereits in Bekanntschaft. Er
erkannte sie als Abkömmlinge der Böhmisch-Mäh-
rischen Brüderkirche, und hatte ihnen schon mehrmals seine Freude über ihren Eifer zur Ausbreitung
des Evangeliums und zur Erhaltung der apostolischen Zucht und Ordnung ihrer Väter zu erkennen
gegeben. Die Brüder wendeten sich also mit ihrem Gesuch an denselben, und fanden ihn auch bereitwillig, die Rechte der alten Böhmisch-Mäh-
rischen Brüderkirche, um deren Erhaltung sein
Großvater, Bischof Amos Comenius, so beküm-
mert war, an einen aus ihnen durch die Ordination zu übertragen. Die Wahl der Evangelischen
Brüder zu ihrem Bischofe fiel auf David Nitschmann, den ältern, der die Mission unter den Negern

*) S. Letters Patents von König Eduard VI. d. d.
14ten July 1550. Unter Carl II. gleichfalls
durch offene Briefe. S. John Entik State of
the british Empire. Unter Georg I. laut Letters Patents, d. d. 19. Mart. 1715. S. auch
Usser de Successione Eccles. Occid. und mehrere Englische Canonisten. Und endlich unter
König Georg II. durch eine Parlementsacte d. d.
24ten Juny 1749. S. Acta Fratr. in Anglia.

gern in St. Thomas mit angefangen hatte. Er
wurde nach vorausgegangener Prüfung am 13ten
März 1735 in Berlin, in Gegenwart mehrerer
Zeugen Böhmischer Nation, von dem Bischöfe
Jablonsky, mit Einstimmung seines zu Lissa in
Polen residirenden Collegen Sitkovius, zu einem
Bischofe oder Senior der Mährischen Brüderkirche
ordinirt, und ihm die Vollmacht ertheilt, die ihm
obliegenden Kirchenvisitationen zu halten, Bischöfe,
Pastoren und Kirchendiener zu ordiniren, und alles
das zu verrichten, was einem Bischofe und Vorste-
her der Kirche gebühret.

Nun war also die Evangelische Brüder-Unität nach der guten Leitung der göttlichen Vorsehung
mit den Rechten einer bischöflichen Kirche begabt,
worin die Brüder das gesegnete Mittel fanden, die
sämmtlichen Brüdergemeinen mit ihrer Verfassung
unter den protestantischen Religionen aufrecht zu erhalten, und ihre Kirchendiener selbst zu ordiniren.

Mit dieser bischöflichen Ordination verbinden
die Brüder keinen Begriff von irgend einer innern,
den Personen anklebenden Würde, oder einem un-
auslöschlichen Charakter, glauben auch nicht, daß
darin etwas von einem besondern göttlichen Rechte
zu suchen sey. Aber sie halten dieselbe für eine
gute kirchliche Ordnung, wodurch den Dienern der
Kirche, welche das Lehramt und die Bedienung

der

der Sacramente zu verwalten haben, eine äußere
gesetzmäßige Beglaubigung und Legitimation verschafft wird, welches bey der in der Christlichen
Kirche eingeführten Verfassung um guter Ordnung
willen nöthig ist. Die Geistlichen oder Kirchendiener in der Evangelischen Brüder-Unität machen
daher auch keinen besondern Stand aus, so wie
auch zu Christi und der Apostel Zeiten kein Unterschied des Standes zwischen lehrenden und lernen-
den, zwischen den Gemeinen und ihren Dienern
war. Weder Stand noch Kleidung trennte die
Diener von den andern Gliedern der Gemeine.
So ist es auch in der Evangelischen Brüdergemeine, wo die eigentliche Würde in dem ächten
Christen-Charakter gesetzt wird. Und diesen macht,
nach dem Ausdrucke der heiligen Schrift, alle wahre
Christen zu Priestern, und folglich einander gleich.
Aber ungeachtet die Kirchendiener der Brüdergemeinen keine besondere Vorrechte haben, oder sich
dergleichen anmaßen; so stehen sie doch bey ihnen
in allgemeiner Liebe und Achtung, die sie durch ihre
persönlichen guten Eigenschaften verdienen. Ein
Prediger des Evangeliums, dessen Leben ein prak-
tischer Beweis seiner Lehre ist, kann sich leicht über
den Spott der Ungläubigen und Verächter mit dem
Beyspiele des Heilandes trösten, da er allen Rechtschaffenen und Wahrheitliebenden ein Gegenstand

der

der Liebe und Verehrung ist, ohne es einem besondern äußern Ansehen oder Distinction zu verdan-
ken zu haben.

Diese bischöflichen Rechte werden in der Evangelischen Brüderkirche nie anders gebraucht, als
in so fern sie zu Beförderungsmitteln des Reiches
Jesu dienen können, und um der äußerlichen Ordnung willen nöthig sind. Sie werden auch blos
als äußerliche Kirchenrechte angesehen, und die
Ordination der Kirchendiener, als eine denselben
von der Kirche zur Verrichtung der Kirchenhandlungen ertheilte Befugniß. Es stehen daher die
Bischöfe der Brüderkirche, und die von ihnen ordinirten Prediger und Diaconen, so wie überhaupt
alle Kirchendiener der Brüdergemeinen, sie haben
ihre Ordination von welcher Christlichen Kirche es
immer sey, zunächst unter der Direction der Gemeine, der sie dienen, und dann unter der Oberaufsicht und Berathung des Aeltesten-Collegiums
der gesammten Unität, denen sie in ihrer ganzen
Amtsführung untergeordnet und verantwortlich
sind. Wie denn nach einem von der Brüdergemeine festgestellten Grundsatze alle Lehrer und Prediger, so wie alle Diener in der Brüder-Unität,
die Ausübung ihres Amtes nicht länger behalten,
als solches mit der dazu erforderlichen Geisteskraft
und Gnade, auch mit dem Genusse eines durch-
gängl.

gängigen Vertrauens der von ihnen bedienten Gemeinen geschehen kann.

Das Bischofsamt in der Evangelischen Brüderkirche berechtigt daher, an und für sich, weder zur Direction der Brüder-Unität, noch einiger dazu gehörigen Gemeinen. Ein Bischof muß, so wie jeder andere Diener der Unität, zu jedem Amte, das er bekleidet, einen besondern Beruf und Auftrag von der Synode oder der Direction der Unität erhalten. Er sey daher ein Mitglied der Unitäts-Aeltestenconferenz, oder ein Aufseher einer oder mehrerer Brüdergemeinen, oder stehe einer Heidenmission vor, so thut er solches nicht in Kraft seines Bischofsamtes, sondern als ein dazu besonders verordneter Aeltester; und auch das nicht anders, als unter der Berathung und Aufsicht der Unitäts-Direction, und in collegialischer Verbindung mit den übrigen Aeltesten, welche der Unität ins Ganze, oder der besondern Gemeine, die er mit zu bedienen hat, neben ihm vorgesetzt sind. Auch ist in der Evangelischen Brüderkirche kein Bischof dem andern subordinirt. Sie haben daher auch keine besondern Kirchensprengel oder sogenannte Diöcesanrechte zu verwalten; sondern ein Bischof der Brüderkirche ist mehr nicht, als ein Aeltester, der von der Synode der Evangelischen Brüder-Unität dazu verordnet, und von ihrem Bisch♦-

Bischöfen ordinirt worden, Gottes Wort zu predigen, mit dem Volke zu beten, die Sacramente zu
verwalten, über der Reinigkeit der Evangelischen
Lehre und der Erhaltung güter Sitten und Ordnungen in der Kirche mit zu wachen, diejenigen Kirchendiener, welche ihm von der Synode oder der
Direction der Brüder-Unität angewiesen werden,
zu ordiniren, und überhaupt das Werk Gottes in
den Brüdergemeinen mit auf seinem Herzen zu
tragen, und sich als ein gutes Vorbild der Heerde
Christi zu beweisen.

Den Brüdern liegt dabey billig ob, daß ihre
bischöfliche Ordination in gehöriger Ordnung aufrecht erhalten werde. Sie sind daher bedacht, die
Anzahl der Bischöfe von Zeit zu Zeit, nach Erforderniß der Umstände, zu vermehren oder zu er-
gänzen. Dieses geschiehet gewöhnlich auf ihren
Synoden, von welchen nicht nur die Anzahl der
neu zu wählenden bestimmt, sondern auch die
Wahl selbst verrichtet wird. Die Vota sämmtlicher Mitglieder der Synodalversammlung werden dazu eingesammelt, und sodann über jeden
Candidaten das Loos gezogen, welches die Ordi-
nanden erst bestätiget; worauf sie dann unter Gebet und Flehen von den gegenwärtigen Bischöfen
mit Handauflegung im Namen des Vaters und
des Sohnes und des heiligen Geistes zu Bischöfen
der

der Brüderkirche, ordinirt werden. Wenn aber Umstände, eintreten, um deren willen die Ordination eines Bischofes auch außer der Zeit der Synoden, nothwendig wird: so ist die Unitäts = Direction berechtiget, in solchem Falle einen Bischof zu wählen und ordiniren zu lassen; worauf derselbe von der Unitäts = Direction den sämmtlichen Gemeinen bekannt gemacht wird.

Zu den Kirchenämtern der Evangelischen Brüder = Unität gehören ferner, wie bereits erwähnt worden, die Seniores und Conseniores civiles. Bey den alten Brüdern hieß man sie die weltlichen oder politischen Senioren der Kirche, zur Unterscheidung von den geistlichen Senioren oder Bischöfen, denen sie in mancher Rücksicht an die Seite gesetzt waren. In der Evangelischen Brüder = Unität sind sie Aeltesten, denen besonders obliegt, darüber zu wachen; daß die Verfassung und Disciplin der Evangelischen Brüder = Unität allenthalben aufrecht erhalten, und denselben, so wie insonderheit auch den respectiven Landesgesetzen und Verordnungen, treulich nachgelebt werde, und also gute äußerliche Zucht und Ordnung in den Gemeinen regieren möge. Nicht weniger aber haben sie auch darauf zu sehen, daß die den Gemeinen verliehenen landesherrlichen Vergünstigungen nicht gekränkt oder geschmälert werden; worin sie dieselben nach

P

Noth=

Nothdurft zu vertreten haben. Es hängt aber die Ausübung dieser ihrer Pflichten, eben so wie bey allen übrigen Kirchendienern der Brüder-Unität, lediglich von der Anordnung der Unitäts-Direction ab, und kann ohne besondern Auftrag von derselben weder statt haben, noch von einiger Gültigkeit seyn. Auch berechtiget sie dieses Senioratsamt, an und für sich keinesweges zur Mitdirection der Unität ins Ganze, oder einer besondern Gemeine, als wozu allemal ein besonderer Auftrag von den Synoden und der Direction der Unität erfordert wird. Die Wahl der *Seniorum* und *Conseniorum civilium* geschiehet ebenfalls in den Synoden, und auf gleiche Weise, wie die Wahl der Bischöfe; worauf sie von einem Bischofe und einem Senior gemeinschaftlich dazu eingesegnet werden.

Die Prediger in der Evangelischen Brüderkirche sind Aeltesten, denen, so wie den Bischöfen, die Bedienung der Lehre und die Verwaltung der Sacramente, und aller übrigen Kirchenhandlungen aufgetragen ist, blos die Ordination ausgenommen, die den Bischöfen allein zukommt. Ein wirklich angestellter Prediger ist allemal ein Mitglied des Aeltestencollegii der Gemeine, der er dient, dem die Wache über das Wohl der ganzen Gemeine und deren Berathung zukommt. Zu allen ihnen obliegenden Kirchenhandlungen erhalten

ten die Prediger der Brüderkirche die erforderliche
Legitimation durch die Ordination, welche ihnen
von einem Bischofe ertheilet wird.

Hier will ich noch anmerken, daß es nicht für
unumgänglich nöthig gehalten wird, daß ein Lehrer in der Brüdergemeine auf hohen Schulen
oder Academien studirt habe. Von ihm wird
hauptsächlich erfordert, daß er eine richtige Erkenntniß der heiligen Schrift besitze, und nebst
der Erfahrung in den Wegen des Heils auch
die Gabe eines guten Vortrags habe. Diese
Haupterfordernisse eines Lehrers können sich aber
gar wohl auch bey Unstudirten finden, und haben sich auch nach einer langen Erfahrung der Brüder nicht selten bey solchen gefunden. Eigentliche
Gelehrsamkeit ist daher bey den Brüdern kein noth-
wendiges Erforderniß zu einem Christlichen Lehrer.
Sie haben sich wohl dabey befunden, daß sie zum
Lehramte auch unstudirte Männer berufen haben, die
sich durch gesunde Evangelische Erkenntniß, Gottseligkeit und Rechtschaffenheit unter ihnen auszeich-
neten. Aber Gelehrsamkeit kann mit jenen Haupt-
erfordernissen sehr wohl bestehen, und die Brüder
wissen die Männer zu schätzen und zu benutzen, die
diese und jene in sich vereinigen. Sie haben auch
an solchen Männern, die sich durch ihre Gelehrsamkeit rühmlich bekannt gemacht haben, nie Man-

P 2

gel

gel gehabt, und folglich ihre Gemeinen meist durchaus mit Lehrern versehen können, die zur Classe der
Gelehrten gehören. Nur ihre Heidenmissionen
machen eine Ausnahme, welche großentheils von
Männern bedient werden, die nicht zu dieser Classe
zu rechnen sind, sich aber durch den Erfolg ihrer
Arbeit als würdige Evangelisten beweisen.

Die Diaconi in der Evangelischen Brüderkirche gehören mit zu ihren Kirchendienern, und
werden dazu besonders ordinirt. Sie sind vornemlich den Predigern zugeordnet, als Gehülfen bey
der Predigt des Evangeliums, bey der Verwaltung der Sacramente und andern Kirchenhandlungen; und können in Ermangelung derselben zu
allen diesen Verrichtungen nach Befinden gebraucht
werden. Sie werden auch nach Beschaffenheit der
Umstände zu andern, die äußerliche Ordnung betreffenden Geschäften, gebraucht. Sie haben für
den Unterhalt der Kirchen- und Schuldiener, für
die Verpflegung der Armen und Kranken zu sorgen, sind zur Aufsicht und Beförderung guter Policeyanstalten und dergleichen bestellt, je nachdem
die persönlichen Eigenschaften und Gaben solcher
Kirchendiener beschaffen sind.

Noch muß ich hier der Ordnung gedenken,
nach welcher die Evangelische Brüdergemeine, nach
der Weise der apostolischen Gemeinen und der alten
Brüder,

Brüder, auch Diaconiſſen unter ſich hat. Dieſelben werden zwar öffentlich dazu eingeſegnet. Es
iſt aber damit gar kein Begriff von kirchlicher Ordination, welche ein Recht ertheilt, die Gemeine
mit Wort und Sacrament zu bedienen, verbunden.
Die Arbeit der Schweſtern, ſie ſeyen Diaconiſſen
oder nicht, beſtehet in der Gehülfenſchaft bey ihrem Geſchlechte, ſowol in der Seelenpflege, als auch
in äußerlichen Angelegenheiten. Es iſt auch mit
der Einſegnung einer Schweſter zur Diaconiſſe kein
beſonderer Auftrag verbunden; ſondern dieſe Einſegnung iſt nur, als ein öffentlicher Segen zum
treuen Dienſte in der Gemeine, wo man deſſen
benöthiget iſt, anzuſehen, der einer ſolchen Schweſter vor der ganzen Gemeine ertheilt wird.

Endlich gibt es in der Evangeliſchen Brüderkirche auch die Ordnung der Acoluthie. Dieſelbe
iſt ebenfalls aus der alten Brüderkirche herüber
genommen, in welcher die Biſchöfe und Prediger
ſolche Acoluthen hatten, die ſie unterrichteten, und
zum Lehramte zubereiteten. In der erneuerten
Brüderkirche aber verbindet man mit der Acoluthie
keinen Begriff von einem beſondern Kirchengrade;
ſondern es iſt nur ein geſegneter Gebrauch, da Perſonen, von deren Brauchbarkeit und treuen Sinn
man überzeugt iſt, durch den Handſchlag öffentlich
bezeugen, daß ſie zum Dienſte des Heilandes in

der

der Brüder-Unität von Herzen willig, und den Dienern der Unität nach den festgestellten Gemein-ordnungen in Liebe gehorsam seyn wollen. Ge-wöhnlich geschiehet diese Annahme zur Acoluthie alsdann, wenn jemanden irgend eine Gehülfen-schaft bey einem Dienste der Gemeine zum ersten-male aufgetragen wird.

---

## 9. Abschnitt.

### Von den Brüdergemeinen, ihren Chorab-theilungen und ihrer Direction.

Was bisher von dem Zwecke und der Beschaf-fenheit der Evangelischen Brüder-Unität ins Ganze gesagt worden, gilt von einer jeden be-sondern Evangelischen Brüdergemeine. Jede der-selben hat, als ein mit dem ganzen fest verbunde-ner Theil, den Zweck und das Ziel des Ganzen vor sich. Jede ist eine kirchliche Gesellschaft, die sich zu einerley Grundlehre des Evangeliums von Jesu Christo und zu gleichem Genusse und Gehor-sam desselben vereiniget hat. Ihr Wesen und Form gehet auf innige Vereinigung mit Christo, dem Haupte seiner Kirche, auf treues Bekenntniß und Befolgung seiner Lehre, und auf brüderliche Gemeinschaft und Liebe unter einander. Darin sind

sind alle Evangelische Brüdergemeinen sich gleich.
Denn sie haben einerley Gnadenberuf, und einerley Vorschrift des Lebens; aber in Nebensachen
und Einrichtungen können sie, nach Beschaffenheit
der Umstände, verschieden seyn.

Nach ihrem gemeinsamen und festen Zwecke
müssen auch ihre Einrichtungen und Ordnungen beurtheilt werden. Manche dieser Ordnungen haben ihren Grund in der Verschiedenheit der menschlichen Umstände. Dahin gehört vornemlich die
charakteristische Abtheilung nach den Geschlechtern,
und dann weiter nach den verschiedenen Chören, das
ist, nach den Ständen der Menschen, als der verehelichten, der ledigen, der verwitweten, und der
verschiedenen Classen der heranwachsenden Jugend.
Man hat gefunden, daß in einer so bestimmten
Abtheilung, nicht nur jedem der Beruf und die
Pflichten, die seinem Stande besonders eigen sind,
klärer und ununterbrochener vorschweben; sondern
daß er eben dadurch auch in dem Genusse der Glückseligkeit gefördert werde, die ihm nach seinem besondern Stande beschieden ist. Eines der vornehmsten Stücke der Erkenntnisse des Menschen ist allemal, daß er lerne zu seyn, was er seyn kann und
seyn soll. Dazu tragen die Beyspiele, deren eine
solche Einrichtung zur Genüge darbietet, sehr viel
bey. Durch gegenseitige Mittheilung der Erfah-

P 4

rungen und Begriffe wird man aufgeklärter, weiser, liebreicher, zutraulicher und einträchtiger unter einander.

Die heilige Schrift gibt uns hiezu die nächste Anleitung. Denn sie enthält sehr viele Stellen, welche die verschiedenen Stände der Menschen insonderheit angehen, und jedem den Weg weisen, der sie zur Glückseligkeit führet. Diese biblischen Lehren und Lebensvorschriften sind es, welche bey der Berathung der besondern Chorabtheilungen in der Brüdergemeine zum Grunde gelegt werden. Jede findet darin die Theorie ihres Standes und ihrer Pflichten, die sie dem Genusse des Heils näher bringt, welches das Evangelium uns vorhält. Denn so allgemein der Weg zur Heiligung nach Seele und Leib durch Christum, der unsre Heiligung ist, uns in der Bibel vorgezeichnet ist; so ist er doch in seiner Anwendung auf die unterschiedenen Geschlechter und Stände verschieden. Das Alter und die Jugend, das männliche und weibliche Geschlecht, der Ehestand, so wie der ledige Stand, finden jede ihre besondere Regel des Verhaltens in der heiligen Schrift. Dem gemäß entstand die Abtheilung der Gemeine in besondere Chöre; nemlich: der Witwer, der Witwen, der Eheleute, der ledigen Brüder, der ledigen Schwestern und der Kinder nach ihrem Alter und Geschlecht.

schlecht. Diese Einrichtung dient aber auch, außer der Beförderung des Wohlseyns jedes Gliedes, zur bessern Erhaltung der Ordnung und Verfassung der Gemeine ins Ganze. Es wird dadurch den Dienern der Gemeine die unentbehrliche Kenntniß eines jeden einzelnen Gliedes erleichtert, und dessen treue Berathung nach seinen besondern Umständen befördert.

Diese Chöre haben ihre hierauf sich beziehenden Einrichtungen. Jedem derselben sind Personen aus seinem Mittel als Aeltesten vorgesetzt, die unter der Direction und Berathung des Aeltestencollegii der Gemeine das innere und äußere Wohl dieser kleinen Commun zu besorgen, und über der genauen Beobachtung der festgesetzten Ordnungen zu wachen haben. Diese Vorgesetzten heißet man Chorhelfer und Chordiener. Dem einen wie dem andern sind wieder Gehülfen zugeordnet, um sie sowol in ihren Obliegenheiten zu unterstützen, als sich selbst zu künftigen Arbeitern der Gemeine zuzubereiten. Der Chorhelfer hat insonderheit die Seelenpflege seines Chores zu besorgen, das ist, das Wachsthum aller einzelnen Mitglieder desselben in der Erkenntniß der seligmachenden Wahrheit und in der Gottseligkeit zu beobachten, und durch treuen Rath zu fördern. Der Chordiener hat besonders den äußern und ökonomischen Wohl-

stand

stand seines Chores zu besorgen, und darauf zu
sehen, daß alles redlich zugehe, nicht allein vor
Gott, sondern auch vor den Menschen, und daß
jegliches Glied seines Chores eine seinen Kräften so
viel möglich angemessene Beschäfftigung habe, und
durch seiner Hände Arbeit das Nothdürftige zu seiner Nahrung und Kleidung erwerben könne. Jedes Chor siehet sich als einen Theil der Gemeine
an, die auf einem Grunde ruhet, und nur einem
Ziele nachjaget. Alle Chöre stehen in der genauesten Verbindung mit einander, und keines maßt
sich einen Vorzug vor den andern an. Ihr ge-
meinsamer Bund ist, daß jedes an seinem Theile
und nach seinem Berufe und Stande, alles, was
Leib und Seele vermögen zur Ehre Jesu und zur
Ausbreitung seines Reiches thue, und seine Lehre
mit Wort und Wandel preise. An diesen Bund
pflegt jedes Chor alljährlich sich an einem festgesetzten Tage auf eine feyerliche Weise zu erinnern und
ihn zu erneuern. Solche Tage werden Chorfeste
genennt. Außerdem pflegt jedes Chor wöchentlich
eine eigne Versammlung zu haben, worin es sich
theils zu treuer Befolgung des göttlichen Willens
in seinem Stande ermuntert und verbindet, theils
mit Lob und Danksagung für genossene Wohlthaten vor dem Herrn erscheint, und Bitte und Gebet
um die Fortdauer seiner göttlichen Gnade Ihm ge-
mein-

meinschaftlich darbringt. Solche Versammlungen nennt man Chorversammlungen.

Das Aeltestencollegium der Gemeine, das ist,
die gesammte Gemeindirection, führt die Oberaufsicht über alle diese Chöre, und ordnet alle nach
Zeit und Umständen darin zu machenden Einrichtungen und Ordnungen. Unter der Gemeindirection aber haben obermähnte Chorhelfer und Chordiener über die solchergestalt festgestellten Ordnungen insonderheit zu wachen und zu halten.

Diese Abtheilung und Bedienung der Gemeine,
nach ihren verschiedenen Ständen oder Chören, hat
sich bey der Evangelischen Brüdergemeine unveränderlich erhalten, und als nützlich und heilsam
bewähret. An den dazu erforderlichen Einrichtungen hat man von Zeit zu Zeit gebessert, je nachdem
die Erkenntniß sich erweitert und die Umstände es
erfordert haben. So sind unter andern die sogenannten Chorhäuser für die ledigen Brüder und für
die ledigen Schwestern entstanden; und eben so haben in der Folge auch die Chöre der Witwer und
der Witwen, jedes ihr besonderes Chorhaus erlangt, welche von den Gliedern dieser Chöre bewohnt werden, die keine eigne häusliche Einrichtung für sich haben und bedürfen. Solche Chorhäuser wurden aber nothwendig, weil viele ledige
Leute in die Brüdergemeine kamen, für deren Un-
terkom-

serkommen, so wie auch für ihre Beschäftigung, um sich das nothwendige zu verdienen, gesorgt werden mußte. Es wurden daher in den Chorhäusern der ledigen Brüder mancherley Künste und Handwerke, zum Theil auch kleine Fabriken eingerichtet, um den Einwohnern Mittel zu verschaffen, ihre Nothdurft zu erwerben. Zu gleichem Zwecke wird in den Chorhäusern der ledigen Schwestern das Stricken, Nähen, Sticken, Spinnen, Weben, und andere weibliche Arbeiten getrieben. Da der vornehmste Wunsch eines jeden ächten Gemeingliedes ist, in der Gottseligkeit zu wachsen; und gute Ordnung eine Folge wahrer Gottseligkeit ist: so wird einem solchen Einwohner der Aufenthalt im Chorhause nicht lästig, ohnerachtet es die pünktliche Befolgung besonderer Hausordnungen voraussetzt, ohne welche eine Gesellschaft, die aus vielen Personen bestehet, unmöglich in einem Hause friedlich und ordentlich bey einander leben könnte. In jedem Chorhause ist ein Saal zu gottesdienstlichen Versammlungen, wo das Chor täglich zu einem allgemeinen Morgen- und Abendsegen zusammen kommt, und wo auch sonst die jedem Chore eigenthümlichen Erbauungen gehalten werden. Auf den Stuben, die von mehreren Personen bewohnt werden, haben Vorgesetzte die besondere Aufsicht, denen es obliegt, nicht nur über

Rein-

Reinlichkeit, Ordnung und Eintracht zu halten,
sondern auch auf alles, was zum Schaden gereichen
könnte, aufmerksam zu seyn, und es entweder selbst
abzuwenden, oder an gehörigem Orte anzuzeigen,
damit allem zu besorgenden Unheil, so viel möglich,
von vorne herein vorgebeuget werde. Alle Einwohner des Hauses werden aus der Hausküche ge-
speiset, doch nach Maaßgabe ihres Vermögens
und Standes. Auch schlafen sie alle auf einem
Saale, wofern es ihnen Schwächlichkeit und Alter oder angewohnte Lebensart erlauben. Auf die
Krankenpflege wird eine besondere Sorgfalt gewendet. Sie wird von einem dazu gesetzten Krankenwärter unter der Aufsicht der Aerzte und Wund-
ärzte und des Vorstehers besorgt. Uebrigens wohnen nicht durchaus alle zu diesem oder jenem Chore
gehörige Personen in dem Chorhause, sondern theils
auch bey ihren Eltern oder Verwandten, theils für
sich in der Gemeine, oder stehen im Dienste anderer; sie halten sich aber alle zu den besondern Versammlungen und Ordnungen des Chores, und genießen mit den Hauseinwohnern gleiche Pflege und
Fürsorge.

Diese Chöre zusammen machen den Gemeinkörper aus. Eine jede einzelne Gemeine aber bestehet für sich, und ist keine von der andern abhängig. Jede hat ihre eigne, der Landesverfassung

und den von der Landesobrigkeit ihr zugestandenen Freyheiten und Befugnissen gemäße Einrichtung und Verfassung, so wie auch ihre eigne Direction. Diese bestehet aus einem Collegium von Aeltesten, welche entweder der Gemeine ins Ganze, oder den Chören derselben besonders vorgesetzt sind. Folgende Personen gehören zu dem Collegium der Aeltesten, welches gewöhnlich die Aeltestenconferenz der Gemeine genennet wird. Nemlich:

a) Der Gemeinhelfer, welcher vermöge seines Amtes über die Erhaltung des ganzen Grundplanes der Gemeine im innern und äußern zu wachen, und dahin zu sehen hat, daß dem gemäß überall gehandelt werde. Er ist die erste Person in der Gemeindirection, bey welcher er den Vortrag führet, und ist der Zusammenhalt des Ganzen.

b) Der Prediger der Gemeine, welchem die Bedienung der Lehre und der Sacramente, so wie auch der Unterricht der Jugend in den Christlichen Heilswahrheiten und die Aufsicht über die Schulen obliegt.

c) Die Helfer bey den verschiedenen Chorabtheilungen der Gemeine, welche die besondere Seelenpflege der Glieder bey ihren respectiven Chören zu besorgen haben. Und endlich

d) Die Diener oder Vorsteher der Gemeine ins Ganze und eines jeden Chores insbesondere, welchen

welchen das Wohl der Gemeine in Absicht auf ihren äußern und ökonomischen Zustand zu besorgen und zu bedienen obliegt.

Diese Personen zusammen machen die Gemein-Aeltestenconferenz aus, welcher die Bedienung der ganzen Gemeine obliegt. Alle Angelegenheiten derselben, sowol im Ganzen als in den Theilen, werden darin gemeinschaftlich beherzigt und berathen. Es wird diese Aeltestenconferenz auch die Gemein-direction genennt. Denn alle übrige Gemeinconferenzen sind ihr untergeordnet, und werden von ihr in gehöriger Thätigkeit erhalten.

Die erforderliche Macht und Instruction zu ihrer Amtsführung erhält jede Gemeindirection von der Gemeine selbst durch die Gemeinordnungen. Denn ihr Auftrag besteht eigentlich in der Wache und Festhaltung über denselben. In so fern jede besondere Gemeine einen Theil der Brüder-Unität ausmacht, findet die Gemeindirection in den allgemeinen Synodalbeschlüssen die erforderliche Anweisung ihrer Amtspflichten aufs deutlichste vorgezeichnet.

10. Abs

## 10. Abschnitt.

### Von den Gemeinordnungen.

Ohne Zweifel wird der Leser erwarten, daß ich
demselben anzeige, worin diese Gemeinord=
nungen eigentlich bestehen? Wenn man das, was
von dem Charakter und den Gesinnungen der
Evangelischen Brüder=Unität im Vorhergehenden
angemerkt worden, zusammenfaßt, so wird es
nicht schwer seyn, den Hauptinhalt dieser Gemein=
ordnungen daraus abzuziehen. Auf das Evan=
gelium, das ist, die Lehre Jesu und seiner Apostel,
gründet sich die ganze Verfassung und Disciplin
einer jeden Evangelischen Brüdergemeine. Ihre
Gemeinordnungen sind daher nichts anders, als
ein unter den Einwohnern eines Gemeinortes er=
richteter brüderlicher Vertrag und Einverständ=
niß, zu bestmöglichster Erreichung des Zwe=
kes ihres Beysammenwohnens, und zu Vorbey=
gung alles dessen, was demselben hinderlich seyn
könnte. Es bestehen dieselben aus mehreren Ab=
schnitten, worin das Verhältniß der Gemeine in
Absicht auf die Religion; der Grund und die
Ordnung der Gemeinverfassung; die Pflichten der
Gemeine gegen ihre Landes= und Ortsobrigkeit;
das Verhältniß der Gemeine gegen ihre Diener
und dieser gegen jene; die Verbindlichkeit der Ge=
mein=

meinglieder zur Gemeine selbst; und endlich das Verhalten der Gemeinglieder für sich selbst und unter einander festgestellt werden. Ueber alle diese Punkte kann ich mich nicht kürzer und befriedigender als durch wörtliche Mittheilung dieser Ordnungen selbst erklären, so wie sie in Rücksicht auf ihre Hauptverbindlichkeiten bey allen einzelnen Brüdergemeinen eingeführt sind, und hoffe von dem geehrten Leser darüber Nachsicht zu erhalten, wenn er hier manches wiederholt finden wird, was bereits an andern Orten gesagt worden ist.

I. Vom Verhältniß der Gemeine in Absicht auf die Religion.

1) Die heilige Schrift alten und neuen Testaments ist und bleibt die alleinige Richtschnur und Regel unsrer Lehre und Lebens, und wir bekennen uns zu der Lehre der ungeänderten Augsburgischen Confession darum, weil wir dieselbe für ein lauteres und der heiligen Schrift gemäßes Glaubensbekenntniß halten; wie wir denn überhaupt keine Lehre für die Lehre unsrer Gemeine erkennen, noch uns dazu bekennen, welche der Lehre Jesu und seiner Apostel nicht gemäß ist.

Wir halten eine jede göttliche Wahrheit für einen theuren Schatz; und glauben von Herzen, daß der Gewinnst oder Verlust Leibes und Lebens mit der Verleugnung von irgend einer derselben in

Q                    keinen

keinen Vergleich zu setzen, und es niemand zu gut zu halten sey, wenn er sie, auch in Meynung, etwas Gutes zu stiften, verleugnete.

Wir wollen darauf Bedacht nehmen, und uns die Regierung Gottes des heiligen Geistes dazu erbitten, daß sowol der Lehrvortrag, als alle Praxis in der Gemeine, mit der Lehre und Praxi unsers Herrn und seiner Apostel übereinstimmen. Auch wollen wir darüber halten, daß weder Lehrer angestellt, noch zum Gebrauch der Gemeine, und besonders zum Unterrichte der Jugend, Schriften, es seyen Lehr- oder Gesangbücher, oder auch liturgische Gesänge, eingeführt werden, welche jenem Vorbilde der heilsamen Lehre nicht gemäß sind.

2) So wie die Gemeine zu N. N., nach der von der Landesobrigkeit erlangten Kirchenfreyheit, von Lehrern und Predigern der Brüderkirche mit Wort und Sacrament bedient, auch derselben öffentlicher Gottesdienst und Liturgie nach deren wohlhergebrachten Kirchenverfassung ausgeübt wird, und die solchergestalt erlangten Kirchenrechte und Verfassung als ein göttliches Gnadengeschenk erkennet; so ist doch die Absicht hierunter auf eine Trennung von der Glaubensgemeinschaft mit andern Evangelischen Gemeinen niemals gerichtet gewesen. Die Gemeinschaft des Glaubens kann mit verschiedenen äußerlichen Kirchenverfassungen gar

wohl bestehen. Es wird daher auch, so wie in
der Brüder-Unität überhaupt, also auch bey der
hiesigen Gemeine, unter den Lehrern und Predigern, in Ansehung ihres Gebrauchs ratione or-
dinis, kein Unterschied gemacht, ob sie die Ordination von den Bischöfen der Brüderkirche, oder
von einer andern Evangelischen Kirche erlangt haben. Dieselbe wird also auch an sich nichts ermangeln lassen, was die Glaubensgemeinschaft mit andern Evangelischen Gemeinen in herzlicher Liebe
und Frieden, auch gemeinschaftlicher brüderlichen
Handreichung, durch Gottes Gnade unterhalten,
befördern und befestigen kann.

3) Wir halten für einen wesentlichen Charakter einer Gemeine Christi, daß das Wort Gottes in
derselben rein und lauter geprediget werde, und sie
mit ihren Mitgliedern auch heilig, als Kinder
Gottes, darnach leben.

Wir erkennen daher einen jeden für einen wahren Bruder, oder wahres Mitglied am Leibe Christi,
wer die Geburt aus Gott durch den heiligen Geist
erfahren hat.

Weil sich nun dieser persönliche Charakter an
keine Religionsverfassung binden läßt; so wollen
wir mit niemanden in andern Christlichen Gemeinen getrennt seyn, der vom heiligen Geiste durchs
Evangelium berufen, mit seinen Gaben erleuch-

Q 2                                                ter,

tet; und im wahren Glauben geheiliget und erhalten wird.

Wir verabscheuen allen Religionshaß, als dem
Sinne Christi schlechterdings zuwider, und wollen
alle Kinder Gottes, sie seyn in welcher Christlichen
Religionsverfassung sie wollen, aufrichtig lieben
und für unsre Brüder erkennen.

Mit Religionsstreitigkeiten wollen wir uns
nicht befassen, sondern bey den deutlichen und un-
widersprechlichen Grundwahrheiten der heiligen
Schrift bleiben, und Jesum Christum, unsern
Herrn, und sein ganzes Verdienst, die eigentliche
Materie unsrer Unterhaltung mit allen Religions-
verwandten seyn lassen.

4) So wenig zur Glaubensgemeinschaft die
Gleichförmigkeit der Liturgie, Ceremonien und
Gebräuche gehört; und so wenig um deren Verschiedenheit willen nach den symbolischen Büchern der
Evangelischen Kirche, die Glaubensgemeinschaft
unterbrochen werden soll: eben so wenig wollen wir
jemals Ceremonien und Gebräuche, auch die äußerliche Form der Liturgie, so unschuldig und gut sie
auch wären, in unsrer Gemeine für unverbesserlich
halten, noch dergleichen zur Agende gehörige Dinge
mit dem Wesen unsrer Gemeinschaft vermengen.

Wir können unter uns nichts für wesentlich
nothwendig halten, als was zum Wesen, zum
Leben

leben und Beſtehen der Kirche Chriſti überhaupt gehöret.

Es gehöret aber dazu: die Gemeinſchaft des Glaubens an unſern Herrn Jeſum Chriſtum durch den heiligen Geiſt; die Gemeinſchaft der Liebe und der Hoffnung; und die Gemeinſchaft der Glieder der Gemeine zu Einem Leibe, wovon Chriſtus das Haupt iſt.

Das Beharren in der Lehre Jeſu und ſeiner Apoſtel, das Halten über den Einſetzungen unſers Herrn, und die Nachfolge ſeines Exempels, ſind damit unzertrennlich verbunden. Von dieſen zum Weſen einer Gemeine Jeſu gehörigen Stücken kann und ſoll auch in unſrer Gemeine weder etwas aufgehoben, noch auch darin jemals verändert werden, vielmehr wollen wir unabläßig zum Herrn beten, daß Er uns durch ſeinen Geiſt darin völliger machen, und ſeinem Herzen immer gemäßer geſtalten wolle.

Was hingegen zu der Art der äußerlichen Ordnung des Gottesdienſtes, und zu den mancherley Einrichtungen in der Gemeine gehöret, das iſt nicht für weſentlich nothwendig, noch für unwandelbar zu achten; ſondern dergleichen Ordnungen richten ſich nach den Umſtänden, und behalten zwar ihren Werth, ſind auch aufs treulichſte zu beobachten und darüber zu halten, ſolange ſie Beförderungs-

Q 3                    mittel

mittel zum Leben und göttlichen Wandel in der Gemeine abgeben können: wenn aber dieser Zweck
dadurch nicht mehr zu erreichen stehet, so ist deren
Abänderung nothwendig, weil sonst ein Opus
operatum, oder ein äußerlicher Gottesdienst zum
Schein und nur aus Gewohnheit, daraus entstehen,
viele sich daran mehr gewöhnen, als die Gnade erlangen, Gott im Geiste und in der Wahrheit an-
zubeten, auch die nie einzuschränkende Regierung
des heiligen Geistes dadurch verhindert werden kann.

Wir halten um deßwillen nach dem Exempel
der alten Brüderkirche für einen Grundsatz, sowol
in der Art des Lehrvortrags, als in allen Einrichtungen, welche zur Beförderung des Hauptzweckes
einer Gemeine Jesu gemacht worden, von Zeit zu
Zeit zu bessern und der heiligen Schrift immer gemäßer zu werden.

Wir wollen über nichts halten, wovon uns gezeigt wird, daß es besser und mehr zum Segen
eingerichtet werden kann; aber auch nichts fallen
lassen, was sich zur Förderung des göttlichen Lebens und Wandels heilsam und nützlich beweiset.

5) Bey der herzlichen Angelegenheit, daß
durch des Heilandes Gnade der wesentliche Charakter seiner Kirche auch an unsrer Gemeine immermehr ausgebildet werden möge, wollen wir nie
vergessen, wozu unser lieber Herr den geringen Anfang

fang unsrer alten Brüder, zu Ausbreitung des
Evangeliums in aller Welt gebraucht hat; wie
viele Brüdergemeinorte in so vielerley Landen
(mit welchen wir bey dem Genusse des Verdienstes
Jesu gleiche Gnade genießen und Einerley Glauben empfangen haben), dadurch veranlasset, und
in wahrer Glaubensgemeinschaft zu einer Gnaden-
ökonomie verbunden worden.

Diese Gemeinschaft, welche der Heiland in seinem Hohenpriesterlichen Gebete Joh. 17. den Seinigen erbeten, wollen wir als eine große Gnade
hoch schätzen, sie durch den Beystand unsers Herrn
und nach seinem Sinne ununterbrochen unterhalten, und den gemeinschaftlichen Zweck des Dienstes am Evangelium nach Vermögen jederzeit befördern helfen.

II. Von dem Grunde und Ordnung der
Gemeinverfassung.

1) Zum wesentlichen Charakter einer Gemeine
Christi gehöret die einfältige Nachfolge Jesu und
seiner Apostel in der armen und geringen Gestalt.
Wir wollen uns also diesen Charakter als eine besondere Gnade erbitten und unwandelbar empfohlen
seyn lassen; nicht weniger bey allen unsern Einrichtungen und Unternehmungen, so eine gute Absicht
dieselben auch haben mögen, ja bey unsrer ganzen
Lebensart, denselben beständig vor Augen behalten,

Q 4 und

und alles im großen und kleinen darnach einzurichten, befliſſen ſeyn. Denn unſers Herrn und Heilandes Reich iſt nicht von dieſer Welt; auch kann
Er uns zur Erfüllung unſers Berufs dabey weit
eher in Stand ſetzen, als wenn wir noch ſo hoch
geachtet wären, aber die unüberwindliche Stärke
verlören, die in der ſeligen Armuth und Niedrig-
keit liegt.

Wir wollen ſorgfältig darauf ſehen, daß in
der Gemeine nicht nach und nach gutgemeynte Gebräuche entſtehen, oder eingeführt werden, welche
dieſem weſentlichen Charakter zuwider ſind; daß
hingegen auch, zur ſcheinbaren Erleichterung und
Bequemlichkeit der Gemeinglieder, keine Einrichtungen abgethan werden, die demſelben anſtändig
und beförderlich ſind.

2) Der Grund zu allen Gemeinordnungen muß
ſich auf das menſchliche Herz beziehen, und ſie ſind
dazu gemeynt, daß die Arbeit an demſelben, ſowol
auf Seiten derer, welchen die Seelenpflege anvertrauet iſt, als auf Seiten derer, welche in der Pflege
ſind, erleichtert; alles Uebel in der Gemeine von
vorne herein verhütet, und was zu Verſündigungen
Anlaß geben könnte, möglichſt aus dem Wege
geräumt werde.

Wir haben daher bey aller äußerlichen Ordnung in der Gemeine vornemlich darauf zu ſehen,
daß

daß die lebendige Erkenntniß Jesu Christi, zur Beförderung des göttlichen Lebens und Wandels, in den Herzen der Gemeinglieder gepflanzet werde, damit dieselben daraus erkennen mögen, wie nützlich und heilsam gute Zucht und Ordnung sey, und was für ein Schade es seyn würde, wenn selbige nicht wäre.

Daraus aber folgt, daß die Gemeinordnungen niemanden wider seinen Willen aufgedrungen werden, sondern, daß sie ein allgemeines freywilliges Einverständniß sämmtlicher Gemeinglieder ohne Unterschied sind.

Sie müssen der Lehre des Heilandes und seiner Apostel gemäß seyn, und den wahren Wohlstand der Gemeinglieder in Absicht führen; damit kein wahres Mitglied, so seines Berufs gewiß ist, bey deren Annahme Bedenken finden könne. Wenn sie aber von der Gemeine angenommen sind, so muß von allen Gliedern und Einwohnern, besonders von allen Arbeitern und Dienern derselben, nach der dazu aufhabenden Pflicht, ohne allen Unterschied und Ansehen der Person heilig darüber gehalten werden.

3) Da eine Gemeine, wenn sie in den ihrer Freyheit überlassenen Ordnungen als ein Haus Gottes für sich bestehen soll, eine Direction haben muß, welche diese Ordnungen in gebührender

Maaße

Maaße bedient und aufrecht erhält: so ist auch die Einrichtung unsrer Gemeine von Anfang an darauf gerichtet gewesen, und wir wollen darüber halten, daß es an heilsamer Direction derselben nie ermangeln möge.

Eigentlich wird die Gemeine durch die von ihr erkannten und angenommenen Principia und Ordnungen selbst dirigirt, weil nur dadurch Harmonie und einerley Sinn befördert und erhalten werden kann.

Die Arbeiter und Diener aber sollen in den geordneten Conferenzen ihre Sorgfalt darauf richten, daß mit Vermeidung aller Irrungen und Mißverständnisse, auch Verhütung aller Partheylichkeit und Ansehens der Person, gedachte Principia ungehindert regieren können.

4) Alle Conferenzen und Aemter haben den wichtigen Zweck, der Gemeine Wohlstand zu befördern; sind also auch sämmtlich, ohne Unterschied ihrer mehrern oder mindern Aufträge, in ihrer Beschäftigung zu unterstützen und zu respectiren.

Zugleich aber ist über der festgestellten und bewährten Ordnung zu halten, daß keine Conferenz der andern Eingriff thue, und insonderheit die Aeltestenconferenz nichts annehmen, beschließen oder verfügen möge, was zu vorgängiger Ueberlegung und

und Präparation, auch wol zur Entscheidung, in andere Conferenzen gehöret; ingleichen, daß die Aemter in der Gemeine in ihrer Ordnung neben einander gehen, und keines dem andern in den Weg trete.

5) Der Aeltestenconferenz ist von der Gemeine die Direction des innerlichen und äußerlichen Zustandes der Gemeine überhaupt anvertrauet und übergeben, und sie siehet dieselbe als eine Wache an, welche besorgt seyn soll, daß die übrigen Conferenzen in ihrer Amtsausübung ungehindert fortgehen, die Gemeinordnungen aufrecht erhalten, und durchgängig gebührend beobachtet werden.

Die Gemeine erwartet auch von der Aeltestenconferenz, als eine ihrer vornehmsten Pflichten, den Friedensgedanken Jesu und seiner Bestimmung über ein jedes Gemeinglied mit möglichster Sorgfalt nachzuspüren, und darauf Bedacht zu nehmen, daß die Absichten unsers Herrn an niemanden durch unsre Schuld versäumt werden mögen; damit jeder Bruder und Schwester in der Gemeine versichert seyn können, daß über ihren Gang und Umstände von Zeit zu Zeit vor Gott mit Angelegenheit gedacht werde.

6) Zur Erreichung dieses großen Zweckes ist unter dieser Direction noch eine aus den Helfern der verschiedenen Chöre der Gemeine bestehende Confe-

Conferenz verordnet, welche die besondere Seelenpflege der Gemeinglieder zu ihrer Obliegenheit hat,
und die Chorhelfer-Conferenz genennet wird,
deren Ueberlegungen aber zur Entscheidung allemal
in die Aeltestenconferenz gebracht werden.

7) Hiernächst hat die Gemeine nach des Apostels Regel: Ist denn kein Weiser unter euch rc.
verständige Männer erwählet, die der Gemeinglieder Väter seyn, ihrem Anliegen sich unterziehen,
ihr Bestes nach Möglichkeit zu befördern, und sie
vor Schaden und Nachtheil zu behüten suchen,
auch zwischen Bruder und Bruder brüderlich richten sollen.

Das ist die Veranlassung zu dem Aufsehercollegium und der eigentliche Begriff davon. Es
soll zu Aufrechthaltung aller Gemeinordnung, Sittlichkeit, Rechtschaffenheit und Wohlanständigkeit
in dem Verhalten der Gemeinglieder, der Aeltestenconferenz Auge, Ohr und Hand seyn, und
im eigentlichsten Sinne Aufsicht führen.

Nicht minder ist dasselbe dem wichtigen Amte
des Gemeindieners, oder Vorstehers, welchem die
Besorgung des äußerlichen Wohlstandes der Gemeine insonderheit oblieget, als ein beständiger
Beyrath zugeordnet; und hat der Gemeindiener
mit diesem Collegium, in allen Theilen seines Amtes, vornemlich in treuer Verwaltung der Gemein-

einnah-

einnahme und Ausgabe, gemeinschaftlich zu Werke zu gehen; auch alljährlich, oder, so oft es der Gemeinrath verlangt, von dieser Vermögensverwaltung Rechnung abzulegen.

8) Es ist ferner eine Helferconferenz verordnet, die aus den Mitgliedern der Aeltestenconferenz, des Aufsehercollegiums und andern dazu ernannten und bestätigten Gemeingliedern bestehet, welche mit den Ordnungen und dem Gange der Gemeine bekannt sind, das Vertrauen derselben geniessen, auch Gnade und Gabe haben, die vorkommenden Fälle und Angelegenheiten zu beurtheilen, und mit gutem Rathe zu dienen.

Diese Conferenz hat den täglichen Gang der Gemeine mit allen Vorfallenheiten in Ueberlegung zu nehmen, und die Materien theils für den Gemeinrath, theils für das Aufsehercollegium, und theils für die Aeltestenconferenz zu präpariren.

9) Alles, was die ganze Commun angehet und interessirt, gehöret für den Gemeinrath, in welchem die Gemeine mit ihren Arbeitern und Dienern zusammen kommt, sich über dergleichen Sachen zu berathen, und die nöthigen Entschließungen zu fassen. Es kann demnach in Angelegenheiten von der Art in den Conferenzen der Arbeiter und Diener allein, nichts entscheidend beschlossen, noch ohne des Gemeinrathes Einwilligung festgestellt werden.

werben. Zu dergleichen ist zu rechnen, wenn neue Gemein- oder Policeyordnungen eingeführt, oder in den eingeführten etwas verändert; neue beträchtliche und nicht bereits regulirte Ausgaben für Rechnung der Commun veranlasset, neue Commungebäude errichtet; wenn endlich im Namen und für Rechnung der ganzen Gemeine Contrakte geschlossen, oder andere verbindliche Handlungen unternommen werden sollten.

Jegliches Mitglied des Gemeinrathes hat nicht nur dabey ein freyes Votum, oder die Befugniß, seine Meynung nach bester Erkenntniß, ohne alles Bedenken, offenherzig und ungehindert in der vom Gemeinrathe selbst beliebten Ordnung zu eröffnen; sondern ist auch als Glied am Leibe dazu um so mehr verbunden, je mehr von jedem Einwohner aus brüderlicher Pflicht erwartet wird, den Wohlstand der Gemeine in seiner Maaße zu Herzen zu nehmen, und dazu nach Vermögen beförderlich zu seyn.

Wenn in solcher Absicht jemand weiß, daß etwas anders vorgetragen wird, als es sich in der That verhält: so ist er nach Redlichkeit und Gewissen schuldig, es zu erinnern.

Wer zu solcher Zeit nicht, aber hintennach an andern Orten gegen eine Sache oder Vortrag Einwendungen macht, der handelt unredlich und ungewissenhaft. Wer einen guten Rath weiß, aber denset-

denselben aus Eigennuß, Ansehen der Person,
Menschenfurcht oder aus andern Absichten vorent-
hält, der versündiget sich wider den Sinn Christi.

Wer in öffentlichem Gemeinrathe seine Gedanken zu äußern Bedenken findet, dem bleibt frey,
solches privatim bey dem Gemeinhelfer oder Gemeindiener, oder einem andern Arbeiter zu thun.
Damit auch keinem Mitgliede des Gemeinrathes,
seine Erinnerung anzubringen, die Gelegenheit be-
nommen werden möge, so soll jedesmal von der
Gemeinrathsversammlung an, nach Beschaffenheit der Umstände, die erforderliche, und höchstens
acht Tage Zeit dazu gelassen werden.

Wenn aber weder im öffentlichen Gemeinrathe,
noch nachher privatim in der dazu bestimmten Frist,
Erinnerungen oder Einwendungen gegen die vor-
getragene Sache, oder den gethanen Vorschlag
gemacht werden: so wird die einmüthige Zustimmung des ganzen Gemeinrathes daraus geschlossen,
die nöthige Resolution für bekannt angenommen,
und ins Werk gesetzt.

Wenn die Meynungen der Mitglieder des Gemeinrathes getheilt sind; so wird zwar von der Gemeindirection auf die meisten Stimmen der Brüder, insonderheit der Hausväter, ingleichen der
Meister und Vorgesetzten; aber auch auf die Er-
heblichkeit der Gründe von beyden Seiten, billiger
Bedacht

Bedacht genommen. Doch soll in Sachen von obenbemerkter Art, die die ganze Gemeine betreffen, niemals wider den Willen des größten Theils der Gemeinrathsglieder etwas beschloffen werden können.

Von jedem Bruder wird erwartet, daß er bey seinen Erinnerungen und Einwendungen aus erheblichen Gründen handle, auf die Sache Gottes in der Gemeine und deren allgemeinen Wohlstand allein sehe, auch den Sinn Christi dabey lauterlich vor Augen habe; nicht weniger alles, was er zu erinnern oder einzuwenden hat, auf eine bescheidene, dem Respect vor der Gegenwart unsers Herrn und des Gemeinrathes gemäße Weise, anbringe. Denn wenn wider Verhoffen jemand in solchen Fällen nicht das, was des Herrn, sondern was das Seine ist, suchte; gegen den brüderlichen Sinn und die Grundprincipia der Gemeine handelte; sich ungebührlich bezeigte; oder auch die im Gemeinrathe vorkommende, und die Gemeine allein angehende Sachen austrüge, und zu deren Bekanntwerdung, wo sie nicht hingehören, Veranlaffung gäbe: so würde er es sich selbst beyzumeffen haben, wenn er, nach Befinden der Umstände, von dem Gemeinrathe ausgeschloffen werden müßte.

11) Zu Bedienung der in der Gemeine eingeführten Aemter werden erfordert:

a) Der

a) Der Gemeinhelfer.

b) Der Prediger.

c) Die Chorhelfer und Chorhelferinnen.

d) Die Diener oder Vorsteher bey der Gemeine ins Ganze und ihren Chorabtheilungen.

e) Die Vorgesetzten bey den Schul- und
Kinderanstalten, u. s. w.

12) Zu Bedienung des Lehramtes, so wie zu
allen übrigen Aemtern in der Gemeine, ist jederzeit auf solche Personen Bedacht zu nehmen, welche
nicht nur für wahre Gemeinglieder zu achten sind,
sondern auch, nach Beschaffenheit ihres Amtes,
die nöthige Wissenschaft, auch sonst die dazu erfor-
lichen Gaben und Gnade haben, und auf denen
der Geist Jesu Christi und der Gemeine ruhet.

Weil nun diese Eigenschaften sowol bey Personen, welche in der gewöhnlichen Ordnung auf
hohen Schulen und Universitäten den Wissenschaften obgelegen, als bey solchen, welche keine Universitäten frequentirt haben, befindlich seyn können;
unser lieber Herr auch zu seinen vorerwählten Zeugen und Aposteln sogenannte ungelehrte Leute berufen; so halten wir für eine löbliche, und dem
apostolischen Gebrauche gemäße Ordnung, daß,
wie die Aemter in der Gemeine überhaupt, so auch
das Amt des Wortes, neben dem Prediger, auch

R                          von

von andern begabten und begnadigten Brüdern, sie
mögen sogenannte studirte seyn oder nicht, bedienet werden.

13) Da auf die Besetzung der Aemter in der
Gemeine, mit Personen, welche die dazu nöthigen
Geistes- und Gnadengaben, auch die erforderliche
Legitimation haben, sehr viel ankommt, und uns
billig anliegt, daß hiebey zu aller Zeit die Ausführung des Gnadenraths Gottes mit der Gemeine
das Augenmerk bleibe, und alle menschliche Ne-
benabsichten und Mißgriffe, besonders aber Unlau-
terkeit und unerlaubter Eigenwille in so wichtigen
Dingen vermieden werde; so bevollmächtigen und
autorisiren wir unsre Aeltestenconferenz hierdurch
ein vor allemal, dafür Sorge zu tragen, daß alle
Gemeinämter von Zeit zu Zeit nach der in der
Brüdergemeine festgesetzten Ordnung gehörig und
wohl besetzt werden. Und weil wir bey den in
Vorschlag kommenden Subjectis nicht unsrer eignen Wahl, sondern lediglich der Regierung unsers
Herrn überlassen bleiben wollen; so soll in allen
dergleichen Fällen durch das Loos entschieden werden, wen der Herr zu einem jeden von den zu be-
setzenden Aemtern erwählt hat.

14) Was das Aufsehercollegium und die
Helferconferenz betrifft, so sollen die Mitglieder, welche nicht Amtshalben dazu gehören, von
dem

dem Gemeinrathe durch Vota in Vorschlag gebracht, und hierauf in der Aeltestenconferenz nach
Ordnung der meisten Stimmen, von den in Vorschlag gebrachten Personen, bey denen keine gegründete Bedenken obwalten, diejenigen, welche
das Loos trifft, für erwählt und angenommen geachtet werden.

Den Präses des Aufsehercollegiums schlägt
die Aeltestenconferenz dem Gemeinrathe vor, und
wenn letzterer wider den Vorschlag nichts mit
Bestand erinnert, so entscheidet ebenfalls das
Loos von der Bestätigung des vorgeschlagenen
Bruders.

Amtshalben gehören ins Aufsehercollegium die
dem Gemeindieneramte vorstehende Personen, die
Diener der Witwer= und ledigen Brüderchöre, und
die Curatores der Witwen= und ledigen Schwe-
sternchöre.

In die Helferconferenz gehören Amtshalben
alle Mitglieder der Aeltestenconferenz und des Aufsehercollegiums.

15) Zur Ordnung der Gemeine gehöret vornemlich die Abtheilung aller verschiedenen Chöre,
die die menschliche Natur und Umstände mit sich
bringen.

Bey jeder Chorabtheilung geht der Zweck dahin, daß selbige nach ihrem Alter und Stande die

R 2                              über

über alle Wissenschaft und Einsicht gehende Kraft des gläubigen Einkleidens in Jesum für Herz, Seele und Leib zu erfahren, und bey der Evangelischen Erkenntniß seiner und unsrer selbst, seines ganzen Verdienstes froh zu werden, die Gnade erlangen möge.

Es hat dasselbe keinen besondern bürgerlichen Zusammenhang, sondern blos die Beförderung des innern Gnadenganges und der Seelenpflege, auch die dabey nothwendige äußere Ordnung zum Grunde und Zwecke; daher in Ansehung des bürgerlichen und äußerlichen Verhältnisses die Einwohner der Chorhäuser sich gleich allen andern Ortseinwohnern anzusehen und zu betragen haben.

Unsre Chorhäuser sind eigentlich zu Schulen des heiligen Geistes bestimmt.

Ob nun gleich zu nützlicher Erziehung junger Leute und zu Unterstützung der mancherley Dienste, welche besonders vom Chore der ledigen Brüder zu Beförderung der Sache des Heilandes geleistet werden, in gedachtem Chorhause auch Handwerke und Professionen getrieben werden müssen: so hat doch die Aeltestenconferenz darüber zu wachen, daß selbige, wie andere bürgerliche Gewerbe, obigen Principiis immer mehr gemäß eingerichtet, und aller Schein gemeinschaftlicher Gewerbeplätze sorgfältig davon entfernt und vermieden werde.

III. Vers

III. Verhältniß der Gemeine gegen ihre Landes= und Ortsobrigkeit.

1) Da die heilige Schrift den Gehorsam und die Unterthänigkeit gegen alle Obrigkeit, die Gewalt über uns hat, ausdrücklich anbefiehlt; denn sie ist Gottes Dienerin uns zu gut: so wollen wir bey den uns huldreichst verliehenen Freyheiten, Rechten und Befugnissen, als treugehorsamste Landesunterthanen, die willige Unterwerfung unter die landesherrlichen Gesetze und Landesverordnungen, nicht minder die schuldige Entrichtung der landesherrlichen Abgaben, als eine unverbrüchliche Regel, treulich beobachten; und wer sich unter uns dieser Christenpflicht mit Wort oder That entziehen wollte, soll nicht in der Gemeine geduldet werden.

Wir erkennen uns demnach für verbunden, unsre hohe Landesobrigkeit nicht nur zu lieben und zu ehren; sondern auch derselben Interesse, und das Beste des Landes, worin uns der HErr gepflanzet hat, möglichst zu befördern; mithin weder unsre eigne, noch einige andere Privatconvenienz und Interesse dem landesherrlichen auf irgend einige Weise vorzuziehen. Wir wollen auch die Beobachtung aller Landesgesetze und Verfassungsordnungen, in so fern uns unsre wohlerlangte Freyheiten und Befugnisse nicht davon eximiren, uns von Herzen angelegen seyn lassen.

R 3                    2) Nicht

2) Nicht minder wollen wir aus eben dieser Pflicht unsrer lieben Orts- und Gerichtsobrigkeit, um des Herrn willen, von Herzen ergeben und zugethan seyn, auch derselben Interesse, so viel wir dazu Gelegenheit haben und im Stande sind, zu befördern, um so weniger jemals ermangeln, je zuversichtlicher wir uns von derselben versprechen, daß die Erhaltung und Beförderung der Sache Gottes in der Gemeine ihr eben so sehr, als der Gemeine selbst, zu aller Zeit am Herzen liegen, dieselbe auch allenthalben Recht und Gerechtigkeit handhaben werde.

3) Weil auch, zu Verhütung aller Irrungen und Collisionen zwischen dem, was zur Ausübung des obrigkeitlichen Amtes in der Gemeine, und was zu den Mitteln, wodurch die innern und äussern Gemeinordnungen ungehindert aufrecht erhalten werden können, gehört; auch zu deutlicher Bestimmung und Auseinandersetzung der beyderseitigen Rechte und Befugnisse, von der hiesigen Gerichtsobrigkeit mit der Gemeine ein immerwährendes Rechtsbeständiges Abkommen getroffen worden: so wollen wir uns nach demselben unverbrüchlich achten.

4) Dem zufolge soll alles, was zu schuldiger Beobachtung der Landesgesetze, und zur Wachsamkeit über deren Ausübung zu dem Gerichtsobrigkeitlichen Amte gehört, in so fern die erlangten

Privi-

Privilegien uns von dergleichen Gesetzen nicht eximiren, der Gerichtsobrigkeitlichen Vorkehrung so
willig als schuldig überlassen, und von der Gemeine und ihren Arbeitern zu Beeinträchtigung des
obrigkeitlichen Amtes, sich mit dergleichen nicht
befasset, noch auch von derselben jemals etwas unternommen oder sich angemaßet werden, worüber
mit der Gerichtsobrigkeit in dem vorangezogenen
Abkommen sich nicht einverstanden worden. Wie
denn auch die der Gemeindirection in diesem Abkommen zugestandene Befugnisse der Gerichtsobrigkeit nie zur Last fallen, sondern von ersterer allenthalben vertreten werden sollen.

5) Wenn unter uns, welches Gott in Gnaden verhüte, Uebertretungen gegen die Gesetze
vorfielen, so sollen selbige der Gerichtsobrigkeit oder
ihren Beamten behörig angezeigt, und keinesweges
verheimlichet werden. Es kann niemand hierunter einige Ausnahme haben, außer diejenige Person, bey welcher dergleichen Vergehungen beicht-
weise bekennt werden.

6) Ob auch gleich Personen, welche ein pri-
vilegirtes Forum haben, unter Ritterguts-Juris-
diction nicht gezogen werden können; so sind sie
doch, wenn sie sich in der Gemeine ansässig machen,
mit dieser Possession und in Ansehung derselben der
Gerichtsbarkeit des Ortes unterworfen.

R 4     IV. Von

IV. Von dem Verhältniſſe der Gemeine gegen ihre Diener und dieſer gegen jene.

1) Die Gemeine und ihre Arbeiter und Diener ſind Ein Leib, und gehören nothwendig zuſammen. Sie haben auch nur Ein Intereſſe, daß alles ehrlich und ordentlich zugehe und in der Liebe geſchehe zur Selbſtbeſſerung, auf daß der Leib Chriſti erbauet werde. Aller Schein eines verſchiedenen Intereſſe, ja alles, was das Vertrauen der Gemeine und ihrer Arbeiter und Diener gegen einander ſtören könnte, iſt ſorgfältigſt zu vermeiden und aus der Gemeine zu entfernen.

2) Niemand kann ein Arbeiter und Diener der Gemeine werden, wenn letztere ihn nicht dafür erkennet; und der Name Diener begreifft ſchon deren Verbindlichkeit gegen die Gemeine in ſich. Es muß ihnen, um dieſer Verbindlichkeit willen, von Herzen und zu aller Zeit anliegen, nicht nur für ihr eigen Herz in ununterbrochener Gemeinſchaft mit dem Heilande zu ſtehen, ſondern auch die zu ihrem Berufe nöthigen Gnadengaben ſich zu erbitten, damit ſie nicht aus eigner Vernunft und Kraft, nach blos menſchlicher Weisheit, ſondern durch den heiligen Geiſt regieret, nach Chriſti Sinne handeln mögen.

Sie haben nicht, was das ihre iſt, ſondern was des Herrn iſt, zu ſuchen; am wenigſten ſich

eini-

einige Herrſchaft und Meiſterſchaft über die übri=
gen Gemeinglieder anzumaßen.

Die Gemeine mit allen ihren Mitgliedern iſt aber
auch ſchuldig, folgende Bitte des Apoſtels bey ſich
ſtatt finden zu laſſen, und derſelben nachzukommen:

"Wir bitten euch aber, lieben Brüder, daß
ihr erkennet, die an euch arbeiten, und euch vor=
ſtehen in dem Herrn, und euch ermahnen. Habt
ſie deſto lieber um ihres Werkes willen, und ſeyd
friedſam mit ihnen."

Wir wollen alſo nach ebenmäßiger Ermahnung
des Apoſtels, unſern Lehrern gehorchen und ihnen
folgen, denn ſie wachen über unſre Seelen, als
die da Rechenſchaft dafür geben ſollen; auf daß
ſie das mit Freuden thun und nicht mit Seufzen;
denn das würde uns nicht gut ſeyn.

Wir wollen fleißig für ſie beten, daß wir mit
ihnen und ſie mit uns in Einem Sinne nach Chri=
ſto Jeſu leben und wandeln mögen.

3) Blos um äußerlicher Geſchicklichkeit und
Gaben willen wollen wir niemanden ein Amt in
der Gemeine auftragen; weil ſolches der apoſtoli=
ſchen Praxi nicht gemäß ſeyn würde, ſondern wol=
len dabey vor allen Dingen auf den innern Gnaden=
beruf und die Gabe des Geiſtes Bedacht nehmen.

4) Kein Arbeiter und Diener der Gemeine ſoll
dem andern in ſein Amt greiffen, noch ihm bey

R 5 deſſen

deſſen Ausübung hinderlich fallen, ſondern einer den andern lieben und ehren, und ihm ſein Amt, ſo viel er dazu im Stande iſt, erleichtern helfen.

5) Da ein jeder Bruder in der Gemeine, für deren Wohlſtand, und die Sache des Heilandes in derſelben, in ſeiner Maaße billig mit ſorgt, und ſeine Gedanken darüber zu ſagen, ſo befugt als verbunden iſt; maßen ein jeder, als ein Glied am Leibe, den Wohl- oder Uebelſtand des Ganzen mit empfindet: ſo hat jeder Arbeiter und Diener die beſcheidenen Erinnerungen der Gemeinglieder gern und willig anzuhören, und darauf gebührend zu achten.

6) Gemeinarbeiter und Diener, welche Profeſſionen oder Handwerke treiben können, haben ſich derſelben, nach apoſtoliſcher und alter Gemeinweiſe, weder zu ſchämen, noch zu entſchlagen; ſondern ſolche, wenn ihr Dienſt bey der Gemeine ihnen nicht alle Zeit dazu wegnimmt, ſo viel nur immer möglich, zu Erwerbung ihres Unterhalts fortzuſetzen.

Hingegen erachten wir uns verbunden, für den Unterhalt derjenigen unſrer Arbeiter und Diener mit ihren Familien, welche ſich ſelbſt weder ganz, noch zum Theil unterhalten können, auf alle Weiſe treulich zu ſorgen, damit keiner derſelben an der Nothdurft Mangel leide. Es ſoll alſo jedem, er bediene die Gemeine überhaupt, oder

deren

deren Chöre besonders, ein seinen Umständen gemäßer jährlicher Gehalt ausgesetzt, und von Gemeine wegen gereicht werden.

7) Da ein Bruder ein ihm aufgetragenes Amt in der Gemeine nur so lange mit Nutzen bekleiden kann, als ihm die dazu nöthige Gnade und das Vertrauen der Gemeine verliehen ist: so haben alle Arbeiter und Diener, wenn sie diese Gabe und Gnade verlieren, und ihr Amt mit dem Vertrauen und Segen der Gemeine nicht mehr bedienen können, sich es gefallen zu lassen, davon wieder abzutreten, und in den Gang anderer Gemeinglieder zurück zu kehren.

V. Verbindlichkeit der Gemeinglieder zur Gemeine selbst.

1) Wenn jemand um Erlaubniß anhält, in der Gemeine zu wohnen, so wird das Aufsehercollegium zuerst von dessen sämmtlichen Umständen, nicht weniger von dem eigentlichen Grunde und Endzwecke seines Begehrens gründliche und hinlängliche Nachricht von ihm einziehen, und solche, nebst seinem Gutachten, an die Aeltestenconferenz gelangen lassen, damit man so zuverläßig, als nur immer möglich ist, versichert seyn könne, daß gedachtes Begehren aus lauterer Absicht, freywillig und wohl überlegt geschiehet, auch die bittende Person zu solcher Entschließung Freyheit und Gewalt habe.

Eine

Eine dergleichen Person soll nach Beschaffenheit ihres Zustandes insonderheit darüber vernommen werden, ob sie keiner Obrigkeit mit Erbunterthänigkeit und Dienstpflichten zugethan sey, auch, wenn es thunlich ist, glaubwürdige Zeugnisse deßfalls beybringen; ingleichen, ob sie sonst in keiner Verbindung stehe, welche sie hindern könnte, sich zur Gemeine zu begeben; damit weder für die Ortsobrigkeit, noch für die Gemeine, noch für dergleichen Personen selbst, unvorgesehener Verdruß, Gefahr oder Verantwortung hintennach entstehen möge.

2) Die Erlaubniß in einem Gemeinorte zu wohnen, soll zu aller Zeit von niemanden ertheilt werden können, als von der Aeltestenconferenz der Gemeine, durch das Aufsehercollegium; nachdem die Gerichtsherrschaft alles ihr dieserwegen zustehende Recht der Gemeine auf immerdar übertragen, sich aber dabey nur vorbehalten hat, daß wenn ganze Familien, auch Standes- und Adeliche, oder andere charakterisirte Personen in der Gemeine zu wohnen Erlaubniß erhalten sollen, es vorher bey der Gerichtsobrigkeit gemeldet, und deren Einwilligung gewärtiget werde.

3) Standes, Reichthums oder Geschicklichkeit halber wollen wir niemanden bey der Gemeine annehmen. Auch bekennen wir uns aufs neue zu dem von Anfang angenommenen Grundsatz, daß

kein

kein Mensch, er sey, wer er wolle, wenn man nicht von der Arbeit des heiligen Geistes an seinem Herzen, und von seinem Gnadenberufe überzeugende Merkmaale findet, auf bloße Hoffnung auf- und angenommen werden soll. Denn da der Zweck unsrer Gemeine kein anderer ist, noch durch Gottes Gnade jemals seyn soll, als in wahrer Glaubensgemeinschaft und brüderlicher Liebe nach Christi Sinn beysammen zu leben; so folget daraus, daß niemand für ein Glied der Gemeine geachtet werden und in derselben wohnen und bleiben könne, als wer zu diesem Sinne entweder durch die Geburt aus Gott wirklich begnadigt ist, oder doch darnach von Herzen verlangt.

Wenn sich aber gleichwol Personen in der Gemeine finden sollten, von welchem Stande und Alter sie seyn mögen, welche weder Verstand an dem Geheimnisse Christi haben, noch die Gemeinschaft des Glaubens zu genießen für die Zeit fähig, ja wol oft schon eine geraume Zeit in Gleichgültigkeit und ohne Empfindung gegen den Heiland hingegangen sind; einfolglich an deren Beruf zur Gemeine und Gedeihen in derselben billig zu zweifeln stehet: so soll in solchen Fällen von der Aeltestenconferenz reiflich überlegt werden, ob man dergleichen Personen noch länger mit Geduld zu tragen und auszuwarten habe, oder ob nicht viel-

vielmehr deren eigner Wohlstand erfordere, ihnen
in herzlicher Liebe anzurathen, die Gemeine zu
verlassen.

Zur Beförderung der sorgfältigsten eignen Prüfung über den bey einem wahren Gemeingliede erforderlichen treuen Sinn, als welche nur in reiferm
Alter gründlich angestellt werden kann, soll denen
in der Gemeine aufgezogenen Jünglingen, wenn
sie ihren Jahren nach in das ledige Brüderchor
aufzunehmen sind, vor der wirklichen Aufnahme,
der deutlichste Unterricht darüber gegeben, und sie
vom Aufsehercollegium gesprochen; die Gemeinordnungen denselben bekannt gemacht, und nachdem
ihnen, zu deren reiflichsten Ueberlegung, Zeit gelassen worden, derselben Befolgung mit Handgelöbniß von ihnen versprochen werden.

Wer auch die Evangelische und zwanglose Behandlung in der Gemeine zum Deckmantel der Bosheit brauchen, und sich in die Schranken der Gemeinordnung nicht fügen wollte, oder gar andern
zum Aergerniß oder Seelenschaden wäre; der gehört nicht zu uns, und soll ohne Ansehen der Person von der Gemeine entfernt werden.

4) Wir erkennen für eine der wichtigsten und
ersprießlichsten Gemeineinrichtung, daß zu Verhütung alles Seelenschadens und aller Bekränkung
des Ruhms an Christo unter uns über die Aus-
einan-

einanderhaltung beyderley Geschlechter in gebührender Ordnung und Anständigkeit unwandelbar gehalten werde.

Wir Hausväter wollen also die Einrichtung
unsers Familien= und Hauswesens dieser heilsamen
Absicht gemäß einzurichten, uns jederzeit möglichst
angelegen seyn lassen.

So wollen wir auch, nicht aus Einbildung einer besondern Heiligkeit, sondern aus dem Be-
wußtseyn unsers menschlichen Elends und Sündigkeit, fest darüber halten, daß aller unnöthige Privatumgang einzelner Personen von beyderley Geschlecht, woraus Gefahr und Schaden entstehen
könnte, weislich vermieden, und unter keinerley
Vorwand gestattet werden möge; damit nicht nur
die Gelegenheit zu Unordnung und Versündigung
abgeschnitten, sondern auch vornemlich verhütet
werde, daß niemals heimliche Verbindungen entstehen, noch auch Versprechungen zur Ehe anders als in gebührender Ordnung vorkommen
mögen.

Und wenn sich gleichwol, aller angewendeten
Vorsicht ungeachtet, wider Verhoffen ereignen
sollte, daß ledige Manns= und Weibspersonen in
heimliches Einverständniß sich einließen und einander die Ehe versprächen, oder auch zu dergleichen Unordnung von jemand Gelegenheit gegeben

oder

oder selbige veranlasset würde: so sollen nicht nur die ledigen Personen, welche sich solches Ungebührniß zu Schulden kommen lassen, sondern auch diejenigen, welche dazu Gelegenheit gegeben oder es veranlasset haben möchten, in der Gemeine nicht gebuldet werden.

5) Ueber den höchstwichtigen Punkt der Erziehung unsrer Kinder in der Zucht und Vermahnung zum Herrn, haben wir für nöthig erachtet, uns besonders wohl einzuverstehen und ausdrücklich zu verbinden, daß dieserhalb unter uns nachfolgende Regeln und Grundsätze durch Gottes Gnade treulich und unverrückt beobachtet werden sollen:

a) Unsre verehelichten und von Gott mit Kindern gesegneten Gemeinglieder haben nie zu vergessen, daß ihre Kinder ein Eigenthum Jesu sind; welches Er mit seinem heiligen Blute erkauft und erworben hat; daß sie selbige also für unsern lieben Herrn allein zu erziehen, und alle nur mögliche Sorgfalt anzuwenden haben, daß sie vor Aergerniß und Schaden bewahrt werden mögen.

Dazu gehört vor allen Dingen, daß die Eltern sich selbst in allem ihren Thun und Lassen als Menschen Gottes und priesterlich beweisen, und durch ihr Exempel ihre Kinder erbauen und zur Nachfolge reizen; denn dadurch werden sie bey denselben am meisten Frucht schaffen, und zugleich in

der

der treuen Ausübung ihrer elterlichen Pflicht für
sich selbst einen unausbleiblichen Segen finden.

b) Nächst dieser ersten und größten Pflicht bey
der Kindererziehung ist auch die Art ihrer leiblichen
und äußerlichen Verpflegung, und der Lebensart,
wozu sie in der Jugend gewöhnt werden, der größten Aufmerksamkeit werth.

Wir wollen nicht nur um des Berufs willen,
den wir haben, unserm Herrn und Heilande auf
alle Weise in Ausbreitung des Evangeliums zu
dienen, sondern auch in Absicht auf das allgemeine
Beste uns sorgfältigst hüten, daß wir unsre Kinder nicht weichlich erziehen noch verzärteln; vielmehr dieselben von ihrer Geburt an zu den Müh-
seligkeiten des menschlichen Lebens, und insonderheit zu rechter Zeit zu allen Arten der Arbeit
und nützlichen Beschäftigungen gewöhnen und anhalten.

c) Bey den Schuleinrichtungen in der Gemeine haben deren Aeltesten und Vorsteher eine
Hauptsorgfalt darauf zu richten, daß die Jugend
in der Erkenntniß der Wahrheit zur Gottseligkeit,
nach der heiligen Schrift, auf eine dem Herzen
und ihren Begriffen zupassende Weise, gründlich
unterrichtet werden möge, damit die Erkenntniß
Jesu in ihnen von Jugend auf gepflanzet werde,
und sie die Heilswahrheiten nicht nur mit dem Ver-

S                    stande

stande und Gedächtnisse fassen, sondern auch vornemlich für ihr Herz anwenden lernen.

Nebst der heiligen Schrift und blos schriftmäßigen Anleitung, soll auch der kleine Catechismus Lutheri bey dem Unterrichte unsrer Jugend im Gebrauche erhalten werden.

Außer diesem wesentlichsten Erfordernisse des Unterrichts in dem Grunde Christlicher Lehre soll in den Schulen dafür gesorgt werden, daß die Kinder im Lesen, Schreiben und Rechnen, und die Knaben wenigstens in den Anfangsgründen der Lateinischen Sprache, und der nöthigsten Kenntniß von der Geographie und Historie, auch im Zeichnen; die Mägdlein aber in allerley weiblicher Arbeit den erforderlichen Unterricht empfangen mögen. Und soll dabey kein Unterschied unter den Kindern gemacht werden, ob sie von armen oder vermögenden Eltern sind; maßen für die Armen das Schulgeld und die nöthigen Hülfsmittel von dem Almosenpfleger bezahlt werden sollen. Auch haben die Schulvorgesetzten sich mit allem Fleiße zu bemühen, der Kinder Neigungen und Fähigkeiten in Absicht auf ihre künftige Bestimmung genau kennen zu lernen.

d) Damit die Kindererziehung den Eltern in der Gemeine so viel möglich erleichtert werde, so haben wir den Aeltesten und Vorstehern aufgetragen,

gen, denselben hierunter mit der nöthigen Anweisung, Rath und Hülfe beyzustehen, auch zur Seelenpflege der Kinder, und deren Anleitung zur
Wohlanständigkeit und guten Sitten die nöthigen
Beförderungsmittel an die Hand zu geben.

Die Eltern haben auch dergleichen Handlei-
tung und Beystand in dieser so wichtigen Sache
mit Dankbarkeit zu erkennen und zu gebrauchen.

e) Wenn sich wider Verhoffen ereignen sollte,
daß Kinder von einer Familie ohne Seelengefahr
und Schaden nicht füglich beysammen gelassen werden könnten, mithin eine Veränderung oder Ver-
setzung des einen oder andern Kindes angerathen
werden müßte; so haben die Eltern sich solches, aus
Liebe und Treue für die Kinder, billig gefallen zu
lassen.

f) Die ins Allgemeine festgestellte Auseinanderhaltung beyderley Geschlechter ist auch bey der
Kindererziehung den Eltern besonders anempfoh-
len; in welcher Absicht letztere darauf Bedacht zu
nehmen haben, daß ihre unerzogene Kinder unter
beständiger weiblichen Aufsicht gehalten und niemals ganz allein bey einander gelassen, insonderheit beym An- und Ausziehen, im Schlafen und
sonst, dergestalt behandelt werden, daß alle Gelegenheit zu Vorwitz und Verführung möglichst verhütet werden möge.

S 2       Wenn

Wenn aber wider Verhoffen sich gleichwol Eltern in der Gemeine finden sollten, welche bey allem
guten Rathe und Unterstützung in Erziehung ihrer
Kinder vorsetzlich untreu, nachläßig und saumselig
erfunden würden: so haben sie solches nicht nur dem
Herrn, dessen sie und ihre Kinder eigen sind, allein
zu verantworten; sondern sich es auch selber zuzu-
schreiben, wenn sie um ihrer schlechten und ärger-
lichen Kinderzucht willen, im Falle die Ermahnungen bey ihnen keine Besserung wirken, des
Wohnens in der Gemeine verlustig werden.

Ehe jedoch etwas für eine wirkliche Verführung erklärt wird, soll die Aeltestenconferenz darüber, sowol was das Betragen der Kinder, als
die Schuld der Eltern dabey betrifft, die genaueste
Untersuchung anstellen, mit dem Aufsehercollegium
communiciren, und die Entfernung von der Gemeine in solchem Falle eher nicht beschlossen werden,
bis alle Personen, die es auf irgend eine Weise angehet, vorher darüber hinlänglich gehört worden.

6) Wir erachten uns als Glieder Eines leibes, wovon Christus das Haupt ist, und durch die
Gemeinschaft des Glaubens, der Liebe und der
Hoffnung, wozu wir berufen sind, allesammt für
verbunden, einander Gehülfen der Freude zu seyn,
und Wohl und Wehe gemeinschaftlich tragen zu
helfen; und um so mehr ist ein jedes Gemeinglied
schuldig,

schuldig, nichts zu unternehmen, noch zu veranlassen, woraus für ein anderes, oder für die ganze Gemeine, Nachtheil und Schaden, oder auch böser Leumuth entstehen könnte. Wir wollen aber diese Pflicht gegen andere Nebenmenschen nicht weniger von Herzen beobachten.

7) Wenn ein Bruder oder Schwester in der Gemeine, wer sie auch seyn mögen, etwas gewahr würden, woraus Versündigung und Schaden entstehen, oder welches zu Schmälerung des Ruhms an Christo Anlaß geben könnte; so sind sie verpflichtet, solches weder zu verheimlichen, noch auch unvorsichtig und an unrechten Orten bekannt zu machen, sondern es unverzüglich bey dem Aufseher-collegium oder bey der Aeltestenconferenz, entweder direct oder durch ihre Chorarbeiter anzuzeigen, damit es untersucht, und allem Nachtheile möglichst vorgebeuget werden könne.

8) Da nach der Gemeinordnung niemand in der Gemeine wohnen, noch weniger in derselben ein Haus oder anderes Grundstück eigenthümlich erlangen und besitzen kann, wenn er nicht ein Mitglied der Gemeine ist, und dazu behörige Erlaubniß erhalten hat: so folgt daraus von selbst, daß kein angesessener Einwohner sein Haus und Grundstück weder an jemand anders, als wer von der Direction der Gemeine dazu Erlaubniß erhält,

S 3

verkau

verkaufen, noch auf seine Kinder oder andere An=
verwandten vererben kann, wenn selbige nicht gleich=
ermaßen als Gemeinglieder erwählt, und zum
Besitz derselben von der Gemeindirection fähig er=
achtet werden.

Hingegen stehet einem jeden frey, so wie über
sein übriges Vermögen, also auch über den Werth
seines Hauses oder Grundstücks nach Gefallen zu
disponiren; und soll dieser Werth, wenn sich nicht
mit einem annehmlichen Käufer oder dem Aufse=
hercollegium freywillig darüber einverstanden wer=
den könnte, durch verpflichteter Gewerken Taxation
bestimmet, und an die Erben, entweder von dem
Käufer, oder durch Vermittelung des Aufseher=
collegiums vergütet werden. Ueber dieser Ord=
nung wollen wir zum Bestehen der Gemeine in ih=
rer löblichen Einrichtung treu und unverbrüchlich
halten, und begeben uns nicht nur aller derselben
entgegen laufenden Disposition freywillig; sondern
verordnen auch ausdrücklich, daß unsre Erben und
Erbnehmen sich in vorkommenden Fällen darnach
zu achten, schuldig und gehalten seyn sollen.

9) Sollte ferner ein hier ansäßiger Einwohner
sich Vergehungen zu Schulden kommen lassen, um
deren willen er in der Gemeine nicht geduldet wer=
den könnte; so soll er schuldig und gehalten seyn,
sein Haus oder Grundstück an einen von der Ge=

mein=

meindirection approbirten Käufer zu verkaufen.
Wenn sich aber kein solcher Käufer fände; so sollen
bis dahin dergleichen Immobilia für seine Rechnung, unter gerichtsobrigkeitlicher Aufsicht, in
Administration gestellt, und die daraus zu ziehenden Nutzungen ihm gehörig verabfolgt werden, er
aber zur Räumung des Orts verbunden seyn.

Im Falle auch ein Einwohner die Gemeine zu
verlassen von selbst beschließen sollte, als worin ein
jeder vollkommene Freyheit behält; so soll er schuldig und gehalten seyn, sein Haus oder Grundstück
an einen von der Gemeindirection approbirten Käufer zu verkaufen. Wenn sich aber ein solcher Käufer nicht sogleich fände; so soll ein dergleichen Haus
für seine Rechnung bis dahin in pflichtmäßige Administration gestellt, und die daraus zu ziehenden
Nutzungen ihm gehörig verabfolgt werden: die
Gemeine aber dergleichen Haus, wider ihren Willen käuflich zu übernehmen, keinesweges schuldig
erachtet noch genöthiget werden können.

10). Gleichwie die Gemeine sich für verbunden
erkennet, aller ihrer Mitglieder, welche Alters oder
Kränklichkeit halber, oder sonst ohne eignes Ver-
schulden, hülflos sind, und sich selbst nicht durchbrin-
gen können, zu nothdürftiger Versorgung sich überhaupt liebreich anzunehmen: so wollen wir uns auch,
besonders zur Pflicht machen, für der in der Gemeine

S 4                    befind-

befindlichen Vater- und Mutterlosen Waisenkinder
gute Erziehung zu sorgen, und ihnen zu Erlernung
der sich für sie schickenden Wissenschaften oder Pro-
feßionen und Arbeiten behülflich zu seyn, damit sie
sich dereinst als nützliche Mitglieder des gemeinen
Wesens beweisen, und redlich ernähren können.

11) Alles, was einigen Schein von Gemeinschaft der Güter haben, oder woraus etwas dergleichen in der Zeitfolge entstehen könnte, wollen
wir sorgfältig vermeiden.

Die Gemeine, als Gemeine, hat sich nicht
mit Sachen und Unternehmungen einzulassen, die
ihrem eigentlichen Berufe hinderlich werden, oder
zu dem Urtheile Anlaß geben könnten, als ob der
Gewinnst durch Handlung oder bürgerliche Gewerbe die Absicht ihrer Gemeinschaft und ihres Beysammenwohnens wäre.

12) Ein jeder Einwohner soll nach des Apostels Regel arbeiten, und sein eigen Brod essen, und
kein geflissentlicher Müßiggänger unter uns geduldet werden.

Wer eine Familie hat, muß sich nebst derselben
selbst unterhalten, und durch fleißige Arbeit ehrlich
durchzubringen suchen; niemand aber zu seiner und
der Seinigen Lebensunterhalt Geld erborgen, als
welches der gerade Weg zum ökonomischen Verderben ist.

13) Wer

13) Wer leichtsinnigerweise Schulden macht, die er nicht bezahlen kann, hat hierunter von Gemeine wegen niemals die Vertretung zu gewärtigen, als wozu dieselbe keinesweges verbunden ist; ja er kann sich dadurch nach Befinden des Wohnens in der Gemeine verlustig machen.

Wenn insonderheit jemand zu Gelderborgung von auswärtigen Personen und Freunden, den Credit und Namen der Gemeine mißbrauchen sollte; so ist er einer offenbaren Untreue schuldig zu achten, und nach Befinden mit der Gemeinzucht zu belegen, oder wol gar aus dem Orte zu entfernen.

14) Wir erachten es für billig, und dem äussern Wohlstande der Gemeine gemäß, daß alle Einwohner, welche bürgerliche Gewerbe zu treiben Neigung und Geschick haben, mit Rath und That möglichst unterstützt, und die Industrie auf alle Weise gefördert und ermuntert werde.

Wir nehmen aber als eine festgesetzte Ordnung an, daß niemand einiges dergleichen Gewerbe oder Handthierung in der Gemeine anfangen und treiben dürfe, wenn er nicht deswegen sich zuerst bey dem Aufsehercollegium gemeldet, demselben die Absicht, Art und Gränzen seines Gewerbes, auch die Mittel, womit er sich darauf einzurichten gedenkt, eröffnet; sodann, nach Gutachten dieses Collegiums, von der Gemeindirection Vergünstigung, und von

S 5

der

der Gerichtsobrigkeit die gewöhnliche Concession dazu erhalten hat.

Ueber die Gränzen des erhaltenen Concessionsscheins aber soll niemand sein Gewerbe ausdehnen, oder es mit andern Nebengewerben zu vervielfältigen befugt seyn, wenn er nicht dazu vorher auf gleiche Weise Erlaubniß erhalten.

15) Bey beständiger pünktlicher Beobachtung dieser Ordnung wird das Aufseher collegium zugleich darauf Bedacht nehmen, daß eines Theils keine monopolische Einrichtungen, wodurch einer den andern von Betreibung einigen Gewerbes auszuschliessen und daran zu hindern Befugniß erlangte, veranlasset, noch gestattet werden, andern Theils aber auch kein Einwohner dem andern zum Schaden arbeite, noch einer des andern Gewerbe gar verderbe und unterdrücke.

16) Zu Verhütung alles monopolischen Zwangs gehört auch, daß kein Einwohner wider seinen Willen und Convenienz sich seiner Bedürfnisse im hiesigen Orte zu erholen genöthiget seyn, sondern hierunter die natürliche Freyheit, doch den Gehorsam gegen die landesherrlichen Verordnungen vorausgesetzt, einem jeden unbeschränkt bleiben solle.

17) Alle Ortseinwohner sind und bekennen sich verbunden, allen Anstalten und Vorkehrungen,

welche

welche zum Besten der Gemeine und des Ortes zu
machen nöthig sind, beyzutreten, Theil daran zu
nehmen, und die dazu erforderlichen Kosten in gebührender Proportion tragen zu helfen.

Zu dergleichen Bedürfnissen gehört unter andern der obengedachte Unterhalt unsrer Arbeiter und
Diener; so viel deren sich selbst ganz oder zum Theil
durchzubringen nicht vermögend sind; deßgleichen
die Unkosten, welche die Aufrechthaltung unsrer
Gemeinordnungen und guter Policeyanstalten erfordert, als da sind: die Unterhaltung der Straßen
und Wege, der Brunnen und des Wasserbedürf-
nisses, der Reinlichkeit und Ordnung auf den Gas-
sen 2c. ingleichen der Feuerordnung und dergleichen
mehr; zu welchen Erfordernissen wir also das nöthige von Zeit zu Zeit aus unserm Mittel aufzubringen,
nicht weniger zu Beförderung des gemeinen Be-
stens, an der allgemeinen Nothdurft unsrer Brüder,
nach der unter uns festgesetzten Freywilligkeit, thätigen Antheil zu nehmen, nie ermangeln wollen.

18) Was noch insbesondere die Sicherheit
unsers Ortes bey Tage und Nacht betrifft, deßgleichen, wenn etwa durch Fremde ein Frevel und
Unfug, zu Störung der öffentlichen Ruhe, angerichtet werden sollte; so ist jeder Ortseinwohner
schuldig und gehalten, sowol die erforderliche
Wachen entweder in Person, oder gegen Bezah-

lung

lung durch andere, mit zu versehen, als auch son-
sten nöthigen Falls zur hülflichen Handleistung bereitwillig zu seyn.

19) Wenn neue Gebäude oder Hauptrepara-
turen vorzunehmen sind, so ist davon, es betreffe
Commun oder einzelne Einwohnergebäude, vorher bey dem Aufsehercollegium Anzeige zu thun,
welches dahin zu sehen hat, daß alles nach dem
eingeführten Baureglement und der Feuerordnung
gemäß eingerichtet und vollzogen werde.

VI. Verhalten der Gemeinglieder für
sich selbst und unter einander.

1) Wir wollen uns von Herzen angelegen
seyn lassen, einander in Liebe, Sanftmuth und
Demuth zu behandeln, einer dem andern mit Ehrerbietung zuvor kommen, einander gern dienen,
behülflich seyn, und jedem das seine bessern und
behüten helfen; auch gleichen Sinn gegen unsre
Nachbarn, Fremde und Durchreisende, ja gegen
alle unsre Nebenmenschen auszuüben, uns befleis-
sigen, damit das unerschöpflich lehrreiche Wort
unsers Herrn: "Was ihr wollt, das euch die Leute
thun sollen, das thut ihr ihnen auch," sich unter
uns fruchtbar beweisen möge.

Wer hingegen unter uns sich vorsetzlich beyge-
hen ließe, jemandes Eigenthum zu kränken und
zu benachtheiligen, oder jemanden aus Eigennutz
Beschwer-

Beschwerlichkeiten zu verursachen, und aller Ermahnung ungeachtet, widersetzlich darin beharrete, der soll von uns für keinen Bruder geachtet, und in der Gemeine nicht geduldet werden.

Auch wollen wir in allen Fällen und Verhandlungen, sowol unter uns selbst, als mit andern, gerade und ehrlich zu Werke gehen, nicht Künste suchen, vielweniger uns denen gleich stellen, die hinterlistiger Weise ihren Zweck zum Nachtheile ihres Nächsten zu erreichen sich bemühen; inmaßen unter uns List und Verstellung andern groben Sünden und Werken des Fleisches gleich geachtet werden soll.

2) Da die Gemeinschaft des Glaubens die äußerliche Ordnung und die Regeln der Subordination nicht aufhebt, sondern nach dem Sinne der heiligen Schrift vielmehr befestigen soll; so haben in der Gemeine alle Brüder und Schwestern, welche in Privatdiensten stehen, gegen ihre Herrschaften und Vorgesetzte die schuldige Dienstpflicht in zu beweisender Treue, Gehorsam und Ehrerbietung nie außer Augen zu setzen; sondern eben darum, weil sie Glieder am Leibe Christi und Brüder und Schwestern sind, sich hierin um so unsträflicher zu betragen.

Es wird aber auch von denjenigen Brüdern und Schwestern, welche andere Geschwister in

Dien-

Diensten haben, billig erwartet, daß sie ihre Untergebene mit Liebe und Herzlichkeit behandeln, auch ihren treuen Dienst dankbarlich erkennen werden.

3) Wenn sich zwischen Vorgesetzten und Untergebenen Irrungen ereignen; so sind selbige unter ihnen selbst bald und brüderlich abzuthun, damit sich keine Widrigkeit in den Gemüthern festsetzen möge.

Sollte solches aber nicht zu erreichen stehen, oder gar dem Untergebenen eine wirkliche Untreue zur Last gelegt werden; so ist die Sache vor das Aufsehercollegium zu bringen, von selbigem zu untersuchen, und nach Befinden und der Gemeinordnung die Gebühr darin zu verfügen.

4) Wenn jemand die zu seinen Diensten erforderlichen Personen in der Gemeine nicht finden könnte, sich also genöthiget hielte, fremde zur Gemeine nicht gehörige Personen dazu zu gebrauchen; so ist davon vorher bey der Gemeindirection Anzeige zu thun, als ohne deren Vorwissen und Erlaubniß solches nie geschehen soll. Und wenn um der Umstände willen einem Hausherrn oder Hausvater erlaubt wird, dergleichen Personen für eine Zeit in Diensten zu haben; so ist derselbe schuldig, für sie zu stehen, und, wenn durch sie Unordnungen entstehen, und deßhalb zu gegründeten Beschwerden

Veran-

Veranlassung gegeben werden sollte, sie sogleich wieder fortzuschaffen.

5) Gleichwie die Aufhebung oder auch nur die Vermengung der Stände der von Gott selbst in der menschlichen Gesellschaft eingeführten Ordnung entgegen ist; so soll bey unsrer Gemeinschaft des Glaubens und der Gleichheit des innern Gnadenberufs die göttliche Ordnung in Verschiedenheit der Stände, auch in der Gemeine nicht außer Augen gesetzt werden.

Dem zufolge gehöret die Gleichförmigkeit in der Kinder äußerlichen Erziehung, in der Kleidung oder Art des Anzugs, in der häuslichen Einrichtung und in dem äußerlichen Betragen, keinesweges zur Gemeinordnung; und am allerwenigsten ist die Gleichheit in der Kleidertracht oder deren Einrichtung jemals zur Nothwendigkeit zu machen, und als etwas wesentliches anzusehen.

Wir wollen uns aber allesammt, nach dem Vorbilde der heilsamen Lehre, in unsrer Nahrung, Kleidung, Wohnung und dergleichen der Mäßigkeit, Ehrbarkeit, Bescheidenheit und Sparsamkeit von Herzen befleißigen; hingegen alle Ueppigkeit, Eitelkeit und Mißbrauch zeitlicher Güter von uns durch Gottes Gnade entfernt seyn lassen.

Und ob wir gleich keinem unsrer Mitglieder nach der Verschiedenheit des Standes, Vermögens,

gens, voriger Lebensart, und habenden Erwerbungsmittel, besondere Regeln vorschreiben wollen, wie es sich darin zu betragen habe; so wollen wir doch alle ohne Unterschied stets vor Augen behalten, daß der Ueberfluß und die unnöthige Kostbarkeit sowol in Speisen und Getränken, als Kleidern, Meublen, Hausgeräthe und andern ähnlichen Dingen, unter die verderbten Sitten gehört, und für uns gar viele üble Folgen haben kann.

6) Wir wollen uns überhaupt vor dem Lesen solcher Bücher und Schriften hüten, wodurch wir von der Einfältigkeit in Christo Jesu verrückt werden könnten, oder deren Inhalt sonst Christen nicht geziemet. Insonderheit aber sollen alle diejenigen Bücher, worin zur Spötterey über die Religion und ihre Diener, ja wol gar über die heilige Schrift selbst, verführerischer Anlaß gegeben wird, nicht weniger alle andere anstößige und leichtsinnige Schriften, Gemählde und Vorstellungen, von welcher Art sie seyn, in der Gemeine nicht geduldet werden. Und wer dergleichen unter uns einführet, bekannt macht, und das Lesen und den Gebrauch derselben, zum Schaden anderer vorsätzlich befördert, den wollen wir als einen Verführer, welchen die Bitte in unsrer Litaney trifft: "daß unser lieber Herr alle Verführer von seinem Volke entfernen wolle," erkennen und uns dessen entschlagen.

7) Den

7) Den Charakter, jedermann Treue und Glauben zu halten, der zum Christenthume wesentlich gehört, wollen wir uns durch Gottes Hülfe, immerdar bewahren lassen; und wenn ein Bruder von dem andern oder auch von einem auswärtigen Freunde Geld und Geldeswerth entlehnt, oder sich sonst in Verbindlichkeit gegen jemand gesetzt hätte, und die versprochene Wiedererstattung, auch sonstige Erfüllung seiner Zusage, aus Unachtsamkeit oder gar vorsetzlich unterließe; so soll solches als eine schwere Versündigung angesehen, und ohne Ansehen der Person ernstlich geahndet werden.

8) Alles mündliche und schriftliche Austragen und Verbreiten persönlicher Geschichten und Neuigkeiten, als wodurch oftmals andern böser Leumuth gemacht oder sonst Unheil angerichtet wird, wollen wir unter uns nicht dulden; deßgleichen vor unzeitigen oder ungeziemenden Erzählungen und Beurtheilungen öffentlicher und politischer Vorgänge uns sorgfältig hüten.

9) Wenn es sich unglücklicher Weise wider Verhoffen begäbe, daß jemand von den Einwohnern der Gemeine, der mit seinem Herzen vom Herrn gewichen, in Versündigung an den Gesetzen, als da sind: Hurerey, Ehebruch, Diebstahl, Schlägerey, Völlerey, Betrug in Handel und Wandel ꝛc. oder in andere lasterhafte Ausschwei-

T                           fungen

fungen verstiese; so soll es nicht genug seyn, daß
solches zur obrigkeitlichen Untersuchung gebracht,
und nach den Gesetzen bestraft wird; sondern ein
solcher Verbrecher kann nicht weiter als unser Mitglied geachtet, noch unter uns gedulbet werden; es
wäre dann, daß eine gründliche Bekehrung und
Veränderung seines Herzens und Sinnes ihn der
Gemeinschaft des Glaubens und des Wohnens in
der Gemeine von neuem fähig machte.

10) Sollten unter unsern Einwohnern Mißverständnisse und Irrungen sich ereignen, oder auch
jemand sich von einem andern beleidigt achten; so
haben sie sich, nach der Regel Christi, zuvörderst
selbst darüber in Liebe mit einander zu besprechen,
und das Vörgefallene, wo möglich, unter sich abzuthun. Wenn das die gewünschte Frucht nicht
schaffte, so sollen die in der Irrung befangene Brüder einige andere ihnen beliebige Brüder dazu nehmen; und wenn auch dadurch die Sache zu behder-
seitiger Beruhigung nicht beygelegt werden könnte;
so soll dieselbe dem verordneten Aufsehercollegium
zu brüderlicher Untersuchung und Entscheidung angezeigt werden.    Bey dessen billigem Ausspruche
sich zu beruhigen, kann in Sachen, die nach der
Gemeinordnung beurtheilt werden können, kein
Einwohner der Gemeine ohne erhebliche Ursachen
entstehen.

Wenn

Wenn aber die Differenzien von folcher Beschaffenheit wären, daß sie von dem Auffehercollegium nicht abgethan werden könnten, mithin an das herrschaftliche Judicium verwiesen werden müßten; so erwarten wir von allen unsern Brüdern, daß sie vor demselben sich gütlich vergleichen; maßen wir unter einander förmliche Proceſſe zu führen, dem brüderlichen Sinne und Charakter nicht gemäß erachten, auch unter uns nie aufkommen laſſen wollen.

11) Sollte jemand durch Gottes Verhängniß in Wahnwitz verfallen, oder den Gebrauch ſeines Verſtandes verlieren; ſo ſoll an ihm Barmherzigkeit bewieſen, er freundlich getragen, und verſtändigen Perſonen zur Pflege und Aufſicht übergeben; auch, wenn er wieder geneſen ſollte, des Vergangenen niemals zu ſeinem Nachtheile gedacht werden.

12) Wenn Gott Feuersgefahr über den hieſigen Ort oder über unſre Nachbarſchaft verhängen ſollte, welche Er doch in Gnaden abwenden wolle; ſo wollen wir, ſowol in dem Orte einander treulich beyſtehen, als auch zu allem möglichen nachbarlichen Beyſtande uns zu aller Zeit von Herzen bereitwillig finden laſſen, und die in der Feuerordnung feſtgeſtellte Einrichtung dabey mit Sorgfalt beobachten.

T 2 13) Zu

13) Zu Erleichterung des Nahrungsstandes, auch des Haus- und Familienwesens der verheiratheten Gemeineinwohner, soll denselben sowol zu Betreibung ihrer Handthierung, als zu andern nöthigen Diensten und Handreichung, aus den ledigen Chören willigst beygestanden, und mit den dazu nöthigen und tüchtigen Personen, so viel immer möglich, an Hand gegangen werden.

14) Die Beförderung des Nahrungsstandes überhaupt und aller Gewerbe in der Gemeine, gehört ganz besonders zu den Obliegenheiten des Aufsehercollegiums. Dasselbe hat zu dem Ende mit der verordneten Handwerksconferenz, so oft es nöthig gefunden wird, über die Professionssache gründliche Ueberlegungen anzustellen; alles, was zu deren Bästen und Emporbringung gereichen kann, gemeinschaftlich wohl zu erwägen; vornemlich aber dahin zu sehen, daß es dabey immerdar ehrlich und ordentlich zugehe, nicht allein vor dem Herrn, sondern auch vor den Menschen.

## Schluß.

1) Es soll niemanden, wer er auch sey, allhier zu wohnen, noch sich ansäßig zu machen, Erlaubniß ertheilt werden, bevor er zu diesem unserm brüderlichen Einverständnisse über alle festgestellte Gemeinordnungen sich bekennet, und zu deren unverbrüchlicher Beobachtung entweder durch

Hand-

Handgelöbniß, oder, wenn er sich anfäßig machen,
als ein Hausvater in der Gemeine wohnen, oder
als Meister hier arbeiten wollte, durch deren eigenhändige Unterschrift, sich verbunden hat; in welcher Absicht das Aufsehercollegium einem jeden,
der gedachte Erlaubniß verlangt, die Gemeinordnungen zur Einsicht vorlegen, auch zu deren Ueberlegung und Beherzigung Zeit lassen soll, damit er
mit Bewußtheit und deutlicher Erkenntniß alles
dessen, worüber die Gemeine sich einverstanden und
verbunden hat, sich entschließen könne.

2) Obgleich durch dieses Einverständniß die
äußerlichen Stände, wie sie Gott geordnet hat,
nicht gekränkt, sondern in ihren Würden erhalten
werden sollen; so kann doch bey niemanden, weß
Standes und Würden er auch sey, und wenn er
gleich unter hiesige Ortsgerichtsbarkeit nicht ge-
hörte, in Absicht auf die ebenmäßige Annahme und
Befolgung unsrer Gemein- und Policeyordnung
eine Ausnahme statt finden.

3) Damit oftermeldete Gemeinordnungen in
beständigem Andenken bleiben; so sollen selbige
nicht nur gedruckt, und jeglichem Hausvater, Meister und Vorgesetzten, so wie allen Arbeitern und
Dienern der Gemeine ein Exemplar davon zuge-
stellt, sondern auch wenigstens alljährlich einmal in
der Gemeine öffentlich vorgelesen werden,

T 3                                   4) Sollte

4) Sollte auch zu der Gemeine Besten künf=
tighin nöthig erachtet werden, dieselben um verän=
derter Umstände willen zu vermehren, zu mindern,
oder etwas daran zu verändern; so sollen diese Zu=
säße und Veränderungen, wenn sie ebenfalls ein=
müthig genehmiget sind, von eben der Kraft und
Verbindlichkeit seyn, als wenn selbige dem gegen=
wärtigen brüderlichen Einverständnisse und Ver=
trage von Wort zu Wort einverleibet wären.

Nachdem nun alle vorstehende Declarationen,
Verfassungspuncte und Ordnungen, als der Grund
und Inbegriff unser bisherigen und neuerlich fest=
gestellten Gemeineinrichtung, von der ganzen Ge=
meine, mit allen ihren Arbeitern und Dienern, nach
reifer Ueberlegung und mit gewisser Ueberzeugung,
sowol der Nothwendigkeit als des Nußens davon,
nach ihrem ganzen Inhalt anerkannt, freywillig
angenommen, und sich mit aufrichtigem Herzen
dazu bekannt worden:

Als geloben wir und versprechen wir einander
sämmt und sonders, um des Herrn willen und
durch seine Gnade, dabey unwandelbar zu behar=
ren, und dieselben treulich und gewissenhaft zu be=
folgen; bevollmächtigen auch hierdurch die jedes=
malige Gemeindirection, darüber unverbrüchlich
und ohne Ansehen der Person zu halten, daß den=
selben von allen und jeden Einwohnern und Mit=
gliedern

gliedern der Gemeine, nachgelebt, und gegen alle
diejenigen, welche das Unglück hätten, solche aus-
ser Augen zu setzen, oder gar geflissentlich dagegen
zu handeln, nach der hierin festgesetzten Maaße
verfahren werde.

Urkundlich und in Kraft eines brüderlichen
Vertrags und Einverständnisses vollzogen ꝛc.

Ueber den Grund der mehresten dieser Ordnungen findet der Leser theils in dem vorhergegangenen,
theils aber in der Christlichen Moral genugsame
Auskunft. Nur einiger wenigen wird noch, insonderheit zu gedenken seyn, weil dieselben blos dazu
gemeynt sind, den Ausschweifungen mancher Art
so viel möglich vorzubeugen. Man hält solches in
der Brüdergemeine für besser und vernünftiger, als
nach geschehener Vergehung das Strafamt auszuüben. In der That würden auch manche Unordnungen, ja manches Laster in der bürgerlichen
Gesellschaft glücklich vermieden, und die Reinigkeit der Sitten befördert werden können; wenn
Eltern, Erzieher und Herrschaften auf eine beständige weise Aufsicht über Kinder und Gesinde den
erforderlichen Bedacht nähmen. Diese Vorsicht
konnten die Brüder nicht umgehen, wenn sie ihren
gemeinsamen Endzweck erreichen, und der Lehre
Jesu gehorsam seyn wollten. Jedes Mitglied der
Brüdergemeine ist zu einem Christlichen Lebens-

wandel,

wandel, den Gemeinordnungen gemäß, verbunden, so lange es zur Brüder-Unität gehören will; und hört auf dazu zu gehören, so bald seine Handlungen zu erkennen geben, daß eine andere Lebenseinrichtung ihm passender sey. Gemeinorte und Chorhäuser sind kein Nothstall, keine Clausur. Ihr Zusammenhalt beruht lediglich auf einem freywilligen Einverständnisse, dem Herrn, unserm Heilande, von aller Welt ungehindert, nach seinem Sinne und Willen zu dienen, ohne Furcht lebenslang, in Heiligkeit und Gerechtigkeit, die Ihm gefällig ist. Wer diesen Zweck hat, muß auch die Mittel dazu zu gelangen, ergreiffen.

Wer das reiflich bedenkt, der wird den Grund leicht finden, warum man z. B. das Lesen schlechter und obscener Bücher, den Privatumgang lediger Leute beyderley Geschlechts, und das leichtsinnige heimliche Heirathen in der Brüdergemeine so viel möglich zu hindern bedacht ist *). Ich weiß wohl, daß man sich insonderheit über die Art und Weise, wie die Heirathen unter den Brüdern geschlossen

*) Die Brüder hatten hierin das Beyspiel der ersten Christen vor sich, nach deren Ordnung kein Bruder oder Schwester sich in ein Ehebündniß einlassen sollte, ohne den Rath der Aeltesten der Gemeine darüber zu hören. S. Ignat. ad Polycarp. et Tert. de Monog. c. II.

schloffen werden, und daß niemand unter ihnen
die Freyheit hat, sich zu verheirathen, wenn und
wie er will, aufhält. Es sey mir daher erlaubt,
mich darüber etwas umständlicher zu erklären. Ich
gebe gern zu, daß der Brüder Weise hierin im ersten Anblick auffallend sey, und gewissen Leuten
unerträglich vorkommen müsse. Aber die Natur
der gesellschaftlichen Verbindung in den Brüdergemeinen macht diese Einrichtungen in Absicht der
Heirathen nöthig. Daraus, und besonders aus
der Absicht, dem Uebel so viel möglich vorzubeugen, müssen sie betrachtet und beurtheilt werden.

Die Brüder bemerkten bald, daß aus dem
freyen Umgange lediger Personen beyderley Geschlechts Schaden entstand, und Verbindungen
unter ihnen erwuchsen, die nicht nach Christi Sinn
waren, sondern zu dem eiteln Wandel nach väterlicher Weise gehörten, davon wir mit dem Blute
Christi erlöset sind. Sie suchten zwar darin weislich einzulenken und alles nach dem Sinne Christi
einzurichten; sahen aber wohl ein, daß durch Gebote und Verbote in dem Theile wenig zu erhalten
seyn dürfte. Nun traten die ledigen Schwestern
zusammen, und verbanden sich unter einander:
niemals einem Heirathsantrage Gehör zu geben,
welcher auf eine dem Sinne der Welt und des
Fleisches, nicht aber den Sitten und der Ordnung

T 5                                    einer

einer Gemeine Christi gemäße Weise, an sie gelangen würde.    Sie erklärten solches gehörigen
Orts, mit dem Beyfügen, daß wenn es von den
Gemeinältesten nach reifer Ueberlegung für nöthig
gefunden würde, einen Bruder mit einer Gehülfin
zu berathen, und ein Antrag an eine oder die andere von ihnen käme; so wollten sie denselben in
Ueberlegung nehmen, und sich darüber nach ihrer
Ueberzeugung entschließen.    Diese Entschließung
der ledigen Schwestern war der unter gesitteten
Völkern eingeführten männlichen Curatel über das
weibliche Geschlecht, welche in der Brüdergemeine
gewissermaßen den Gemeinältesten übertragen ist,
ganz angemessen, und wurde daher ohne Anstand
von der Gemeine gut geheißen, und dadurch zur
Regel in derselben.

Wer von der Wichtigkeit der Verbindung
zweyer Menschen zum Ehestande überzeugt ist,
und bedenkt, welch einen großen Einfluß dieselbe
auf ihr ganzes Leben hat; und wer sich zugleich in
die Lage und den Zweck der Brüder dabey hinein-
denken kann, wird diese ihre Entschließung nicht
mißbilligen.    Der Evangelischen Brüder-Unität
muß nothwendig alles daran gelegen seyn, daß alle,
auch die geringste Gleichgültigkeit oder Leichtsinn
beym Anfange und Fortgange der Ehe so viel möglich entfernt und durch gute Ordnung abgeschnitten
werde.

werde. Daher kommt es, daß man bey den Personen, die in diesen Stand treten wollen, erst ihre innern und äußern Umstände reiflich erwägt, und genau nachsiehet, ob dieselben die zu einem so wichtigen Berufe erforderliche Gnade und Gaben erlangt, oder doch den Sinn haben, sich dieselben von dem Herrn zu erbitten und schenken zu lassen. Jedes derselben muß billig verstehen, was es thue, und wissen, was das ist: ein Hauswesen anzufangen, und zu führen, das ein Kirchlein Christi vorstellen soll, darin alle Handlungen ein Gottesdienst seyn, und den Stifter der Ehe ehren sollen. Es wird daher bey den Heirathen der Brüder folgendermaßen verfahren: Wenn ein Bruder heirathen will; so eröffnet er solches seinem Chorhelfer, dieser bringt es an seine Mitältesten, um alle Umstände und Folgen genau zu erwägen, und nach Befinden derselben den Bruder entweder noch zur Gebuld zu verweisen, oder, wenn kein gegründetes Bedenken dagegen obwaltet, demselben zur Erreichung seines Zweckes behülflich zu seyn. Es sey nun, daß der Bruder selbst eine Person dazu in Vorschlag bringt, oder, daß ihm solche von den Aeltesten der Gemeine vorgeschlagen wird, so werden diese Vorschläge allemal nach der Kenntniß, die man von dem Charakter, dem Stande, dem Vermögen, der Gemüthsart und der Gesundheit

der

der Personen hat, sorgfältig geprüft, und wenn
kein weiteres Bedenken dabey sich findet: so wird,
weil es eine so wichtige Angelegenheit zweyer Glieder der Gemeine betrifft, von den Aeltesten der
Vorschlag erst durch das loos geprüft, und wenn
derselbe solchergestalt genehmiget wird; so gesche-
het der Antrag an den Bruder. Nimmt dieser
den Vorschlag mit völliger und freyer Ueberzeugung an, so wird alsdann nach eingeholter Zustimmung der respectiven Eltern, auch der vorgeschlagenen Schwester die Sache angetragen, worauf,
wenn sie denselben annimmt, die Verlobung erfol-
get. Schlägt aber ein Bruder eine vorgeschlagene
Schwester ab, so wird auf andere schickliche Vorschläge gedacht, und damit auf gleiche Weise verfahren. Der Erfolg von dieser Ordnung hat sich
durch Gottes Gnade sehr heilsam bisher bewährt,
Man weiß, Gott Lob, sehr wenig von unglücklichen Ehen in der Brüdergemeine. Ein unbefan-
gener Leser wird übrigens hieraus sich genugsam
überzeugen können, daß der Vorwurf: als ob die
Heirathen der Brüder von dem blinden loose abhangen, welches die Heirathenden zwinge, auch
wider ihre Neigung zu heirathen, ganz ohne
Grund sey.

  Man bleibt aber hiebey nicht stehen, sondern
nimmt sich der jungen Eheleute bey dem Anfange

und Fortgange ihres neuen Standes treulich an, und sucht ihre Aufmerksamkeit mit der größten Sorgfalt auf den wichtigen Zweck zu lenken, den die Lehre Jesu und seiner Apostel uns davon anzeigt. Nach derselben ist die Ehe eine Ordnung Gottes, die er selber gestiftet und gesegnet hat. Daß ein Ehepaar nicht nur Ein Herz und Seele, sondern auch Ein Fleisch sey, hat Er selbst geordnet. Der Schöpfer hat die Ehe noch vor dem Falle, im Stande der Unschuld, eingesetzt, und alles, was durch den Fall, die Sünde und den Betrug des Satans verdorben und verloren war, hat er durch seine Menschwerdung und Tod versöhnt, und die Ehe im neuen Bunde zu einem Bilde von sich und seiner Gemeine geheiliget. Daher siehet ein jedes Christliches Ehepaar sich als ein Kirchlein Jesu an, bey dem er wohnt und wandelt. Alles, was solche Eheleute thun in Worten und Werken, soll im Namen Jesu geschehen. Sie sollen ihre Leiber als Christi Glieder und Tempel des heiligen Geistes in Heiligung und Ehren halten, und sich vor aller Befleckung des Geistes und des Fleisches bewahren, das ist, ihre Ehe soll in Ehren gehalten werden bey allen, und das Ehebette unbefleckt bleiben. Der Mann soll das Weib lieben, wie Christus die Gemeine, und das Weib soll dem Manne unterthänig seyn, wie die Gemeine Christo. Sie

sollen

ſollen ihre Kinder in der Zucht und Vermahnung zum Herrn erziehen.    Sie ſollen ſich einander treue Gehülfen ſeyn, und als Knechte und Mägde Jeſu ihr Haus wohl regieren, u. ſ. w.    Wer dieſen Forderungen, die die Lehre Jeſu an alle Chriſtliche Eheleute macht, ernſtlich nachdenkt, wird den Eheſtand nicht anders als höchſt ehrwürdig betrachten.    Er iſt ein heiliger Stand, und wenn er nicht heilig geführt werden könnte, ſo wäre er kein Stand für Chriſten.    Man betrachte ihn nur nach den Einrichtungen, die der Schöpfer ſelbſt in der Natur gemacht hat, und nach den Grundſätzen, die Gottes Wort uns darüber darlegt, ſo wird man ihn in allen Umſtänden ehrwürdig finden. Darauf trägt man es in der Evangeliſchen Brüdergemeine bey den Eheleuten ſo viel möglich an. Man ſucht ihnen in allen Umſtänden mit Evangeliſchem Rathe zu Hülfe zu kommen.    Und dadurch iſt das, was ſchon mehrere rechtſchaffene Theologen gewünſcht haben, daß nemlich junge Eheleute zu Führung ihres Standes den nöthigen Evangeliſchen Unterricht erhalten möchten, bey den Brüdergemeinen gleich von ihrem Anfange an zur Wirklichkeit gediehen, und bisher treulich fortgeführt worden.

———

11. Abs

## 11. Abschnitt.

### Vom Gebrauche des Looses in der Brüdergemeine.

Es ist schon an mehrern Stellen des Gebrauchs des Looses in der Evangelischen Brüdergemeine erwähnt worden. Von vielen wird derselbe als etwas sonderbares angesehen. Es wird daher nöthig seyn, hier eine nähere Auskunft darüber zu geben, zumal diese Weise der Brüder von verschiedenen entweder aus Mangel an Kenntniß, oder aus Vorurtheilen theils getadelt, theils gar den Brüdern schändliche Absichten dabey zugeschrieben, und dieselben beschuldigt worden, daß sie sich des Looses zu einem heiligen Betrug und zu einem Zwangsmittel bedienten, um ihre Plane durchzusetzen. Ohne das lieblose dieses Urtheils zu rügen, wird jeder verständige und billig denkende Mann, der in der Brüdersache auch nur mittelmäßige Einsicht hat, sie schon selbst von dieser greulichen Beschuldigung frey sprechen. Bey einer Gesellschaft von Menschen, die die Lehre Jesu und seiner Apostel, welche nicht anders als unter der Bedingung von kindlicher Einfalt, Demuth und Selbstverleugnung befolgt werden kann, als den Grund ihres Glaubens und Lebens angenommen haben, findet die Herrsch- und Selbstsucht so wenig, als

eine

eine so genannte Disciplina arcani statt, worunter man hier obige Beschuldigung über den Gebrauch des Looses rechnen müßte.

In der Brüdergemeine läßt sich aber auch die Möglichkeit einer geheimen Disciplin, eine Befolgung der Vorschriften im Verborgenen, nicht denken. Ihre Lehre und Verfassung, ihre Grundsätze, Einrichtungen und Ordnungen sind nicht nur allen ihren Mitgliedern auf das genaueste bekannt, sondern liegen vor jedem Forschenden offen da. Die Brüdergemeine hat keine Geheimnisse. Sie schließt sich nie in einen Winkel, er heiße Tempel, oder Kammer, oder Clause, ein, um im Verborgenen zu wirken. Das Gute, die Wahrheit, das Licht, steckt man nicht unter den Scheffel; man soll es leuchten lassen vor den Menschen. Wie könnte wol in einer so ausgebreiteten Gesellschaft von Menschen, bey der die Publicität in so großem Grade zu Hause ist, Tausenden von Augen und Ohren irgend etwas verborgen bleiben, was dem Geiste und dem Zwecke ihres feyerlichen Bundes, an dem jedes Mitglied so genauen Antheil hat, gerade zu entgegen ist? Eines Bundes, der sich, wie gesagt, nur allein auf die Lehre Jesu und seiner Apostel gründet. Ihren Verstand an derselben verbürgt uns ja ihr Lehrbekenntniß, die Augsburgische Confession,

sion, und ihre vor aller Welt Augen liegenden
Lehrbücher.

Der Gebrauch des Looses in der Evangelischen
Brüdergemeine findet nur in zweifelhaften und bedenklichen Fällen statt. Dinge, worüber die heilige Schrift uns deutliche und bestimmte Auskunft
gibt, oder welche durch die Landesgesetze, so wie auch
durch die in der Brüder-Unität allgemein festgesetzten Ordnungen und Grundsätze ihre Bestimmung erhalten haben, sind keine Gegenstände des
Looses. Aber in einer Haushaltung, die so mancherley Geschäffte betreibt, gibt es noch Fälle genug, wo eine Wahl getroffen werden soll, und die
keine solche Bestimmung haben. Auf solche Fälle
nur beziehet sich der Gebrauch des Looses in der
Evangelischen Brüdergemeine. Sie betreffen insonderheit den Dienst und die Führung der Kirche.

Dahin gehört die Besetzung der Aemter in derselben; die Errichtung neuer Gemein- und Miß-
sionsanstalten, die An- und Aufnahme in die Brüdergemeine, und mehrere solche Disciplinarange-
legenheiten, die in keine allgemeine Regeln eingeschränkt werden können, und von welchen die Folgen und der Ausgang auch nach der reifesten Ueberlegung noch ungewiß und bedenklich sind.

Hiernächst wird das Loos von den Brüdern
mit der äußersten Vorsicht gebraucht. Außer der

U                    Syno-

Synoden haben nur die Aeltestenconferenz der Unität und der Gemeinen sich desselben in vorangezeigten Fällen zu bedienen, und zwar nie anders, als zur Direction ihrer Gedanken und Entschließungen; denn es verbindet nur diejenigen, welche loosen, nicht aber diejenigen, über die gelooset wird. Jedes Mitglied der Unität weiß es, daß das Loos niemand zu irgend etwas verbindet, das gegen seine Ueberzeugung ist; denn diese muß immer der Grund aller unsrer Handlungen seyn und bleiben. Das Loos bestimmt daher niemals, daß dieses oder jenes absolut geschehen müsse; sondern besagt nur, daß man es von Seiten der Direction darauf anzutragen habe, oder, daß dem oder jenem Bruder die Sache oder das Amt, von dem die Rede ist, angetragen werden könne. Hieraus ergibt sich genugsam, daß auch nicht ein Schein eines Zwanges bey dem Gebrauche des Looses in der Brüdergemeine sich findet.

Fragt man nun aber: was denn die Brüder zu dem Gebrauche des Looses bewogen habe? so liegt der Grund davon theils in der Erkenntniß ihrer Unzulänglichkeit, und theils in dem einfältigen Vertrauen zu Jesu Christo, als unserm Herrn, der seine Kirche selbst zu führen und zu regieren verheißen hat. Die Erfahrung, welche die Kirche des neuen Bundes schon in den frühesten Jahren, gar

gar bald nach den Zeiten der Apostel, zu ihrem
Schaden gemacht hat, als das Regiment derselben
den Händen der Menschen ganz überlassen war,
machte die Brüder, wie billig, noch mißtrauischer
gegen sich selbst. Sie stellten sich vor, wie er-
bärmlich auch ihr Zustand werden könnte, wenn
es einmal in ihren Synoden und Conferenzen so
zugehen sollte, wie auf den ehemaligen Kirchen-
versammlungen, da die Mehrheit der Stimmen
den Ausschlag gab, und Ansehen der Personen oder
eine vorzügliche Rednergabe und dergleichen so viel
galt. Sie sahen, wie oft Selbstsucht und irdische Absichten sich auch unter dem besten geistlichen
Schein und Gewande zu verstecken wußten. Sie
erkannten die Mangelhaftigkeit ihrer Einsichten in
die Sache Gottes und die Führung seiner Kirche,
und wußten, daß ihre Gedanken nicht allemal seine
Gedanken, und ihre Wege nicht immer seine Wege
sind. Daraus entstand ihre Zuflucht zum Herrn,
und ihr Einverständniß: in allen zweifelhaften und
bedenklichen Fällen, die den Dienst und die Führung der Kirche betreffen, sich die Leitung des Herrn
durch das Loos zu erbitten, um sich dadurch gegen
alle menschlichen Mißgriffe, so viel an ihnen ist,
zu schützen. Der Gebrauch des Looses setzt aber
allerdings nicht nur kindliches Vertrauen auf den
Heiland; sondern auch Treue und Ergebenheit in

U 2

seinen

seinen Willen voraus. Davon hängt die ganze Sache der Brüder ab. Zu wissen, was die Absicht Gottes mit ihnen ist, und daß dieselbe auch erreicht werde, muß ihre größte Angelegenheit seyn, damit das Regiment des Heilandes unter ihnen ungehindert fortgehe, und die Führung und die Direction der Gemeine im Ganzen und in den Theilen, so viel möglich, vor den Mißgriffen der Menschen gesichert werde.

Dieses Vertrauen der Brüder zu ihrem Herrn und Heilande und seinem Regimente gründet sich auf die Gnadenverheißungen, die Er seiner Kirche im neuen Bunde selbst gegeben hat. Nach denselben will Er ihr Gott, ihr Heiland, ihr Hoherpriester, ihr Herr und Haupt seyn, und sie leiten, schützen, regieren und führen. Die Brüder zweifelten nicht an seiner Zusage, sondern glaubten einfältig, daß Er nach seiner Liebe und Treue ihnen in allen den Fällen, wo sie sich rathlos finden, und ihre Zuflucht zu seiner Anweisung durchs loos nehmen würden, nach seinem Herzen rathen, und sie den rechten Weg führen werde. Das Beyspiel ihrer Vorfahren, der alten Mährischen Brüder, die sich bey der Wahl ihrer Aeltesten und Lehrer des looses bedient haben, insonderheit aber das Exempel der Apostel bey der Wahl des Matthias zum Apostolat, und mehrere andere aus der heiligen

Schrift,

Schrift, bestärkten sie darin. Sie fanden daher
kein Bedenken, den Gebrauch des Looses in den
obberührten Fällen unter sich einzuführen, und die
Erfahrung hat sie schon unzähligemal überzeugt,
daß diese ihre kindliche Zuversicht zum Herrn von
ihm nicht beschämt worden ist.

## 12. Abschnitt.

### Erziehung und Schulen der Jugend.

Weil die Erziehungsart der Jugend eines Vol=
kes mit unter die Gegenstände gehört,
welche die Aufmerksamkeit des Geschichtforschers
verdienen; so wird man auch hier einige Nachricht
von der Erziehungsart der Brüder erwarten.

Es zeichnet sich dieselbe so wenig durch Son=
derbarkeiten aus, daß jeder Kindererzieher, der
die Lehre Jesu zur Richtschnur seiner Handlungen
macht, nicht nur in dem Hauptzwecke derselben
mit den Brüdern ganz übereinstimmen, sondern
vielleicht auch ähnliche Mittel zu dessen Erreichung
ergreiffen wird. Die Brüder haben bey aller Sorg=
falt und Bemühung hierin die Unzulänglichkeit aller
menschlichen Anstalten und auch der ihrigen erfah=
ren, und finden noch immer Raum zu Verbesse=
rungen. So viel auch in unsern Zeiten über Er=

U 3                          ziehung

ziehung geschrieben worden ist, so dürfte es doch
noch immer an einem Erziehungsplane fehlen, der
den so verschiedenen Verhältnissen und Bedürfnissen der Menschen angemessen wäre, und als allgemein angepriesen werden könnte. Nicht nur gibt
der Lebenszweck der Menschen, die gebildet werden
sollen, der Erziehung nothwendig eine gewisse Richtung; sondern es treten noch mehrere andere Umstände ein, welche bey der Erziehung der Jugend
als mitwirkende Ursachen in Betracht kommen.
Dahin gehören unter andern: der Geist der Zeit,
in der man lebt; das Maaß und Wachsthum
menschlicher Kenntnisse; die Art ihrer Anwendung; die mächtigen Folgen und Wirkungen des
Beyspiels; der Einfluß des Volkes und seiner Sitten, unter dem man lebt, u. s. w. Alles dieses
kann dem Menschen oft eine ganz andere Richtung
und Stimmung geben, als er unter andern Umständen bekommen hätte.

Den Lebenszweck der Brüder kennt der Leser
nun schon hinlänglich. Billig liegt derselbe bey
ihrer ganzen Erziehungsart zum Grunde, und gibt
ihr diejenige Richtung, die demselben am nächsten
zu kommen scheint. Die Erziehung der Jugend
war den Brüdern daher von ihrem Anfange an
einer der wichtigsten Gegenstände ihrer Bedachtnehmung und Fürsorge, weil sie überzeugt waren,

daß

daß eine gute Erziehung der größte Schatz auf Erden sey, den Eltern ihren Kindern hinterlassen können. Ihre Hauptsorge dabey ging darauf: daß
die Jugend von ihrem zartesten Alter an nicht nur
vor allem Uebel, sowol physischem als moralischem,
vor allen schlechten Beyspielen und schädlichen Eindrücken, kurz, vor aller Verführung zum Bösen, so
viel möglich, bewahret; sondern daß die Liebe Gottes in Christo Jesu in ihre zarten Herzen gepflanzt,
das Gute ihnen liebenswürdig gemacht, und sie
als ein Eigenthum des Herrn, der sie erschaffen
und erlöset hat, ihm ganz zur Ehre und Freude,
und der menschlichen Gesellschaft nützlich und
brauchbar werde. Dahin zielen alle Erziehungsanstalten und Anordnungen in der Brüdergemeine,
wodurch man den Eltern und Kindern hierin aufs
treulichste zu Hülfe zu kommen sucht. Dahin gehört besonders der Auftrag, den die Helfer des
Ehechores erhalten. Nach demselben hat erstlich
die Frau des Ehechorhelfers den Frauen schon bey
ihrer Schwangerschaft und Niederkunft mit gutem
Rathe und Anweisung zu ihrem Verhalten an die
Hand zu gehen. Sodann haben sowol der Helfer,
als seine Frau, darauf zu sehen, daß die Kinder
dem Sinne Christi und den Grundsätzen und Ordnungen der Brüdergemeine gemäß von den Eltern
verpflegt, und erzogen werden, und daher eine

U 4                                    beständ-

beständige Aufsicht über die Kinderzucht der Eltern zu führen, und denselben nach Erforderniß
behülflich zu seyn.     Hiernächst sind noch besondere Brüder und Schwestern dazu bestellt, welche
sich der Kinder ihres Geschlechtes anzunehmen,
und ihre Seelenpflege zu besorgen haben, so bald
sie durch die mehrere Entwickelung ihrer Verstandskräfte dazu fähig werden.     Dieser ihr Auftrag macht sie eigentlich zu den vertrautesten
Freunden der Kinder, denn sie theilen mit ihnen
alle ihre kleinen Angelegenheiten.     Bey ihren Unterredungen mit den Kindern muß es heiter, un-
gezwungen und liebreich zugehen, jedoch niemals
irgend etwas darin vorkommen, davon ein leicht-
sinniges Andenken zurückbleiben könnte.     Ihr
Hauptaugenmerk dabey muß immer seyn, die
Kinder zu überzeugen, daß der Heiland sie unaus-
sprechlich liebt, und von ihnen wieder geliebt zu
werden verdient, und daß ihre größte Glückseligkeit darin bestehe, ihn zu kennen, zu haben, ihm
zu dienen und mit ihm umzugehen; so wie ihr
größtes Unglück hingegen sey, von ihm entfernt
und getrennt zu seyn, und seinen Frieden nicht zu
genießen.     Der vertrauliche Umgang dieser Brüder und Schwestern mit ihren Pflegbefohlnen setzt
sie zugleich in Stand, den Gemüthszustand, so
wie alle aufkeimende Begierden und Leidenschaften
dersel-

derselben genau zu beobachten, einzuschränken und
auf das Gute zu leiten, und so den Ausbrüchen des
in ihnen liegenden Naturverderbens entgegen zu arbeiten. Die Sorge für die Bewahrung der Jugend
vor schädlichen Eindrücken und Bildern führte die
Brüder gar bald auf die wichtige Frage: wie man
sich in Absicht auf die Kenntniß des Unterschiedes
der Geschlechter und anderer solcher zur Menschlich-
keit gehörigen Umstände gegen die Kinder zu verhalten habe, und sie fanden, daß sich keine allgemeine Regel festsetzen lasse, wie lange man die Kinder in der Unwissenheit hierin zu erhalten habe, weil
der Fall bey jedem Kinde verschieden seyn könne.
Um so mehr Aufmerksamkeit auf die physische
und moralische Beschaffenheit eines jeden derselben, und die sich bey ihm früher oder später entwickelnden Natur- und Geschlechtstriebe werde erfordert, um den rechten Zeitpunkt bestimmen zu
können, wenn ihnen hierin zu Hülfe zu kommen,
und der nöthige Unterricht zu ertheilen sey. So
bald solches aber nöthig befunden wird, müsse
alles, was man ihnen davon sagt, nach der Bibel,
mit heiterm und ehrfurchtsvollem Gemüthe, als
vor Gottes Augen, einfältig, bestimmt, und so
klar und genugthuend geschehen, daß die Kinder
nicht nöthig haben, selbst noch darüber nachzu-
grübeln. So lange die Kinder aber ohne Gefahr

U 5                       und

und Bedenken in der Unschuld und Unwissenheit
dieser Sachen bewahrt werden können, halten die
Brüder sich dazu verbunden. Daher auch den
Eltern und Erziehern obliegt, alle nur mögliche
Vorsicht zu beweisen, daß in der Kinder Gegenwart nichts vorkomme, was ihren Vorwitz reizen
und sie aus der Unschuld herausbringen könnte.

Wer durch unbesonnene und leichtsinnige Handlungen den Kindern zum Anstoß und Aergerniß
würde, ladete sich eine schwere Verantwortung vor
Gott auf, und würde auch nach der Gemeinregel
eine schwere Ahndung von wegen der Gemeine
selbst zu gewarten haben. Aus eben diesem Grunde wird die Auseinanderhaltung der Geschlechter
einigermaßen schon bey den Kindern beobachtet.
Wenigstens haben Eltern, welche Kinder beyderley Geschlechts haben, dieselben auch in der Absicht unter beständiger Aufsicht zu halten, und darauf zu sehen, daß sie nirgends allein gelassen, und insonderheit beym An- und Auskleiden, beym Schlafen und dergleichen aus einander gehalten werden.
Als ein Haupterforderniß, gute Kinderzucht
zu befördern, wurde insonderheit der zweckmäßige
Unterricht aller damit beschäftigten Personen angesehen. Damit es auch hieran in der Brüdergemeine nicht fehlen möge, nahm man in den Synoden den erforderlichen Bedacht darauf, und setzte

mehrere

mehrere Grundsätze fest, die den Zweck und die Art der Kindererziehung ins Allgemeine vorzeichnen, und den Eltern und Erziehern zum Unterrichte bey diesem wichtigen Geschäffte dienen können. Diese Grundsätze und Verhaltungsregeln werden der ganzen Gemeine von Zeit zu Zeit in Erinnerung gebracht. Zu noch bequemerm Gebrauche hat der Bischof Layritz den Hauptinhalt davon in einer kleinen Schrift: Betrachtungen über eine verständige und Christliche Erziehung der Kinder, herausgegeben und zum Drucke befördert. Aber auch dabey hat man es nicht bewenden lassen; sondern die Aeltestenconferenzen in den Gemeinen haben den Auftrag, über deren Beobachtung zu wachen, sämmtliche mit der Kindererziehung beschäfftigte Personen von Zeit zu Zeit zusammen zu berufen, um ihnen ihre Verhaltungsregeln zu erneuern, nach dem sittlichen und körperlichen Zustande der Kinder sich zu erkundigen, und zu treuer Beobachtung der aufhabenden Pflichten zu ermuntern.

In mehreren Brüdergemeinen sind Einrichtungen gemacht worden, wo die Waisen, so wie auch andere Kinder, die von ihren Eltern nicht selbst erzogen werden können, und mit unter auch Kinder fremder Eltern, nach eben diesen Grundsätzen verpflegt und erzogen werden. Diese Einrichtungen

gen heißen Kinderanstalten\*). Mit denselben sind mehrentheils auch die Schulen der Gemeine verbunden, in welchen die Kinder ihren Unterricht bis in das 13te oder 14te Jahr ihres Alters erhalten \*\*).

Ueber

---

\*) In diesen Anstalten erhalten die Kinder Kost und Kleidung, es sey denn, daß die Eltern letztere selbst besorgen wollen. Sechs bis zehn Kinder wohnen auf einer Stube: jede derselben hat auf Seiten der Knäbchen für gewöhnlich zwey Aufseher, einen Gelehrten, der die Schulen mit besorgen hilft, und einen Unstudirten, der auf Ordnung und Reinlichkeit der Jugend in Kleidern und Wäsche zu sehen hat. Eben so sind in den Mädchenanstalten zwey zuverläßige Schwestern auf jeder Kinderstube bestellt, die den Unterricht und die Pflege der Kinder unter der Leitung einer Anstaltsvorgesetzten besorgen. Nie werden die Kinder allein gelassen, weder bey Tag noch Nacht. Sie schlafen zusammen auf einem geräumlichen mit mildem Lichte erleuchteten Saale, auf welchem immer jemand die Wache hält, damit jedem, dem in der Nacht etwas zustößt gleich könne zu Hülfe gekommen werden. Kranke aber wohnen und schlafen auf besondern Stuben, wo sie nach Erforderniß von eigen dazu angestellten Personen unter der Leitung des Arztes verpflegt werden.

\*\*) Dieser Unterricht besteht im Lesen, Schreiben, Rechnen, Sprachlehre, Erdbeschreibung, Geschichte,

Ueber diese Anstalten und Schulen führt der jedesmalige Prediger des Ortes die Aufsicht, welcher zugleich den Unterricht der gesammten Jugend in der Christlichen Lehre zu besorgen hat.

Dieser Christliche Lehrunterricht wird Classenweise nach dem Unterschiede des Alters und der Verstandskräfte der Kinder gehalten. Hiernächst haben die Kinder täglich noch ihre besondere Erbauungsstunde, worin ein Spruch aus der Bibel, oder eine daraus gezogene Heilswahrheit abgehandelt, oder dieselbe in paßlichen Liederversen mit ihnen besungen wird. Alle vier Wochen haben sie einen sogenannten Bet- und Danktag, an welchem eine für sie paßliche Litaney mit ihnen gesungen wird; sodann werden ihnen einige erbauliche Nachrichten von Kindern aus andern Gemeinen und belehrende Lebensläufe der hie und da heimgegangenen mitgetheilt, und der Tag mit Gebet und Danksagung für alle vom Herrn genossene Wohlthaten beschlossen. Die Oberaufsicht und Berathung dieser Erziehungs- und Schulanstalten hängt von der gesammten Aeltestenconferenz der Gemeine ab;

schichte, den Anfangsgründen der Lateinischen Sprache und mit unter auch Zeichenkunst und Musik. Bey den Mägdlein kommt statt der Lateinischen Sprache die Anweisung zu allerhand nützlichen Arbeiten ihres Geschlechtes hinzu.

ab; die Sorge für deren Unterhaltung wird als
eine Obliegenheit der ganzen Gemeine angesehen;
daher sich kein Bruder oder Schwester entschlagen
kann, an dieser allgemeinen Nothdurft erforderlichen Falls Theil zu nehmen.

Außer diesen besondern Erziehungs- und Schulanstalten der Gemeinen gibt es noch einige allgemeine Erziehungsinstitute der Unität, in welchen
einestheils die Kinder sämmtlicher Missionarien
und ihrer Gehülfen unter den Heiden, so wie auch
anderer Diener der Unität, welche um ihres Geschäfftes willen sich bald hier, bald dort befinden,
oder sonst keine Gelegenheit haben, ihre Kinder
selbst zu erziehen, nach obbeschriebener Weise verpflegt und erzogen werden. Anderntheils aber
sind diese Unitäts-Anstalten dazu bestimmt und
eingerichtet, um denjenigen unsrer Kinder, die
sich den Studien widmen, Gelegenheit zu verschaffen, nicht nur die Hülfswissenschaften zu allen Theilen der Gelehrsamkeit zu erlangen, sondern darin
auch bis zur Kenntniß einiger Theile der höhern
Wissenschaften fortschreiten zu können. Dieselben
theilen sich in drey verschiedene Institute. Das
erste heißt die Unitäts-Kinderanstalt, in welcher
die vorhin erwähnten Kinder bis in das vierzehnte
Jahr erzogen werden. Das zweyte Institut ist
das Pädagogium der Unität. In dieses kommen

alle

alle diejenigen Kinder, welche dem Studiren ge-
widmet werden. In demselben bleiben sie gewöhnlich von dem 13ten oder 14ten bis in das 19te
oder 20te Jahr, und werden in den Vorkenntnis-
sen zu den höhern Wissenschaften unterrichtet. Aus
diesem Pädagogium werden die Studirenden in das
akademische Institut, welches das Seminarium
der Unität genannt wird, versetzt. In diesem
Seminarium wird über alle Haupttheile der Philosophie Unterricht ertheilt, und die Theologie vollständig gelehrt. Diejenigen Subjecte, die sich der
Rechtsgelehrsamkeit, oder der Arzneywissenschaft
widmen, gehen von hier aus auf andere hohe Schulen, wo sie die beste Gelegenheit dazu zu finden
glauben. In diesen beyden vorbenannten Erziehungsanstalten der Unität wird ebenfalls die mög-
lichste Sorgfalt angewendet, um die Zöglinge vor
allem Schaden zu bewahren, den sie durch schlechte
Beyspiele nehmen könnten. Sie stehen daher unter zweckmäßiger Aufsicht ihrer Vorgesetzten, welche
mit ihnen auch gemeinschaftlich in großen dazu bestimmten Zimmern speisen und schlafen, und alles
was wider die Sittlichkeit angeht, sorgfältig von
ihnen zu entfernen suchen; worunter auch das Lesen
schlechter Bücher mit begriffen ist. Bey allen wird
einerley Hauptzweck verfolgt; und dieser besteht in
der Gewinnung ihrer Herzen für den Heiland durch
die

die Verkündigung des Evangeliums, und eine demselben gemäße Seelenpflege, und in ihrer Nutzbarmachung zum Dienste der Brüdergemeine, und der menschlichen Gesellschaft überhaupt.

In dem Schulunterrichte dieser beyden Institute beobachtet man in der Hauptsache ebenfalls keinen Unterschied, als den die Ungleichheit der Fähigkeiten und Bestimmungen nothwendig macht. In dem Pädagogium werden die Hülfswissenschaften zur höhern Gelehrsamkeit gelehrt, und der Unterricht in den neuern, besonders aber den alten Sprachen, mit großem Fleiße getrieben; weil nach der Meynung der Brüder das Studium der alten Litteratur jungen Leuten mehr gründliche Kenntnisse eröffnet, als die Lehrmethode einiger neuern Erzieher, die solches unterlassen. Bey den philosophischen Studien, die in dem akademischen Seminarium der Unität getrieben werden, geht die Absicht mehr auf das wirklich Nützliche und Brauchbare, als auf unsichre und unfruchtbare Speculationen. Blos speculative Gelehrte sind den Brüdern wenig nütze. Das Feld, das die Vorsehung Gottes ihnen zu bearbeiten anvertrauet hat, ist groß, und dazu gehören arbeitsame, geschickte und mit gemeinnützigen Kenntnissen ausgerüstete Leute. In der Theologie wird in den Brüderschulen vorzüglich auf gründliche Kenntniß der Grundsprachen,

und

und eine richtige Auslegungskunst angetragen, und man läßt es an nichts ermangeln, was den Beflissenen der Gottesgelehrsamkeit dazu behülflich seyn kann, um heitere, deutliche und feste Begriffe von den Wahrheiten der Bibel zu erlangen. Das Studium der Theologie soll uns aber nicht nur zum Verstande der Schrift helfen; sondern auch zum Fleiße in der Gottseligkeit beförderlich seyn. Fester männlicher Geist der Religion soll dadurch bewirkt werden, der allen speculativischen und zankerregenden Lehrmeynungen, wodurch die Lehren der Bibel bey schwachen und unterrichteten Gemüthern so leicht verstellt und verdunkelt werden, entgegen steht. Die Lehrmethode der Brüder ist daher mehr derjenigen ähnlich, die die Bibel uns vorzeichnet; und die nicht nur den Verstand aufklärt, sondern auch das Herz erwärmt und belebt; in der gewissen Ueberzeugung, daß die Christliche Religion ungleich mehr Glückseligkeit und Rechtschaffenheit unter den Menschen hervorbringen würde; wenn man sie so lehrte, wie Christus und seine Jünger sie gelehrt haben; und daß, wenn die Brüder so glücklich wären, viele solche Zeugen der Wahrheit aus ihrer Jugend aufzustellen, die Frucht ihrer Arbeit reich, und der Segen für die Menschheit groß seyn würde.

X                    Ueber

Ueber diese allgemeinen Erziehungsanstalten
der Unität führt die Unitäts-Aeltestenconferenz
die Oberdirection. Die besondere Aufsicht und
Berathung derselben aber ist demjenigen Collegium
aufgetragen, welches den Namen der Unitäts-An-
staltendiaconie führt, und das Oekonomicum derselben mit besorgt. Die Erwählung desselben geschiehet in den Synoden, wie solches bereits oben
bey der Constitution der Unität angezeigt worden
ist. Diese Unitäts-Erziehungsinstitute haben keinen stehenden Fond oder Stiftung, woraus die dazu erforderlichen Kosten bestritten werden könnten;
sondern die Art ihrer Unterhaltung ist folgende:
Alle vermögende Eltern bezahlen jährlich eine bestimmte Pension für den Unterhalt ihrer Kinder in
diesen Anstalten. Für die Erziehung der Kinder
der Heiden-Missionarien bis in das 13te oder 14te
Jahr sorgt die Heiden-Missionsdiaconie. Die
Kinder derjenigen Diener der Unität und Gemeinen aber, welche die Kosten dafür nicht selbst bestreiten können, werden von besagter Anstalten-
diaconie verpflegt und besorgt. Die Mittel dazu
erhält diese Diaconie aus freywilligen Collecten,
welche in der ganzen Unität alljährlich zweymal
eingesammelt werden.

13. Ab-

## 13. Abschnitt.

## Heiden-Missionen der Evangelischen Brüder-Unität.

Die Bemühungen der Brüder, das Evangelium von Jesu Christo in aller Welt auszubreiten, haben sich insonderheit durch ihre Missionen unter mehrere heidnische Völker, die ohne Erkenntniß Gottes und Jesu Christi leben, und zu den niedrigsten Classen der Menschen gehören, zu Tage gelegt. Der Leser wird schon aus dem wenigen, was von der Geschichte ihres Anfangs mitgetheilt worden, bemerkt haben, daß der Trieb und Eifer dazu gleichsam mit der Entstehung der Evangelischen Brüdergemeine zugleich hervor keimte, und sehr bald wirksam ward. Der Befehl Christi an seine Jünger, in alle Welt zu gehen, und alle Völker zu lehren, konnte von einer Gesellschaft, die sich dem Heilande der Welt aus Liebe und Dankbarkeit zum Dienste widmete, und keinen höhern Zweck des Lebens als seine Nachfolge kannte, nicht übersehen werden. Er ward ihnen also Beruf; und das Beyspiel der Apostel, an dem die Brüder sahen, mit welcher Kraft aus der Höhe, mit welchem Geiste und welcher Wirkung diese einzelnen unansehnlichen und unstudirten Männer arbeiteten, und das ausrichteten, was keine Philosophie

X 2

aller

aller Weisen und aller Zeiten je vermocht hatte, ermunterte sie zu gleichen Unternehmungen. Es fehlte ihnen zwar nicht an lebhaften Vorstellungen der Noth und Gefahren, die mit diesem Geschäffte von je her unzertrennlich verbunden waren; aber in gläubigem Vertrauen auf die Kraft Gottes, die in den Schwachen mächtig ist, und auf die Unterstützung und Durchhülfe ihres Herrn, wagten sie sich getrost an dasselbe, und beharren dabey nun schon sechzig Jahre unveränderlich. Weder Noth, noch Gefahr, weder Hitze, noch Kälte, weder Hunger, noch Mangel, noch andere Leiden sind bisher vermögend gewesen, diesen heiligen Eifer in ihnen zu dämpfen oder zu schwächen; und eine fortgehende Erfahrung lehrt, daß je größere Gefahren, und je mehrere Beschwerden mit einer Mission verknüpft sind, desto mehrere freywillige Candidaten dazu sich unter den Brüdern finden und angeben. Wem freylich die Anstrengung seiner Fähigkeiten und die Benutzung seiner Kräfte Gewissenssache und Herzenslust ist, dem wird nichts sauer, noch schwer; und wer seine Tage dem übergeben, der sie gezählet hat, noch ehe sie waren, der ist zum Dienste Gottes muthig und heldenhaft. Die größten Beschwerlichkeiten werden durch die Ueberzeugung erleichtert, daß es des Herrn Sache und Ehre ist, der sich so hoch um uns verdient gemacht, und sein Blut

Blut für uns vergossen hat. — Darin liegt der
Grund, daß ein Bruder mit eben der Freudigkeit
nach Labrador oder nach Indien unter die rohesten
und lasterhaftesten Menschen geht, um ihr See-
lenheil zu befördern, als jeder andere Mensch sich
gern mühet, um sein angewiesenes Geschäffte zu
seinem eignen und seines Nächsten Besten zu
treiben.

So sind die Brüder schon unter eine große Anzahl heidnischer Nationen gekommen, um ihnen
das seligmachende Evangelium von Jesu Christo
zu verkündigen, und Gott hat es ihnen gelingen
lassen, daß sie nach dem eigentlichen Wortver-
stande vielen tausend Heiden eine Gelegenheit zu
ihrem zeitlichen und ewigen Heile und Glückseligkeit
geworden sind. Wer sich davon gründlich unterrichten und überzeugen will, darf nur David
Cranzens neue Brüdergeschichte, mit ihrer näch-
stens zu erwartenden Fortsetzung, so wie ihre Miss-
ionsgeschichten unter die Grönländer, unter die
Negersclaven in Westindien und die Indianer in
Nordamerika nachlesen.

Es hat zwar selbst unter den Gelehrten noch
Männer gegeben, welche das Verdienst der Brüder hierin in Zweifel gezogen, und die Frage auf-
geworfen haben, ob man nicht besser gethan hätte,
die Grönländer, so wie andere heidnische Natio-

nen,

nen, in ihrer vermeynten glücklichen Unwissenheit
zu lassen? Wem diese Frage noch problematisch
vorkommen kann, verräth nur, daß er weder den
Zustand der Menschen, ohne Erkenntniß der Religion, gegen denjenigen richtig abgewogen habe, zu
dem ihnen die Christliche Religion verholfen hat,
noch die daraus entstandenen guten Folgen berech-
net habe. Wer dieses thut, und Geschichte und
Erfahrungen dabey zum Grunde legt, kann darüber
nicht zweifelhaft bleiben, wenn er auch selbst durch
die Christliche Religion weder über seine eigne hohe
Bestimmung, noch über die Absichten Gottes mit
der Welt ins Ganze sich hätte unterrichten lassen.

Die Brüder, die bey allen ihren Missionen auf
Einen Grundsatz, Erkenntniß Gottes und Jesu
Christi, und Erkenntniß unsrer selbst, unverän-
derlich arbeiten, haben alle heidnische Völker, mit
denen sie bekannt worden, in Absicht auf ihre
Glückseligkeit sich sehr gleich gefunden.

Die Neger waren gottlose, thierisch-sinnliche
und äußerst lasterhafte Menschen. Ist man aber
glückselig, wenn man lasterhaft ist? Sie hatten
weder Erkenntniß von Gott und ihrer Bestimmung,
noch von Sittlichkeit und Ordnung. Wer sie in
ihrem rohen und wilden Zustande, wie sie aus
Afrika gebracht werden, beobachtet, kann sich
kaum des Gedankens erwehren, daß der auf sie

warten-

wartende Sclavenstand noch in gewisser Absicht
Wohlthat für sie sey. Er könnte es auch wirklich
seyn, wenn sie alle in menschenfreundliche Hände
und Verpflegung kämen. Ihre Dienstbarkeit
würde kein so großes Unglück für sie seyn, wenn
ihre Herren sie so behandelten, wie die heilige
Schrift es vorschreibt; wenn auf ihre Verbesserung
treuer Bedacht genommen würde; wenn die Gesetze ihnen nicht alle menschliche und gesellschaftliche
Rechte versagten, hingegen sie vor tyrannischen
und unmenschlichen Mißhandlungen in Schutz
nähmen. Die Grönländer waren ohne Begriff
von Gott, ohne Gesetze und bürgerliche Einrichtung, ganz im Stande der Natur. Sie lebten
aber unter dem Schrecken des Aberglaubens, unter der Tyranney ihrer Zauberer, in Furcht vor
Mördern, und in Bangigkeit vor einem unbekann-
ten Zustande in einem künftigen Leben, von dem
den Menschen doch immer etwas ahndet. Dabey
waren sie so unverständig sträflich, daß sie in der
Zeit des Ueberflusses alles aufzehrten, und in dem
langen Winter aller Angst und Quaal des Hungers
ausgesetzt waren. Wenn sie alt und den Ihrigen
beschwerlich wurden, hatten sie zu befürchten, lebendig in einen Sack gesteckt, und ersäuft oder
begraben zu werden. Die Indianer, die zwar
schon etwas mehr Kenntnisse, und eine Art bürger-

X 4                    licher

licher oder gesellschaftlicher Einrichtung unter sich
hatten; lebten unter nicht geringerer Furcht der
tödtenden Rache ihrer Feinde; Aberglaube und
Zauberey beängsteten sie unsäglich; die Ungewiß-
heit ihres künftigen Zustandes nagte ihr Inner-
stes; ewige Kriege unter einander verbitterten ihr
Leben unaufhörlich; im Frieden wechselte Hunger
und Mangel mit Unmäßigkeit und Völlerey ab,
und verzehrte sie jämmerlich; so daß ihre Völker-
schaften, wo nicht ganz, doch zum Theil, sich unter einander vernichteten.  So itzt nicht besser
war der Zustand der Caraiben, Arawacken und
mehrerer heidnischen Nationen, denen die Brüder
das Evangelium zu bringen sich bemühet haben.
Man stelle sich denselben vor, und frage sich selbst:
ob man sich in demselben befinden möchte? Und
nun besehe man den Zustand dieser Menschen, nachdem sie das Evangelium von Jesu Christo angenommen, und an dasselbe gläubig geworden sind;
und stelle sich die Glückseligkeit ihres neuen Zustandes vor. In seinem Verstande erleuchtet, Gott er-
kennend in Jesu Christo, und in ihm Hoffnung eines
ewig seligen Lebens, findet der Mensch nun gleichsam
sich selbst und seine hohe Bestimmung; siehet sich
als einen Geliebten Gottes und Jesu Christi, in seli-
ger Gemeinschaft mit der Menge der Gläubigen,
und im Genusse wahrer Freyheit und Wohlseyns.

Was

Was Paulus von den Corinthern sagte, daß
sie ehedem Hurer, Ehebrecher, Abgöttische, Weich-
linge, Knabenschänder, Diebe, Geizige, Trun-
kenbolde, Lästerer und Räuber wären, die das
Reich Gottes nicht ererben könnten; nun aber ab-
gewaschen, geheiliget und gerecht worden seyn durch
den Namen des Herrn Jesu und durch den Geist
Gottes, ist ganz auf diese Menschen anwendbar.
Die Geschichte der Brüder-Missionen unter den
Negern, Grönländern, Nord-Indianern und mehrern Heiden beweiset es durch Tausende von Beyspielen. Die Bemühung also, unsern Mitmenschen bessere Kenntnisse beyzubringen, und zu ihrem Heile
beförderlich zu seyn, ist nicht vergeblich, und keine
Menschenart zu gering, diesen Fleiß an sie zu wenden. Ist es Verdienst, richtige Kenntnisse ins Allgemeine zu verbreiten, die von Mund zu Mund,
von Geschlecht zu Geschlecht fortgehen, und in die
Denkweise der Menschen und in den Geist der Zeiten eindringen; so ist die Bemühung, Kenntnisse der
Religion entfernten einzelnen Personen und ganzen
Völkern beyzubringen, gewiß nicht von geringem Werth. Der dadurch errettete und gebesserte
Mensch wird den immer für seinen Nächsten erkennen, der die Barmherzigkeit an ihm that.

Ob die Missionen der Brüder auch im bürgerlichen oder politischen Sinne dem Staate nützlich

oder

ober schädlich sind, kann der Leser aus ihrer Geschichte beurtheilen. Es fehlt aber auch nicht an unverdächtigen Zeugnissen anderer Gelehrten und Staatsmänner, welche den heilsamen Einfluß derselben auf den öffentlichen Wohlstand und die allgemeine Sicherheit des Staates versichern. Man lese z. B. nur einen Pontopidan *), einen Ramsey und mehrere. Als der Bischof Johannes von Watteville im Jahre 1749 zur Visitation der Negergemeinen auf den Dänisch Westindischen Inseln sich befand, wies der Gouverneur auf die Missionskirche der Brüder, mit der Erklärung, daß sie ihre Hauptfestung sey, und ihre Sicherheit auf diesen Inseln ausmache. Er setzte hinzu: ohne diese habe er sich sonst nicht getraut, eine Nacht außer dem Fort auf seiner Plantage zu schlafen; nun aber könne er es sicher thun. Denn, wenn auch eine Zusammenrottung der Sclaven entstände, die bey dem verbesserten Genius schon weniger zu befürchten sey, so bekäme gewiß ein oder anderer der zu Christo bekehrten Neger davon Kenntniß, und so würde der Anschlag verrathen, indem er gewiß Nachricht davon erhielte. Daß die Neger auf diesen Inseln dadurch in ihrem Zustande überhaupt verbessert worden, und daher von einigen ihrer Herren eine menschlichere Behandlung genießen, bewei-

*) Vorrede zu Römers Beschreibung von Guinea.

beweiset die Erfahrung. Der Verfasser ist selbst ein Augenzeuge davon, und hat bey Gelegenheit eines in dem Jahre 1784 daselbst gemachten Besuchs von der gesammten königlichen Regierung viele Zeugnisse von den guten Eigenschaften und der erprobten Treue und Rechtschaffenheit der Christlichen Neger zu hören die Freude gehabt.

Grönland gibt uns nicht weniger Beweise von dem verbesserten Zustande seiner ehedem äußerst rohen und ungesitteten Bewohner. Mit der innern Besserung wuchs auch der äußere Wohlstand dieses äußerst armen Volkes. Der Aberglauben mit seinen Zauberern haben ihre Kraft und Ansehen unter ihnen großentheils verloren. Von Ermordungen hört man wenig oder nichts mehr unter ihnen. Sie haben gelernt, die Zeiten des Ueberflusses zur Ersparung auf die Zeiten der Noth anzuwenden. Die Alten und Unbehülflichen werden nicht mehr lebendig begraben. Auf die Erhaltung der Jugend und ihre Erziehung wird mehr Fleiß und Aufmerksamkeit gewendet. Mit ihrem äußern Wohlstande hängt das Interesse der Grönländischen Handlung genau zusammen. Was die Mission der Brüder unter den Nord-Amerikanischen Indianer-Nationen Gutes geschafft hat, wird die nur erst herausgekommene Missionsgeschichte beweisen, und der Brüder Arbeit genugsam rechtferti-

fertigen. Bis zu dem Jahre 1764 hat, so viel
man weiß, kein Europäer unter den Esquimos in
Labrador nur eine Nacht bleiben dürfen; denn wer
es wagte, wurde unfehlbar von den Landeseinwoh-
nern ermordet. Die Brüder wagten es in besagtem Jahre, im Vertrauen auf ihren Herrn und
seine Allmacht und Güte, unter dieses mörderische
Volk zu gehen, um ihnen die fröhliche Botschaft
von ihrem Heile in Jesu Christo zu bringen. Sie
haben nun schon drey Missionsplätze in diesem äuf-
serst rohen und kalten Lande errichtet, und wohnen
unter diesem barbarischen Volke in Ruhe und Frieden. Ihrem Unterrichte in der Lehre Jesu sind
schon mehrere aus ihnen gehorsam worden; der
Nutzen davon hat sich schon aufs Allgemeine ver-
breitet, so daß die Europäer nun ohne Gefahr sich
ihnen nähern und Handlung mit ihnen treiben können. Mehrere Beweise von den in aller Absicht
heilsamen Wirkungen des Evangeliums auf die
wildesten Heiden sind hier nicht nöthig. Wir
Deutsche dürfen nur auf die Geschichte unsrer Vorfahren zurück gehen, um einzusehen, was wir der
Christlichen Religion zu danken haben.

Man machte den Brüdern zwar Vorwürfe über
ihre Lehrmethode unter den Heiden, und sahe es als
einen Fehler an, daß sie nicht bey der schulgelehr-
ten Erkenntniß Gottes anfangen, und denn das
ganze

ganze System der Christlichen Lehre mit den Heiden
durchgehen. Wer aber die Grönländische Missionsgeschichte der Brüder gelesen hat, wird finden, daß
sie ganz auf diesem Wege angefangen, in mehrern
Jahren aber wenig oder nichts ausgerichtet hatten.
Eben diese Geschichte wird ihn aber auch belehren,
wie die Brüder darauf gekommen sind, ihren Lehrunterricht mit Jesu Christo, dem Heilande der
Welt, das ist mit dem Evangelium von seiner
durch Leiden und Sterben vollendeten Versöhnung
aller Menschen anzufangen, und auch im Fortgange sie als Hauptlehre anzusehen. Die Lehrart
des Apostels Paulus, der von dem Geiste Gottes
vorzüglich zum Lehrer der Heiden ausgerüstet war,
wurde nunmehr ihr Muster. Was er an die
aus den Heiden gesammelte Corinthische Gemeine
schrieb: ich hielte mich nicht dafür, daß ich etwas
wüßte unter euch, ohne allein Jesum Christum,
den Gekreuzigten, wurde festgesetzte Regel bey der
Predigt der Brüder unter den Heiden. Sie leite-
ten nun alle Gotteswahrheiten, die Gott zu unserm
Heile geoffenbaret hat, aus Jesu Christo, dem
Gekreuzigten, her. Man lese nur Spangenbergs
kleine Abhandlung hievon, welche 1782 unter dem
Titel: Von der Arbeit der Evangelischen
Brüder unter den Heiden, in Barby herausgegeben worden, um sich zu überzeugen, daß der
ganze

ganze Rath Gottes zu unsrer Seligkeit, so wie er
in der heiligen Schrift enthalten ist, den Heiden
von den Brüdern verkündiget werde.

Das Geschäffte der Verkündigung des Evangeliums an die Heiden, daß sie sich bekehren von
der Finsterniß zum Lichte, und von der Gewalt des
Satans zu Gott, zu empfahen Vergebung der
Sünde, und das Erbe, sammt benen, die geheiliget werden durch den Glauben an Jesum Christum, ist von großer Wichtigkeit. Die Apostel
des Herrn, die dieses Geschäffte trieben, wurden
mit dem heiligen Geiste dazu getauft, und mit besondern Gaben und Kräften ausgerüstet. Wer
den ganzen Umfang dieses Geschäfftes kennt, und
dabey bedenkt, wie vieles ein Diener Jesu, der
sich demselben widmet, zu beobachten, und mit
welchen Kräften der Finsterniß er zu kämpfen hat,
der wird bey der Erkenntniß seiner Ohnmacht es
auf seine eigne Kräfte nicht wagen, ein Heidenbote
zu werden; sondern überzeugt seyn, daß er die besondere Leitung und den kräftigsten Beystand des
heiligen Geistes dazu unumgänglich nöthig habe.
Ein Diener Jesu unter den Heiden hat nicht nur
darauf zu arbeiten, daß ihre Seelen für den Heiland gewonnen, sondern auch bey ihm erhalten
werden. Nach dem Beyspiele seines Herrn, des
Erzhirten unsrer Seelen, hat er über eine jede an

ihn

ihn gläubig gewordene Seele beständig zu wachen,
sie auf gesunde Weide zu führen, das Kranke zu
pflegen, das Verwundete zu verbinden, das Verirrte zurecht zu weisen, das Verlorne wieder zu
suchen, das Schwache zu tragen, und eines jeden zu warten, wie es recht ist. Ein köst-
liches Amt! Wer ist dazu wol tüchtig aus eignen Kräften ohne den besondern Beystand des
heiligen Geistes? Zu seinen Jüngern, die ihren Herrn kannten, ihn liebten, ihm anhingen
und an ihn glaubten, sagte der Heiland: ohne
mich könnt ihr nichts thun. Das trifft bey
allen Dienern des Evangeliums zu. Denen versprach er keine gute Tage in dieser Welt. Wer
Ihm nachfolgen will, muß sich selbst verleugnen,
und sein Kreuz auf sich nehmen täglich. Denn
wer dabey sein Leben erhalten will, der wirds verlieren; wer aber sein Leben verliert um Seinetwil-
len, der wird es finden. Als jemand zu Ihm sagte:
Meister, ich will dir nachfolgen, wo du hingehest,
wies Er ihn von sich, mit den Worten: Die Füchse
haben Gruben, und die Vögel unter dem Himmel
haben Nester, aber des Menschen Sohn hat nicht,
wo er sein Haupt hinlege. Auf diese und andere
schwere Umstände muß ein Heidenbote gefaßt und
entschlossen seyn. Und wer ist es aus sich selbst, ohne
Kraft von oben? Hieraus ist leicht abzunehmen,
                                                    was

was für Erfordernisse und Eigenschaften die Evangelische Brüder-Unität bey jedem ihrer Glieder voraussetze, das von ihr unter die Heiden gesandt werden soll, um ihr Heil in Christo zu befördern. Lebendige Erkenntniß seiner selbst und Jesu Christi; Glauben an seine Lehre, Erfahrung und Genuß der Kraft seiner Versöhnung, Verleugnung seiner selbst; kindliche Ergebenheit in seinen Willen und seine Wege, und getreue Nachfolge Jesu durch alle Umstände des Lebens, sind lauter nothwendige Erfordernisse für einen Bruder, der dem Heilande unter den Heiden nützlich seyn will. Er muß mit dem Evangelium von Jesu Christo und seinen göttlichen Kräften und Wirkungen aus eigner Erfahrung bekannt seyn, das ist, er muß das tiefe Verderben des Menschen nach Seele und Leib kennen, und die Heilung davon durch das Blut und den Tod Jesu erfahren haben, wenn er die Versöhnung mit Kraft und Nachdruck predigen soll. Drang der Liebe und der Dankbarkeit muß den Trieb und den Eifer, dem Heilande zu dienen, in ihm erwecken, und beständig unter allen Schwierigkeiten erhalten, wenn er treu dabey ausharren soll. Alles das ist Wirkung des heiligen Geistes in den Herzen derer, die Er zu diesem wichtigen Berufe auffordert und ausrüstet. In der Evangelischen Brüdergemeine wird daher niemanden ein Beruf zum

Dienste

Dienſte unter die Helden angetragen, der hierüber
nicht ganz verſtanden iſt. Gemeiniglich melden
ſich die Brüder, die Luſt und Trieb dazu haben,
ſelbſt, bey der Aelteſtenconferenz der Unität. Die
Direction der Gemeine, in welcher ein ſolcher Bruder ſich befindet, begleitet ſeinen Antrag mit einem
Zeugniſſe von ſeinem Herzenszuſtande und ſeiner
Leibes- und Gemüthsbeſchaffenheit. Nun wird
erſt nach Erwägung aller Umſtände in der Aelteſtenconferenz der Unität überlegt: Ob das Anerbieten deſſelben angenommen werden könne? und
wenn kein Bedenken dagegen obwaltet, wird die
Sache ins Loos genommen und entſchieden. Wird
der Vorſchlag durch das Loos gut geheißen; ſo erfolgt erſt der beſtimmte Antrag an den Bruder zum
Dienſte bey dieſer oder jener Miſſion; wobey demſelben aber noch immer ganz frey ſtehet, ſolchen anzunehmen oder abzulehnen. Ja, wenn ſelbſt bey
ſeiner Erklärung zur Annahme noch einige Spur
von Bedenklichkeit oder Aengſtlichkeit ſich zeigt, ſo
ſiehet man von ihm ganz ab, und läßt ihn zu Hauſe.
Die Brüder denken hierin, wie Moſes, der den
Amtleuten des Volkes Iſrael befahl, demſelben
zu ſagen: welcher ſich fürchtet, und ein verzagtes
Herz hat, der gehe hin, und bleibe daheim, auf
daß er nicht auch ſeiner Brüder Herz feige mache,
wie ſein Herz iſt.

Y                    Es

Es gehört alſo zum Dienſte bey den Heiden-Miſſionen der Brüder ein geprüfter Muth und überlegte Freudigkeit. Wem es daran fehlt, der bleibt ruhig zu Hauſe, oder kommt wol auch gar von ſeinem Poſten zurück. Dieſer freudige Muth ſteift ſich aber nicht auf eigne Kräfte oder Geſchicklichkeit; ſondern blos und allein auf Gottes Gnadenbeyſtand und Kraft, die in den Schwachen mächtig iſt. Die Armuth des Geiſtes iſt mit dieſer Freudigkeit aufs genaueſte verbunden. Sie iſt das Gegentheil von der Kühnheit des Geiſtes, die alle Kraft bey ſich findet; von der Selbſtſufficienz, die Gottes nicht bedarf, und von dem Stolze des menſchlichen Herzens, das ſich über ſein kreatürliches Verhältniß ſo gern erhebt, und ſelbſtſtändig dünkt. In dem Reiche Jeſu iſt Gott den Blöden hold, und gibt den Demüthigen Gnade. Ein gebeugter Geiſt und ein zerknirſchtes Herz iſt Ihm angenehm; denn es verläßt ſich allein auf ſeine Gnade und Hülfe. Das iſt die Stärke ſeiner Knechte auch unter den Heiden, die ſie nicht zu Schanden werden läßt.

Die Miſſionarien der Brüder erhalten von der Unitäts-Direction nicht nur ihren Beruf, ſondern auch die kirchliche Befugniß zur Bedienung der Predigt des Evangeliums und der heiligen Sacramente. Hiernächſt empfangen ſie auch von ihr

die

ihrem Berufe, und den Umständen der Missions-anstalten gemäße Instruction, ihres Verhaltens. Aus dem, was bisher gesagt worden ist, kann man sich leicht vorstellen, worin diese Instruction, so-wol in Absicht auf ihr individuelles, als ihr Amts-betragen bestehe. Die Lehre Jesu und seiner Apo-stel gab auch hiezu die gemessenste Anweisung in der Hauptsache. Der Heidenbote findet, so wie jeder andere Diener Christi, darin die sicherste Re-gel seines Verhaltens gegen seinen Herrn und Mei-ster, gegen sich selbst, und gegen seine Mitmen-schen. So wie er diese Lehre selbst zu befolgen hat, so hat er sie auch allen denen, die ihn hören, so vollständig als möglich vorzuhalten, und darüber zu wachen, daß alle die, welche diese heilsame Lehre angenommen haben, und durch die Taufe der Kirche Christi eingegliedert worden, derselben gemäß le-ben. Alles dieses liegt in dem Befehle Christi an seine Jünger, da Er zu ihnen sagte: Gehet hin in alle Welt, und lehret alle Völker, und taufet sie im Namen des Vaters, und des Sohnes, und des heiligen Geistes, und lehret sie halten alles, was ich euch befohlen habe. Ein Heidenbote, der sich hiernächst das Exempel des Heilandes und sei-ner Apostel recht zu Nutze macht, und ihren Fuß-stapfen, so wie ihrer Lehre, treulich nachfolgt, fin-det darin die sicherste Leitung zu seinem ganzen Ver-

Y 2                                    halten,

halten, und ist auf dem Wege, auf welchem auch
die Thoren nicht irren können. Das ist und bleibt
unwandelbare Richtschnur für alle Brüder und
Schwestern, welche zum Dienste unter den Heiden
in der Evangelischen Brüdergemeine angestellt wer=
den. Alle übrige besondere Regeln müssen damit
übereinstimmen. Und diese Bewandniß hat es
auch mit denjenigen Ordnungen, welche zur Ver=
fassung der Brüder=Unität gehören, und auf die
Gemeinen aus den Heiden nach Befinden der Um=
stände angewendet werden können. Wer sich da=
von aber noch genauer unterrichten will, findet in
obermähnter Nachricht, von der Arbeit der
Evangelischen Brüder unter den Heiden,
hinlängliche Auskunft.

Je weiter das Missionswerk der Brüder sich
ausbreitete, je mehr wurden auch der Bedürfniße
zu dessen Unterhaltung. Wer mit der Lebensart
und den Einrichtungen der Brüder nicht bekannt
ist, der wundert sich nicht ohne Grund, wie es
doch möglich ist, daß eine so geringe und größten=
theils arme Gesellschaft von Menschen, als die
Evangelische Brüdergemeine nach der Wahrheit
ist, vermögend ist, alle die Kosten zur Unterhal=
tung ihrer so weitläuftigen Missionsanstalten nun
schon bald sechzig Jahre lang zu bestreiten; da sie
doch nicht den geringsten stehenden Fond dazu besitzt;

son=

fondern alles dieses blos und allein aus den milden und ganz freywilligen Beyträgen ihrer sämmtlichen Glieder und Freunde zusammenbringen muß. Allerdings rechnet sichs die Brüder-Unität für eine große Gnade, daß sie vom Herrn gewürdiget wird, an diesem Werke thätigen Antheil zu nehmen, und jedes Mitglied derselben mühet sich mit Freuden, um sein Scherflein dazu beyzutragen. Diese freywilligen milden Beyträge, oder Collecten werden jährlich zweymal in den sämmtlichen Brüdergemeinen eingesammelt. Manche Freunde der Brüder, welche von dem Segen ihrer Missionen Nachricht erhalten, nehmen aus eigner Bewegung mit Theil daran, und unterstützen dieselben mit Geschenken. Ein von der Brüder-Unität zur Besorgung aller und jeder Missionsbedürfnisse besonders verordnetes Collegium nimmt alle diese Collecten und Geschenke in Empfang, um sie zweckmäßig und nach dem Sinne der Geber zu verwenden. Dieses Collegium, welches den Namen der Deputation zur Heiden-Missionsdiaconie der Unität führt, besorgt daraus die Nothdurft aller bey dem Missionswerke angestellten Brüder und Schwestern, sowol auf ihren Reisen nach den Missionsplätzen, als bey ihrem Dienste und Aufenthalt in denselben, so wie auch allen andern mit dem Missionswerke verbundenen Aufwand; worunter

Y 3        die

die Erziehung der Kinder der Heidenboten in den Erziehungsanstalten der Unität, und die Verpflegung der in den Missionsdiensten alt und unvermögend gewordenen Personen mitbegriffen sind. Der Zusammenhang der Geschäffte dieses Collegiums mit der Direction der Unität, welche die ganze Missionssache anzuordnen hat, macht es nothwendig, daß es für gewöhnlich sich bey der Unität Aeltestenconferenz aufhalte; welcher es auch sonderlich von seiner Administration Rechenschaft abzulegen hat. Eine besondere Societät zur Förderung des Evangeliums unter den Heiden, welche die Brüder in England schon vor vielen Jahren errichtet haben, und die ihren Sitz in London hat, unterstützt hiernächst die Missionsdiaconie in Absicht auf die Besorgung ihrer Missionarien, die unter Englischer Hoheit stehen. Von dem Zwecke und den Regeln ihrer Verbindung gibt ebenfalls obangeführte Nachricht von der Arbeit der Evangelischen Brüder unter den Heiden S. 150. u. f. Auskunft. Eine ganz gleiche Societät haben in dem verflossenen Jahre 1788 die Brüder auch in Nord-Amerika errichtet. Dieselbe hat ihren Sitz in Bethlehem, und ist von der Generalversammlung des Staats von Pensylvanien als eine gesetzmäßige Corporation anerkannt und bestätiget worden.

Das

Das sind die Hülfsquellen, woraus die Evangelische Brüder-Unität die Erfordernisse zur Fortführung ihres ausgebreiteten Missionswerkes unter Gottes Segen bisher bestritten hat. Bey aller dabey beobachteten Ordnung und Sparsamkeit würde solches doch nicht möglich gewesen seyn, wenn ihre Missionarien und deren Gehülfen nicht den apostolischen Sinn hätten, nicht sich selbst zu leben, noch das ihre zu suchen, sondern, was des Herrn ist, das ist, ihr Leben, ihre Ruhe, Gemächlichkeit und Gewinn nicht lieber zu haben, als die Gnade und Ehre, das Evangelium zu verkündigen; wenn der Hunger und Durst nach dem Heile der Heiden nicht die Beschwerlichkeiten des Lebens bey ihnen überwögen, und Gottes Gnade sie nicht tüchtig gemacht hätte, dem Herrn in Demuth und Selbstverleugnung nachzufolgen; das feige Hingeben der Sache des Herrn und ihrer selbst sich nicht zu Schulden kommen zu lassen; sondern als Streiter Jesu Christi sich gern zu leiden, und in seinem Dienste zu verzehren. Müßten die Brüder ihren Missionarien und deren Gehülfen ordentliche Salarien geben, oder sie mit allem und jedem, was zu ihrer Nahrung und Nothdurft gehört, versehen; so würde es der Missionsdiaconie der Unität schlechterdings unmöglich fallen, ihre Missionsanstalten aufrecht zu erhalten und fortzuführen. Die Hei-

den-

denboten der Brüder machen es aber, wie Paulus, der Teppichmacher, und suchen sich, unbeschadet ihres Missionsdienstes, mit ihrer Hände Arbeit zu ernähren, oder doch ihren Unterhalt dadurch so viel möglich zu erleichtern. An einigen Orten legen sie Gärten an, und pflanzen, an andern treiben sie ihre Handwerke und Professionen. Beydes geschiehet auf ihren Missionsplätzen in Ost- und West-indien. In Labrador bauen die Brüder Boote und schmieden Pfeile, welche die Esquimos zu ihrem Wallfischfange brauchen. Nur in Grönland haben die Brüder weder Gelegenheit zum Landbau, noch zu einigen andern Erwerbungsmitteln zur Belong.

So suchen die Heidenboten der Brüder ihren Unterhalt der Missionsdiaconie auf eine anstän-dige Weise möglichst zu erleichtern, ohne sich darin in Händel der Nahrung zu verflechten. Mit Handlungsgeschäfften aber, von welcher Art sie auch seyen, haben sie sich, nach ihrer Regel, gar nicht zu befassen.

14. Ab-

## 14. Abschnitt.

### Noch etwas von den häuslichen Einrichtungen der Brüder-Unität, und Schluß.

Es ist bey der Constitution der Unität noch eines Collegiums derselben erwähnt worden, welches die Verpflegung ihrer Diener ins Ganze, so wie auch der im Dienste der Unität und der Gemeinen alt und unvermögend gewordenen Personen zu besorgen hat, in so fern dieselben nicht eignes Vermögen zu ihrem nothdürftigen Unterhalte besitzen. Dieses Collegium führt den Namen der Unitäts-Sustentationsdiaconie. Jede einzelne Brüdergemeine nimmt durch ihre Diaconien an dem hiezu erforderlichen Aufwande nach dem Verhältnisse ihrer Kräfte Antheil, und liefert ihre Beyträge an besagte Sustentationsdiaconie ein, welche die zweckmäßige Verwendung derselben unter der Berathung der Unitäts-Direction besorgt, und von ihrer Verwaltung den sämmtlichen Gemeindirectionen alljährlich Rechnung ablegt. Das Theilnehmen sämmtlicher Glieder und Abtheilungen der Unität ist also das einige Mittel, wodurch der zur Erhaltung und Fortführung des den Brüdern anvertraueten Werkes Gottes erforder-

Y 5                                              liche

liche Aufwand unter Gottes Segen bestritten
wird.

Wer freylich den Maaßstab von den gewöhnlichen bürgerlichen Einrichtungen, und dem
Aufwande, der gemeiniglich dazu erforderlich ist,
nimmt, und die Brüder darnach beurtheilt, dem
ist es unfaßlich, wie sie ohne andere außerordentliche Hülfsquellen bestehen können. Daher
mögen auch wol die ungegründeten Nachreden
von Gemeinschaft der Güter, oder einer allgemeinen Heilandskasse, oder einer gemeinschaftlichen Commerzialverbindung unter einander entstanden seyn; von welchem allem in der Evangelischen Brüder-Unität nie einiges statt gefunden
hat, noch nach ihren Grundsätzen statt finden kann.
Als nach dem Ableben des seligen Grafen von Zinzendorf, welcher als Vorsteher und bevollmäch-
tigter Diener der Brüder, die hauptsächlichsten
Unternehmungen der Brüder-Unität unter seinem Namen, und auf seinen Personalcredit aus-
führte, seine Verlassenschaft mit einer beträcht-
lichen Schuldenlast beladen war, welche von mancherley Versehen bey deren Administration und besonders von Unglücksfällen herrührte, die diese und
jene Niederlassung der Brüder betroffen haben *);
so

---

*) S. David Cranz neuere Brüdergeschichte §. 157.
§. 177-182. §. 246-250.

so achtete sich die in der Synode 1764 versammelte Evangelische Brüder-Unität allerdings schuldig und verbunden, ins Mittel zu treten, und den
gesammten vorliegenden Vermögens- und Schul-
denzustand ihres Vorstehers als ihre eigne Sache
anzusehen, und als Selbstschuldner denselben zu
vertreten, um der Familie des seligen Grafen
ihre eigenthümlichen Güter, die er zum Besten
der Brüder-Unität mit Schulden belastet hatte,
zu versichern und sie schadlos zu halten. Auch
in diesem außerordentlichen Falle wurde eben das
Mittel der freywilligen Beyträge sämmtlicher
Glieder der Unität ergriffen, um die jährlichen
Zinserfordernisse aufzubringen, und dadurch nicht
nur den sinkenden Credit der Brüdersache ins
Ganze aufrecht zu erhalten, sondern auch mit
Gottes Segen durch Ordnung und Sparsamkeit
die Schuldenlast selbst nach und nach so viel
möglich zu vermindern. Und Gott segnete auch
diese aus Liebe und Treue geflossene Unternehmung der Brüder mit erwünschtem Erfolge, und
ließ sie der ganzen Unität zu großer Erleichterung gereichen. Die Synode erwählte zu dem
Ende ein besonderes Vorstehercollegium der gesammten Unität, dem der gemessenste Auftrag
hierzu ertheilt, und zugleich die Aufsicht und Berathung aller übrigen ökonomischen Angelegenheiten

ten der ganzen Unität anvertrauet und aufgetra=
gen wurde. Dieses Collegium macht den Theil
der Unitäts = Direction aus, wovon oben unter
dem Namen des Diener = Departements in der
Unitäts=Aeltestenconferenz Erwähnung geschehen
ist, und besorgt folglich seine Geschäffte in Ver=
bindung mit der gesammten Unitäts = Direction.

So ist es in der Evangelischen Brüder=Uni=
tät, in Absicht auf die zur Bedienung und Fort=
führung des Werkes Gottes in derselben erfor=
derlichen Bedürfnisse, bis daher gehalten wor=
den. Der gute Segen des Herrn hat sie tüch=
tig gemacht, das auszurichten, was ihnen auf=
getragen war, und niemand durfte durch seine
Gabe, die er freywillig dazu schenkte, sich selbst
verkürzen. Man durfte nur dasjenige dran
wenden, was man sonst zur Hoffart, Eitelkeit
und sogenannten Vergnügungen und Lustbarkei=
ten der Welt unnütz verschwendet, so war der
Sache oft geholfen. Weil der Brüder Sitten
einfältig waren, brauchten sie um so weniger, um
genug zu haben. Denn wer auf seine wahren
Bedürfnisse sich einschränken lernt, der ist weise,
reich und zufrieden. Und diesen Sinn der Ge=
nügsamkeit hatte Gott den Brüdern verliehen.
Das Wort des Apostels: Wenn ihr Nah=
rung und Kleider habt, so lasset euch begnügen,

hatte

hatte bey ihnen unter andern auch die Wirkung,
daß kein Diener der Gemeine, dem es daran
nicht gebrach, irgend eine Belohnung für sei=
nen Dienst von derselben erwartete. Und die=
ser Sinn wirkt noch heute zu Tage unter den
Brüdern fort, und erspart ihnen nicht geringen
Aufwand.

Bey der Errichtung dieser und jener beson=
dern Gemeine gab es anfänglich auch Leute, die
eine oder die andere ökonomische Unternehmung
machten, und den Nußen davon zum Besten die=
ser Gemeine und ihrer Bedürfnisse freywillig ver=
wendeten. Andere thaten von ihrem jährlichen
Ueberflusse ein gleiches. Alles dieses beruhete
aber zu allen Zeiten auf der bloßen Freywillig=
keit. Was aber hierin jedem Gemeingliede
Pflicht ist, das zeigen die obangeführten Ge=
meinordnungen an; nemlich das sogenannte He=
ben und Legen mit der Gemeine seines Ortes,
oder die verhältnißmäßige Theilnehmung an den
Verfassungs= und Policeybedürfnissen derselben.

Das ist der kurze Inbegriff der Verfassung und
Sitten der Evangelischen Brüder-Unität. Stellt
man ihre Einrichtungen im innern und äußern ge=
hörig zusammen, so wird man finden, daß ihre
ganze Verfassung eigentlich in dem Einverständ=
nisse über einer Lebenseinrichtung bestehe, wie die

lehre

Lehre Jesu und seiner Apostel sie von Gläubigen des
neuen Bundes erfordert. Es ist nichts tiefes, noch
hohes darin, das der gesunde Verstand des Ein-
fältigsten nicht fassen und nicht erreichen könnte.
Das Ziel, wornach die Brüdergemeine strebt, so
wie der Zweck, zu dem sie sich vereinigt, und die
Lebensregel, zu der sie sich verbindet, hält das
Evangelium allen Nachfolgern Jesu vor. Und
diese Lebensregel ist weder Schwärmerey, noch
Unverstand, noch dunkle Empfindung, noch spie-
lendes Gefühl, noch Kopfhängerey; sondern sie
ist diejenige Evangelische Christliche Frömmig-
keit, die als Frucht des Glaubens an Jesum und
seine Versöhnung in Gottes geoffenbartem Worte
uns vorgezeichnet ist, und auf heitern und deutlichen Begriffen ruhet. Denn der Glaube an Jesum erfreuet das Herz und erleuchtet den Verstand; er macht himmlisch gesinnt, frey von der
Macht eitler Begierden, muthig im Unglück,
demüthig vor Gott, getrost vor Menschen, und
voll Vertrauens auf den Herrn. Die Freude
am Herrn ist seine Stärke, und ein vergnügter
Sinn seine natürliche Wirkung. Die Bürde der
Sterblichkeit und des Elendes drückt den Gläubigen nie ganz darnieder. Wer aus dem Ver-
gänglichen nicht mehr macht, als es werth ist,
der hängt sein Herz nicht daran. Wer an Jesum

sam glaubt, der denkt mit Festigkeit an die Se=
ligkeit jenseit des Grabes, und der Tod öffnet
ihm die Thüre zum Genusse derselben. Findet
sich dieses Ziel und Zweck bey einer religiösen
Gesellschaft, und vereinigt sich das Interesse vie=
ler hierin; so müssen auch ihre Fortschritte um
so größer seyn. Denn eine solche Vereinigung
macht mächtig zum Guten, und schwach für das
Böse. Sie macht fester im Sinne, und reiner
in den Sitten. Wer die Anwendung davon auf
die Evangelischen Brüder macht, wird ihre ganze
Sache um so richtiger beurtheilen.

Zum Schlusse will ich den geehrten Leser nur
noch bitten, daß er in allem, was von den Sit=
ten und Einrichtungen der Evangelischen Brü=
dergemeine gesagt worden ist, keine Ruhmsucht
suche, noch einigem Begriffe von angemaßter
Vollkommenheit Platz gebe. Die Brüder wis=
sen nicht nur, daß nichts menschliches vollkom=
men ist, und daß, wenn gleich durch die wei=
sesten Verordnungen und Einrichtungen viel Bö=
ses gehindert wird, doch eben dadurch oft auch
manches Gute gehemmt und verdrängt wird; son=
dern sie gestehen es gern zu, daß manche ihrer
Ordnungen und Einrichtungen im Grunde mehr
nicht, als stille Beweise ihrer Unvollkommenheit
sind. Sie wissen, wie oft und viel sie mit der
mensch=

menschlichen Unvollkommenheit und den ihnen anklebenden Gebrechen im Ganzen und in den Theilen zu kämpfen haben, und daß nichts als Gottes unverdiente Gnade sie erhalten hat und erhalten kann. Sie wissen auch, daß sie ihren Schatz in einem zerbrechlichen Gefäße herum tragen. Es ist ihnen nicht verborgen geblieben, wie gefährlich ihren Vätern selbst das unschätzbare Kleinod einer vollkommenen Religionsfreyheit war, und wie leicht sie in Freyheit des Fleisches ausartete, woraus Weltgefälligkeit, Nachläßigkeit in Zucht und Ordnung entstand, und wie der Wohlstand im äussern die Einfalt der Sitten verdrängte. Sie wissen, daß die Gnade des neuen Bundes sich nicht erbt, und daß ihre Kinder, ob sie gleich von ihrer Geburt an vor groben Sünden und Lastern sorgfältig bewahret werden, doch den Zunder zu allem Bösen in sich herum tragen. Sie kennen den Schwindelgeist der Welt, die Zweifelsucht an den theuresten Wahrheiten der Offenbarung, die ihnen Leben und Seligkeit sind; den Strom des Unglaubens, der die stärksten Dämme durchbricht, so daß auch die Auserwählten verführt werden möchten. Ist also etwas Gutes bey den Brüdern, so ist es Gottes Werk; denn was sind und haben sie, das ihnen Gott nicht vorher gegeben hätte? Ihre vielen Versehen,

die

die sie gemacht haben, und noch machen, sind ihnen nicht unbekannt, und erhalten sie in Demuth. Denn auch, was sie zu thun schuldig waren, haben sie bey weitem nicht gethan.

Ungeachtet die Brüder das Ideal zu ihrer Lebenseinrichtung aus Gottes Wort genommen haben, so bleibt ihr Gebäude doch immer Stückwerk. Nichts desto weniger muß ihnen doch alles das höchst wichtig und theuer seyn, was Gott nach seiner Gnade ihnen dadurch Gutes zu Theil werden lassen. Ihre Einrichtungen und Ordnungen müssen ihnen als erkannte und erprobte Förderungsmittel zu ihrer eignen Glückseligkeit und zum Dienste ihres Nächsten höchst schätzbar seyn. Sie sind schuldig und verbunden, so lange unverbrüchlich darüber zu halten, bis ihnen etwas besseres und schriftmäßigers gezeigt wird. Die Enge der Schranken, die sie ihnen vorschreiben, ist weder Last, noch Zwang, sondern Wohlthat, denn sie hindern nur das Böse. Es ist aber heilsam und gut, Schwierigkeiten und Hindernisse anzutreffen, wenn man was Böses thun will. Wären die Brüder, nach dem ihnen von daher zuweilen gemachten ungerechten Vorwurf, großentheils nur Maschinen, die von dem Drucke der Obern abhangen, folglich unter einer zwangsvollen Disciplin stünden,

Z                          den,

ben, warum finden sich unter so vielen doch so
wenige, die die Gemeine wieder verlassen, da
doch der Zwang das unerträglichste für den Menschen ist? Was würde denn so viele der wei-
sesten und mächtigsten Fürsten bewogen haben,
die Brüder in ihre Lande einzuladen und aufzunehmen, wenn es nicht aus Ueberzeugung geschehen wäre, daß das Evangelische Brüdervolk,
als ein ehrliches, gesittetes, fleißiges und ruhi-
ges Volk, dem Staate nützlich und förderlich,
daß ihre Einrichtungen und Ordnungen der Evangelischen Freyheit nicht widersprechend, noch un-
gemäß, und daß ihr Beyspiel und Einfluß auf
ihre Mitunterthanen gut und heilsam seyen.
Glaubte man, daß nach dem Ausspruche Pauli
die Gottseligkeit zu allen Dingen nütze sey, und
die Verheißung dieses und des zukünftigen Lebens habe: so würde man die Brüder über ihre
sittlichen Lebenseinrichtungen und Ordnungen nicht
in ungerechten Verdacht ziehen. Man würde
sich leicht überzeugen können, daß die Vorschrift
des Evangeliums das wahre und stärkste Band
aller menschlichen und bürgerlichen Gesellschaften
sey; weil sie allein ihren Jüngern nicht nur die
besten und edelsten Lebensregeln vorschreibe, sondern zugleich auch die Kraft mittheilt, sie zu
befolgen. Ein großer Gelehrter, der Staats-
und

und Menſchenkenntniß beſitzt, ſagt von ihr, nemlich der Chriſtlichen Gottſeligkeit: "Sie ſey die große Mutter der menſchlichen Geſellſchaft, welche das Volk an den König, den König an das Volk, und beyde an das Recht und die Geſetze bindet, welche die Mühe des Lebens erleichtert, im Glück die Ordnung erhält, in der die Menſchen ihre Ruhe, Kraft und Gründe zur Selbſtaufopferung finden." Je größer nun das Maaß dieſer gottſeligen Erkenntniß bey einer Geſellſchaft iſt, je größer und ſtärker iſt auch ihre Verbindlichkeit, derſelben gemäß zu leben. Denn wem viel gegeben iſt, von dem wird auch viel gefordert. Niemand aber glaube: nun ſey alles vollbracht, nun habe man alles, nun ſey das Ziel erreicht; wer nicht vorwärts bringt, der geht zurück. Es iſt in unſerer moraliſchen Lage, wie in der phyſiſchen; im Reiche der Natur iſt unaufhörliche Bewegung: ſo iſt es auch im Reiche der Gnade. Das mögen ſich denn auch beſonders meine Brüder und Mitgenoſſen an dem Gnadenberufe, den der Herr und Heiland Jeſus Chriſtus dem kleinen und geringen Theilchen ſeiner Kirche auf Erden, das ſich zur Evangeliſchen Brüder-Unität rechnet, geſchenkt hat, wohl merken. Werden ſie das thun, und das Wachsthum in der

Erkennt-

Erkenntniß Jesu Christi und in seiner Nachfolge als ihr Hauptziel und Zweck unverrücklich
vor Augen behalten, so wissen sie, daß Gott, der
uns zur Erkenntniß seines Sohnes Jesu Christi
berufen hat, treu ist, und sie nach seiner Verheißung bis ans Ende fest behalten wird.

Barby, gedruckt bey Lorenz Friedrich Spellenberg.